경제민주주의
책임자본주의

경제민주주의 책임자본주의

이상복 지음

펴낸날 2019년 5월 10일 초판1쇄 | 펴낸이 김남호 | 펴낸곳 현북스
출판등록일 2010년 11월 11일 | 제313-2010-333호
주소 04071 서울시 마포구 성지길 27, 4층 | 전화 02)3141-7277 | 팩스 02)3141-7278
홈페이지 www.hyunbooks.co.kr | 카페 cafe.naver.com/hyunbooks
편집 이경희 | 디자인 정진선 | 마케팅 송유근 | 영업지원 함지숙
ISBN 979-11-5741-162-7 13300

경제민주주의
책임자본주의

이상복 지음

재벌·권력을 개혁하는 경제민주주의
이해관계자 모두에게 책임지는 자본주의

성장의 주역이라는 화려한 찬사와 함께 탐욕의 화신이라는 극도의 비난을 한 몸에 받고 있는 한국 재벌. 그 재벌이 요즘 '갑질'로 또다시 논란의 대상이 되고 있다. 무서운 것도 눈치 보이는 것도 없다는 듯이 행세하고 있기 때문이다.

재벌의 '갑질'은 정신적·언어적 폭력을 퍼붓는다. 이런 행동에 그들은 어떤 죄책감도 갖지 않는다. 왜냐하면 경제력으로 구분된 계급사회는 이들 스스로 선민의식을 가지는 것에 대해 어떤 윤리나 도덕보다 앞선 것으로 그 가치와 정당성을 인정해주기 때문이다. 이렇게 극단적인 신자유주의적 사회 분위기는 전반적으로 공동체적 가치를 침해하고 경제성 이외의 가치를 도외시함으로써 서로 '급'이 다른 인간이라는 관념을 더욱 공고하게 만드는 원인이 된다. 재벌의 '갑질 사건'과 '왕자의 난'은 재벌이 신자유주의 사회구조 안에서 대외적으로는 성공했을지라도 순수한 인간의 존엄성을 증명하는 차원에서는 실패했다는 것을 보여준다.

최근 재벌들에 대한 비판적 인식의 확산은 반기업 정서도 아니고, 가진 자에 대한 질시도 아니며, 반자본주의적인 것은 더욱 아니다. 또한 과거의 정경유착에 의한 특혜적 성장 때문에 그들의 현재 존재를 부정하는 것도 아닐 것이다. 재벌에 대한 비판은 자본주의사회의 지배계급으로서 이제 그에 합당한 의무를 다하라는 것이다. 재벌이 자신의 조합적·경제적 이익에만 집착한다면 재벌과 국민 사이의 장벽은 더욱 높아질 것이다. 그런 의미에서 재벌은 자신의 이익과 가치를, 다른 집단을 포괄할 수 있는 보편적인 것으로 만들어 여타 사회집단의 동의를 얻어내는 지적·도덕적 리더십을 창출해야 하는 과제를 안고 있다.

최근 잇달아 일어나고 있는 재벌의 '갑질' 관련 사건 때문에 마음이 아프다. 도대체 왜 이런 일들이 자꾸 일어나는 것일까? 우리는 이 사건들을 단순히 재벌의 개인사적 문제로 환원해서는 안 된다. 이는 특정 개인만의 문제가 아니라 경제성장이라는 이름으로 재벌기업을 우대해왔던 우리 사회에 원죄가 있기 때문이다.

경제성장은 우리의 삶을 편리하고 윤택하게 해주었다. 하지만 경제성장이 과연 행복한 삶을 보장해주고 있는가? 경제성장을 무조건 긍정적으로만 바라볼 수 없는 측면이 있다. 양적 성장의 폐해는 없는가? 경제성장을 위해 노동자와 기업의 노력이 필요했다. 열심히 일한 노동자들이 경제발전의 밑거름이 되었다. 그러나 그 노력의 이면에 엄청난 착취가 있었다는 것도 알아야 한다. 기업의 노력에서 우리는 재벌이라는 특수한 기업들의 부정적인 면도 알아야 한다. 경제성장 과정에서 우리 국민들이 겪은 고통은 없었는가?

여기서는 재벌이라는 현상을 통해 우리나라 경제성장 뒷면에 자리한 어두운 과거를 열어보고자 한다. 현상의 양면을 복합적으로 이해해야 우리의 미래가 있기 때문이다. 성장 속에서도 더욱 심화되는 사회 양극화는 그간 당연시한 통념에 대해 근원적인 질문을 제기하게 한다. 경제는 왜 성장해야 하는가. 재벌은 왜 존재해야 하는가. 이제라도 '분배하기 위해 성장해야 한다'는 착취의 논리 대신, '성장하기 위해서라도 분배해야 한다'는 더불어 사는 논리가 정착되어야 하지 않을까?

지난 세기 서방국가들은 자본주의와 민주주의의 긴장과 갈등을 조율하는 제도적 타협으로서 케인스주의를 실험해왔다. 그러나 자본주의의 황금기를 사반세기 넘게 지탱했던 케인스주의의 돌연한 쇠락과 신자유주의논리의 급격한 부상은 시장이 국가가 성취한 권력 균형의 '외양'을 일거에 소멸시킬 수 있음을 보여주었다. 시장이 그 자체로 얼마나 막강한 권력을 갖는지를 인식시켰다. 정치민주주의라는 외적 장치는 시장의 내적 민주화를 위한 필요조건에 불과할 뿐 결코 충분조건이 될 수 없다는 점이 확인된 것이다.

국가가 실패했다면, 그것은 먼저 국가의 실험이 있었다는 것이고, 그 실험의 실패는 곧 이미 시장의 실패가 논리적·경험적으로 전제되어 있다는 것을 의미한다. 오히려 세계화 추세와 더불어 시장논리가 전면적으로 복원되면서 시장실패의 양상은 그 폭과 깊이에서 심각성을 더해가는 것이 작금의 상황이다. 만일 이런 상황과 추세에 대한 진지한 성찰을 하지 않는다면, '대안은 없다'라는 슬로건은 가장 무책임한 정치적 선동이 될 것이다.

우리 사회는 신세대인 30대 직장인들 역시 "먹기 위해 산다"는 말을 천연덕스럽게 입에 올릴 만큼 삶의 역동성을 상실한 지 이미 오래다. 이렇듯 삶의 유일한 목적이 '생존'인 사회는 '동물 농장'이지 인간들이 사는 사회는 아니다. 이미 우리가 살고 있는 사회는 먹고살기 위한 생존의 시대를 넘어섰다. 그러니 삶의 풍요와 자유로움을 즐길 수 없다면 지난한 역사 과정에서 쌓은 인류의 문명이 무슨 소용이 있단 말인가? 대학에서 성공한 경력이 있는 한 지식인은 자신이 시장에서는 실패자가 된다는 점 때문에 자본주의를 증오하게 되었다고 말한다. 이런 증오가 도덕적으로 타당한가보다는 그것이 현실적으로 얼마나 강력하게 작동하고 있는가가 더 중요하다. 자본에 대한 이런 증오를 해소하지 않으면 우리는 성숙한 자본주의로의 발전을 기대할 수 없다.

우리는 신자유주의에 기초한 세계화가 2008년 미국발 글로벌 금융위기를 겪으면서 세계적 수준의 경제위기로 이어지는 것을 목격했다. 세계경제의 장기적 전망은 무엇일까? 여전히 계속되고 있는 위기의 결과를 예단하는 것은 위험하다. 그러나 분명한 것은 신자유주의적 세계화의 방향은 바뀔 것이라는 것이다. 신자유주의는 금융자본의 주도하에 금융화를 통한 재산권의 극대화에 초점을 두고 자본주의의 구체적 제도와 관행을 마련한 다양한 방식 중의 하나일 뿐이다. 이렇게 볼 때 다른 문화, 다른 가치, 다른 제도, 다른 세력 관계에 기초한 다른 정치경제적 대안은 실제로도 존재해왔을 뿐 아니라 충분히 새롭게 모색될 수 있다. 여기서는 현재의 신자유주의 경제권력을 교체할 수 있는 대안들의 핵심원리로 민주적 가치와 공동체적 가치 등을 우선시하는 실질적 경제민주주의와 책임자본주의를 제시한다.

책임자본주의

경 제 **민 주 주 의**

'재벌'과 '권력'과 '개혁'은 떼려야 뗄 수 없는 주제다. 대한민국의 근현대사가 시작된 이래 이 세 주제에 대한 논의는 지금까지 계속되고 있다. 개혁을 논하는 경우 재벌과 권력을 함께 논해야 하고, 재벌을 논하는 경우 권력과 개혁을 함께 논해야 하며, 권력을 논하는 경우 개혁과 재벌을 함께 논해야 한다. 여기서는 재벌이라는 현상을 통해 경제성장 뒷면에 자리한 어두운 현실을 열어보고자 한다. 현상의 양면을 복합적으로 이해해야 우리의 미래가 보이기 때문이다.

1987년 민주화 투쟁 이후 선거를 통해 대통령과 국회의원이 수없이 교체되고, 선거철만 되면 후보들이 당선되기만 하면 자신이 세상을 바꿀 수 있는 것처럼 주장했지만 실제로는 바뀐 것보다는 바뀌지 않은 것이 더 많다. 특히 사회의 밑바닥층 사람들의 생활 조건과 권리 수준은 더 아래로 곤두박질쳤다. 정권이 여러 번 교체되고 국회의원이 총선에서 40% 내외로 물갈이되었어도 행정·사법·언론·대학·재벌 등 최고위 엘리트 집단은 거의 교체되지 않았다. 특히 정치권력은 5년마다 교체되었지만 재벌기업은 변함없이 자리를 지켰고, 심지어 경영권은 자녀들에게까지 세습되었다. 선거가 반복될 때마다 변화가 일어날 수 있다는 착각을 일으키고, 담론의 폭발에도 불구하고 국가나 사회의 미래를 위해 정말로 중요한 문제는 여전히 전면에 드러나지 않으며, 인물의 교체는 배후의 구조와 시스템, 그리고 '숨은 권력'을 보이지 않게 하는 일종의 덫이자 환각제 역할까지 한다.

민주화된 이후에는 정치권력에 의한 '강압적' 정치자금 헌납 요구가 줄어들고 일정 정도 개혁된 법제도가 다른 그룹들의 정치자금 제공 경로를 차단시키면서 재벌기업은 정치자금의 '조달자'에서 '공급자'로 변모했다. 음성적인 정치자금 동원이 근절되지 못한 상황에서 재벌기업은 정치자금의 '주도적 공급자'이자 '독점적 공급자'로 그 위상이 높아졌다. '정부 우위의 정경유착'에서 '재벌 우위의 정경유착'으로 변모한 것이다. 일반 시민이나 중소기업은 거대한 정치자금을 음성적으로 조성할 능력이 결여된 결과, 정치자금 제공 경쟁시장에서 탈락되어왔다. 요컨대 선거정치가 '산업'으로 전환되면서 시민들에게는 새로운 진입장벽이 됐다. 대규모 자금을 음성적으로 제공할 능력이 있고 이를 실천할 수 있는 재벌기업은 시민들이 잡은 민주적 헤게모니에 도전할 수 있었고, 정당체제에 독점자본의 이해를 각인시킬 수 있게 됐다.

법과 제도를 만드는 기관은 바로 한 국가의 권력으로 상징되는 국회, 대통령, 관료다. 법은 포괄적인 규정으로 돼 있고, 법에 근거한 구체적 내용인 시행령, 시행규칙, 고시告示 등은 대통령에게 위임돼 관료가 정책 수행을 위해 세부적으로 만든다. 효율적인 법과 제도의 창조는 관료의 능력과 역할에 달려 있다. 법과 제도를 만드는 구체적이고 강력한 권한은 관료에게 있는 것이다. 여기서 관료의 힘이 나온다. 따라서 관료들의 역할과 지위가 갖는 시장가치를 가장 정확히 포착한 재벌기업은 그들을 적극적으로 공략했다. 전직 관료들의 '시장가치'는 상승되었다. 재벌은 관료들을, 살 수 있으며 잘 이용할 수도 있는, 말하자면 시장의 상품으로 점점 더 생각하게 된 것이다.

사회적·정치적 세력들은 사법권력이 확대되면서 이를 활용할 동기를 갖는다. 민주화 이후 법학이 시장가치를 가지면서 법률을 상품으로 기획하는 재벌기업이 생겼다. 재벌기업은 적극적으로 '법률 사업 체계'

를 재구축했다. 재벌기업의 법률 사업 구축은 권력분립이라는 민주화 이후의 권력 구도에 접속시켜 자본의 입지를 확보하기 위한 전략적 실천의 표현이다. 재벌기업의 법률 사업 구축은 1990년대 중반 이후 시작된다. 이는 민주정부의 발전과정에서 상당 기간 이미 준비되어온 전략적 정치의 산물이다. 자본의 이익을 효율적으로 옹호할 것으로 생각되는 사법권력에 대해 새로운 관심이 일어난 결과다. 따라서 재벌기업은 민주화에 효율적으로 대응하기 위해 전략적으로 조직을 개편했다. 재벌기업이 민주화의 도전에 대해 형식적 합법성을 갖춘 대응을 하기 위해서라도 기업조직의 재편은 불가피했다. 재벌기업은 민주화 이후 점증하는 법적 업무를 체계적으로 조직해 절차적 민주주의에 빠르게 적응하는 데 성공한다.

1997년 IMF(국제통화기금) 외환위기 이래 급격히 추락하게 된 언론기관의 재정 취약성은 대자본이 언론의 시장화를 추진할 수 있는 유리한 조건을 형성했다. 언론기관은 수익을 확보하기 위해 자본세력에 의존해야만 했다. 언론사와 재벌 간에는 공존하는 관계가 형성되었으나 재벌의 언론사에 대한 필요성보다는 언론사의 재벌에 대한 의존도가 훨씬 강했다. 재벌의 광고비 투자는 언론사에 단비가 되었으며, 광고를 매개로 한 재벌의 언론에 대한 영향력은 더욱 커질 수밖에 없었다. 언론사 입장에서 보면 재벌의 광고비 축소는 사활을 걸고 반드시 막아야 할 사안이 되었다. 재벌은 언론사의 '약한 고리'를 이용해 언론사들을 자신의 영향력 아래 관리하기 시작했다.

또한 재벌권력은 대학을 통해서 자신의 이데올로기를 유포하며, 대학 스스로 자본의 계급 지배에 직접적으로 개입하도록 유도한다. 일부 대학교수들이 자본 편향적 선택을 하는 것은 자신들의 존재론적 근거를 민주주의의 가치가 아니라 자본의 경제적 자원에 두고 있기 때문이다. 대학은 본래 학문 연구 공동체임과 동시에 '이데올로기 기구'이기도 하다. 또한 사회 민주화를 위해 대안을 제시해온 비판적 공동체이기도 하다. 대학은 한 사회의 생산관계와 생산 조건을 재생산하지만 동시에 그것의 변혁을 가능하게 하는 민주주의 정신을 함양하는 공간이기도 하다. 그러나 재벌에게 대학은 이데올로기 수준에서 기업 홍보 선전 장치이기도 하지만 투자처이기도 하다.

한국 재벌의 최대 약점은 바로 한국 자본주의 발전과정에서 진보적 역할을 거의 하지 못했다는 점이다. 서구의 경우 자본가들은 국가의 부 창출뿐 아니라 경제적 자유, 정치적 자유라는 혁명적 가치를 주창함으로써 역사적 역할을 다했다. 그러나 한국의 자본가들은 1960년대 초부터 지금까지 저임금 노동을 보장해주는 데 쓸모가 있는 한 권위주의 정부와 친화력을 유지해왔다. 유신정권 때는 말할 것도 없고 그 이후 일련의 민주화운동 등 정치적 변혁 과정에서 기업 엘리트들이 변화의 추동력을 가졌던 경우는 거의 없다. 오히려 일반 국민들의 희생과 노력으로 이루어진 부분적인 자유화조치 속에서 기업가들은 금융자율화와 같은, 기업에 대한 국가의 간섭을 줄이는 혜택을 누리고자 무임승차하는 데만 관심을 기울였다. 더구나 부의 편재가 재벌에 심화되는 데 대한 국민의 정서적 불만이 팽배한 가운데, 재벌의 축재가 정상적인 경제활동보다는 부동산 투기 등 다른 요인으로 이루어지고 있다는 데에 대한 국민의 비판은 더욱 커지고 있다.

재벌은 다수 국민들에게 돌아갈 몫을 소수에게 집중시키는 규모의 경제를 통해 탄생됐다. 재벌에 대한 일반 국민들의 정서에는 국민들의 세금과 희생으로 탄생한 재벌이 자발적으로 그들의 이익 중 상당부분을 사회에 환원해야 한다는 기대가 있다. 그러나 재벌은 이익을 사회에 환원하기보다는 비자금을 조성해 불법적인 정치자금을 지원하는 등 국민의 이해와 상반된 행동을 통해 자신의 이익을 실현하는 데 치중해왔다. 점차적으로 국민들은 재벌이 그렇게 생산적이지 않으며 국가발전에도 큰 도움이 되지 않는다고 생각하게 되었다. IMF 구제금융 이후 많은 국민들이 정권교체를 통해 새롭게 탄생한 김대중 정부에, 경제 실패에 대한 책임을 물어 재벌을 해체하고 새로운 경제질서를 창출해주길 기대한 것은 당연한 귀결이었다.

재벌

재벌의 탄생과 성장 과정은 대한민국
현대사의 굴곡과 궤를 같이한다. 일본의 식민 지배와
내전을 겪으면서 한국의 시장경제는 처음부터
서구 열강과는 자못 상이한 모습을 갖게 된다.
선진국에서는 자본의 본원적 축적과 기술혁신으로
긴 시일이 소요돼 자주적으로 재벌로 성장한다.
그러나 한국에서는 재벌총수들의 피눈물 나는
노력도 있었겠지만, 정부의 특혜와 지원, 정경유착,
노동자와 소비자의 희생이 밑거름돼 급성장한다.

＼ 재벌 탄생

이승만 정권과 재벌의 태동

적산 불하

재벌의 기원은 적산敵産(적국인 일본의 재산. 귀속재산이라고도 함) 불하로부터 시작된다. 적산은 이 땅에 침입한 일본 제국주의가 식민지 지배 기간 동안 자행한 갖가지 침탈 행위의 소산물로서, 1945년 8월 그들이 이 땅에서 물러날 때 남기고 간 각종 경제적 가치의 총칭이다. 미 군정이 접수한 적산의 규모는 당시 남한 총자산의 8할로 추정된다. 당초 일본인 재산을 접수할 때 미 군정청은 적산 불하는 하지 않을 것이며, 원상 그대로 보존했다가 차후에 한국 정부에 그대로 이관하겠다는 뜻을 기회 있을 때마다 밝힌다. 그러나 미 군정은 1946년 3월에 있었던 북한의 토지개혁 영향을 받아 토지개혁을 추진함과 동시에 소규모 귀속 사업체와 귀속 주택 불하를 실시한다.

1948년 정부 수립 이후, 불하되지 않은 적산은 한국 정부에 이양한다. 정부에 이양된 적산은 국가재정의 중요한 세입원이 됐으며, 적산 처리권을 둘러싸고 알력을 계속하다가, 1949년 12월 '귀속재산처리법'을 제정하면서 불하를 시작한다. 1962년 말 현재 불하 실적을 보면 건수로는 85.4%, 금액으로는 61%가 불하된다. 1962년 말까지 불하되지 않은 적산은 1963년 5월 '귀속재산처리에 관한 특별조치법'이 제정됨에 따라 국유화된다.

적산 불하는 어떠한 의미를 갖는가? 미 군정기 적산 불하의 목적은 다음과 같다.

첫째, 남한에서 사회주의 세력을 몰아내고 자본주의 체제를 옹호하는 것이어야 한다.

둘째, 좌익 세력에 대항하기 위해 적산 불하를 통해 대중의 지지를 획득하고 한국인 자본가를 육성해야 한다. 즉 적산을 장차 수립될 한국 정부에 이관해 국유화하는 대신, 불하를 통해 사적 자본가 계급을 창출하는 선례를 남기고 한국 자본주의 체제를 유지하는 지지 세력으로 육성해야 한다.

셋째, 남한에 대한 일본의 독점 지배를 타파하고 미국의 지배력을 확보해야 한다.

이를 위해 귀속 사업체 노동자들에 의한 노동자 관리를 거부하고, 주로 식민지 시대의 기득권자인 상공인, 관료 등 보수 세력과 관계를 가진 사람들에게 관리권을 주었다가 이들 연고자들을 중심으로 불하하기 시작한다.

적산이 식민지 시대의 연고자와 미 군정시대의 관리자 등에게 우선적으로 불하되기 때문에 자본가들은 서로 앞을 다투어 미 군정청과 결탁했으며, 그중에서도 재빨리 행동한 자들만이 특혜를 누렸다. 제아무리 기업가적 두뇌가 있고 해방 전에 비교적 큰 상공업을 영위했던 기업가라 할지라도 적산 불하 경쟁에서 뒤진 사람은 몰락해갔다. 식민지 시대 이래의 친일 기업가, 친일 관료들은 적산의 관리인이 되고 불하를 받음으로써 곧 친미적 성향으로 탈바꿈하면서, 분단 노선을 걷던 한민당의 정치세력과 결합해 확고한 물적 토대를 구축했다. 실제로 오늘날 재벌 가운데 많은 재벌이 이미 미 군정기에 형성되었으며, 이 시기에 자기 변신을 단행하고 미 군정의 지배 아래 기업의 터전을 닦았다.

미 군정기의 적산 불하 과정을 그 원형으로 삼아 한국 정부 수립 후에도 '귀속재산처리법'을 근간으로 적산 불하는 계속된다. 이 법의 내용을 보면 "사상이 온건하고 운영 능력이 있는 선량한 연고자 등에 우선적으로 매각하고, 재산 매각 대금은 최고 15년 기한의 분납제로 납부할 수 있으며, 2년 이내에 매각 대금의 5할 이상 또는 4년 이내에 7할 이상 납부한 자에게 소유권이 인정된다"는 규정이 있다. 이렇게 '선량한 연고자' 우선으로 정치권력의 개입이 공공연히 이루어질 수 있도록 합법화됨으로써 적산이 일제하의 연고자, 즉 일부의 지주, 구 관료, 은행가, 신흥 상인들에게 경영 능력이 있다는 명목으로 불하가 이루어져 이들이 해방 뒤에 자본주의 특혜 제도에 파고

들어 전혀 연고가 없는 정치 관료와 그들과 결탁한 자들이 불하받는다. 적산 불하를 위해 설치된 관재처에는 고위 관리들이 참석했으며 대통령도 개별 귀속 공장에까지 관심을 표명하고 있는 상황에서 정치적 결탁 없이 적산을 불하받기는 힘들었다. 매물로 나온 적산기업은 시장가격의 4분의 1에서 3분의 1에 해당하는 헐값에 팔려 나갔는데, 그마저도 최장 15년에 이르는 분할상환을 허락해주었으니 특혜도 이런 특혜가 없었다. 예컨대 시장가격 100억 원에 이르는 기업을 25억 원이라는 헐값에 매각하는데, 그 대금마저 15년 분할상환이 가능하니 첫해에 2억 원도 안 되는 돈만 마련하면 시장가치 100억 원대 기업의 주인이 될 수 있었다.

해방 뒤에 일본인 재산이 적산으로 처리돼 민간에 불하됐다는 이야기는 잘 알려져 있다. 바로 여기에 대한민국 부동산 투기의 기원이 있다. 부동산으로 일확천금을 버는 부조리한 풍조가 바로 여기서 비롯된 것이다. 적산을 불하한 일차적 주체는 미 군정이고, 이차적 주체는 이승만 정권이다. 이들은 "적산을 국유화해 국가 주도 경제개발의 밑천으로 삼아야 한다"는 국민들의 여론을 무시한 채 임의로 불하를 단행한다. 이들이 불하한 적산의 구체적 면면에 관해 장상환 경상대학교 교수는 '해방 후 한국 자본주의의 발전과 부동산 투기'에서 이렇게 말한다.

남한에 진주한 미국은 자신에게 협력할 자본가계급을 육성하기 위해 귀속재산을 헐값으로 불하했고, 미국 후원하에 성립한 이승만 정부는 이 정책을 계승했다. 이승만 정부 수립 후 10년 사이에 26만 3,744건, 44억 3,700만 원이 처분되는데, 공대지·부동산·주택 등이 24만 7,810건으로 93.7%를 차지하고, 금액으로는 귀속기업체가 22억 4,500만원, 부동산이 21억 7,600만원으로 절반씩을 차지했다.(《역사비평》(2004))

불하 건수로 보면 전체의 93.7%가 부동산이고, 불하 금액으로 보면 절반 정도가 부동산이다. 적산 불하가 부동산 중심으로 이루어진 것이다.

한국 언론의 사표로 불리는 송건호의 〈송건호전집〉 제7권에서는 "미군 정 3년간에 특이한 사항은, 식민통치시대 전全 한국 산업자본의 98%, 전 자산의 약 80%에 달하는 일본 재산이 적산으로 귀속되었다는 사실"이라 고 말한다. 적산이 산업자본의 절대 다수를 차지하던 상황에서 그 적산 의 주류를 이룬 게 바로 부동산이었던 것이다.

─ 〈오마이뉴스〉 2018. 9. 25

원조 자금

미국의 대한 원조는 해방과 더불어 시작돼 적산과 함께 한국 자본 주의의 물적 기초를 형성시킨 중요한 물적 요소였다. 1950년대 미국 의 원조는 냉전 체제 아래서 제공된 만큼 강한 정치적 목적을 갖고 있었다. 즉 2차 세계대전 후 미국의 대외 원조는 먼저 새로운 세계 체제 구축을 시도하고, 자국의 소비수준을 높이는 데 필요한 자원 을 확보하며, 해외에서 활약하는 미국 민간 기업의 시장과 투자 기 회를 확보함과 동시에 국제적이며 안정된 세력 균형을 위한 요건으 로서의 자유 진영의 집단방위력의 강화, 이와 관련된 미국의 방위력 유지를 중심으로 한 자유 진영 체제의 군사력 강화에 그 목적을 두고 있었다.

원조는 해방과 더불어 미 군정청의 군 점령 정책에 따라 제공된 식량, 의류, 의약품 등의 구호물자 원조를 시초로 한다. 또 정부 수립 후 1948년 12월 처음으로 체결된 '한미원조협정'에 입각해 제공된 경제 부흥을 위한 시설재 및 소비재의 원조와 기술원조 등 구제 원조와 방위 원조, 차관 원조 등으로 구성되며, 이후 1962년까지 약 31억 달러가 제공되는데 연평균 국민총생산GNP의 12%, 연평균 총수입의 73%를 차지하는 막대한 액수다.

한국전쟁의 복구 과정에서도 정부와 밀착한 기업인들은 막대한 자본을 축적한다. 이승만 정권은 비경쟁적 계약을 통해 특정 기업에 전후 복구 사업에 참여할 기회와 원조 물자를 판매할 기회를 제공한다. 전쟁으로 공장이 파괴됐기 때문에 부족한 생필품은 수입으로 조달할 수밖에 없던 상황이었다. 그럼에도 불구하고 수입 쿼터 및 수입 허가제가 존재해 허가를 받은 기업과 상인만이 수입무역에 참여할 자격을 얻었다. 물품 수입을 통해 수십 배의 이익을 남겼기 때문에 외화대부를 받는 것 자체가 커다란 특혜였고, 이를 둘러싼 크고 작은 비리가 끊이지 않았다.

재벌들은 원조 형태로 이루어진 원료를 독점함으로써 시장에서 독점이윤을 획득하고, 원료 구매 시에 적용된 낮은 수준의 공정환율을 활용해 막대한 환차익도 얻으며, 저리의 금융 자금을 이용하면서 3중으로 돈을 축적했던 것이다. 여기서 축적된 자본이 이후 재벌로 성장하는 원초적 자본으로 활용된다. 예를 들면 삼성의 제일제당, 제일모직, 쌍용의 금성방직, LG의 락희화학 등이 이에 속한다. 재벌은 상업자본주의적 유통상의 이익과 적산 불하나 외국 원조 등의 정부 특혜와 결부해 자본을 축적했다. 특히 소비재 중심의 원조 물자와 수입물 배정 원칙에 따라 제당, 제분, 방직 등의 경공업 분야에 치중함으로써 재벌로 성장하는 동인이 되었으며, 부동산이나 귀금속 투기 등의 투기 자산 추구 등 비생산적 요인과 경영 외적인 능력이 재벌로 성장하는 경영 풍토가 되었다.

따라서 이 시기의 재벌 형성은 경제적 원리보다는 경제 외적인 요인의 영향을 받으며, 자본주의적 경제질서의 미성숙과 시장기구의 불완전성으로 인해 자본을 형성하는 과정에서 파행성을 지닌다. 따라서 당시 독점재벌의 주력 산업은 원조를 바탕으로 한 삼백三白 산업(제당, 제분, 방직)으로, 여기에 시멘트를 포함한 소위 삼백·삼분三粉 산업에서 많은 재벌이 출현한다. 재벌의 횡포를 운위할 때마다 '삼백' 폭리다 '삼분' 폭리다 하는 말이 뒤따른다. 이것은 바로 한국 재벌이 디디고 서 있는 기반이 제당, 제분, 방직과 시멘트 생산업이라는 것을 말하며, 이들은 동시에 한국 산업의 주류가 되어 이들 산업의 미래가 국가경제 발전에 지대한 영향을 끼친다는 것을 의미한다.

소비재 공업인 삼백 산업이 성장한 것은, 생활필수품의 공급과 경제 안정의 긴급한 시대적 요청에 부응해서라기보다는, 적극적인 정부 지원 아래 주로 정부 보유물과 원조 자금 등의 특혜 융자에 의존했기 때문이다. 즉 1950년대 한국 경제에서 주요 수입대체산업으로서의 삼백 산업은 적산 불하로 출현해 미국의 대한 원조 특히 잉여 농산물 수출과 정부의 특혜적인 재정 및 금융 지원을 통해 비약적인 성장 기반을 구축한다. 당시 한국의 10대 재벌이라고 불리던 화신, 삼양, 대한, 개풍, 삼성, 금성, 락희LG, 삼호, 동양, 판본 등의 재벌이 '틀림없이'라고 할 정도로 삼백 산업을 토대로 성장한다. 당시 삼성, 삼호, 금성, 대한, 삼양, 화신, 판본 등의 재벌은 모두 방직업을 가지고 있었는데, 이것은 연간 3,000만 달러 이상에 달하는 외국산 원면 原綿의 무상 공급에 기초를 두고 있다.

1950년대 한국의 기업인은 장기적인 생산 투자보다는 단기적 승부에 치중하고, 합리적 경제활동보다는 특혜를 통해 이득을 챙기는 데 급급했다. 생산 시설 건설과 생산을 통한 기업 활동보다는 외화 대부와 수출입 차익을 통해 자본축적을 이루었다. 기업가는 스스로 개척을 통해 경제적 이익과 사업의 확장을 기획하기보다는 정치인 또는 행정 실권을 갖고 있던 관료들과의 유착을 통해 사업을 시도하는 수준에 머물렀다. 그리하여 적산 처리와 한국전쟁 뒤의 복구 과정에서 기업과 기업가에 대한 국민들의 부정적 인식과 감정이 축적되기 시작한다.

박정희 정권과 재벌의 성장

특혜와 혜택

원조 물자의 불하 과정에서 특혜가 행해져, 특혜를 입은 사람들의 부정한 자산 형성을 둘러싸고 국민의 비판과 반감이 높아갔다. 이런 상황 속에서 경제적 평등과 정치적 민주화를 요구하는 국민의 소리는 4·19혁명으로 이어진다. 한국 사회의 저변에 잠재하던 부정 축재 기업가들에 대한 반감은 4·19혁명을 통해 공론화되어, 4월 혁명 기간 동안 관료 및 정치권력과 결탁한 부정 축재자를 처벌해야 한다는 주장이 제기된다. 이승만과 자유당 정권이 퇴진한 이후에도 이러한 여론은 잠잠해지지 않았다.

이런 요구에 대응해 허정 과도정부는 1960년 6월 1일부터 20일까지 부정 축재자들에게 자진 신고 기간을 주었다. 6월 15일 재무부에 출두해 탈세 혐의를 자진 신고한 삼호의 정재호(당시 기업 규모 2위)를 시작으로 삼성의 이병철 등 9개 재벌 회장은 총 36억 8,200만 환에 해당하는 탈세가 있었음을 신고했다.《동아연감》 1960)

재벌의 탈세와 부정 축재는 연일 신문에 대서특필되었다. 기업에 대한 국민적인 반감은 더 커지고, 재벌기업의 전 재산을 몰수해 국고로 환원해야 한다는 주장이 제기되었다.

여론에 밀린 검찰은 1960년 6월 21일 51명의 기업인에 대한 조사를 벌이고, 삼성, 개풍, 대한산업, 삼호, 태창 등 5개 재벌의 총재산을 국고로 환원할 것을 선포했다.《동아일보》 1960. 7. 1)

1960년 9월 1일 정부와 검찰은 46개의 부정 축재 기업 명단을 공개하고 탈세액 196억 원을 환수하겠다고 발표했다. 기업이 부정 축재를 통해 성장했다는 사실이 국가에 의해 공인된 것이다. 주요 일간지의 1면 전체에 부정 축재 기업가, 기업명, 부정 축재 액수가 세세하게 발표되었다. 가장 많은 액수를 환수해야 하는 삼성의 이병철 회장을 시작으로 기업의 규모와 환수액에 따라 부정 축재자 발표 순서가 정해졌다.(《동아일보》 1960. 9. 1)

　부정 축재 문제는 중요한 정치적 쟁점이었지만 처벌과 재산 환수는 1년이 넘도록 지지부진한 상태였다. 이런 상황 속에서 '가장 민주적이나 가장 약체'이던 당시 장면 정권은 단명하고, 1961년 박정희의 5·16 군사 쿠데타가 발생한다. 박정희 정권은 이승만 정권과의 결탁을 통해 성장한 기업인들의 자원과 경험을 경제 발전에 동원할 수 있다고 생각했고, 이런 기대는 궁지에 몰린 재벌의 이해와 일치했다. 재벌들은 "부정 축재라는 오명을 씻기 위해 열심히 뛰었다"(전경련 59년사 2011). 1962년부터 시행된 경제개발 5개년 계획에서 정부의 투자 허가를 받은 기업들은 부정 축재 혐의로 체포된 당시의 재벌들이 주축을 이룬다. 처벌을 받아야 할 부정 축재 기업가들이 정부의 비호와 특혜를 받으며 더욱 성장하게 되는 역설이 발생한 것이다.

　5·16 군사 쿠데타 뒤 정부·기업 관계는 새로운 시대를 맞이한다. 당시 통과된 부정축재처리법은 1960년대 정부·기업 관계를 새롭게 설정한다. 이 법에 따라 자유당 시기의 대기업가들은 구속되고 그

들의 재산은 몰수된다. 구속된 기업가들은 곧 석방되지만 그들로부터 42억 2,800만 환이 국가로 환수된다. 곧이어 정부 정책이 바뀌면서 이들 대기업들은 정부 정책에 적극 참여하게 되지만, 근본적인 정부·기업 관계는 이때 정착된다.

1960년대를 통해 한국 대기업 집단은 종속적 지위에서 정부가 계획한 경제개발계획을 충실히 수행하는 집단으로 발전한다. 박정희 정권이 민간 기업들을 통제해 정부 정책에 협력하게 하는 가장 중요한 자원은 자본 통제였다. 1961년 10월 5개의 간판 시중은행이 국유화돼 재무부의 통제 아래 들어간다. 은행을 통한 정부의 대출정책은 민간 대기업들로 하여금 정부의 경제정책에 따르게 하는 당근으로 쓰이기도 하고, 정부 정책에 대해 비판적인 기업들에 대해서는 은행 대출을 철회함으로써 채찍으로 작동하기도 한다. 대기업을 통제하기 위한 재원의 또 다른 주요 원천인 외국자본 역시 정부 통제 아래 들어간다. 박정희 군사정부는 금융 독점과 외자 배분권 독점 등의 막강한 규제 권력을 사용해 수출 지향적 재벌들을 지원함으로써 민간 경제 행위에 깊숙이 개입한다.

수출 주도 전략에 기반한 정부 정책은 재벌기업들의 급격한 성장에 큰 기여를 한다. 정부는 금융 자금의 가격과 양을 통제함으로써 국내 및 국제 신용 할당에 광범위하게 간섭했다. 고도성장과 금융시장의 이중 구조가 존재하는 기간에 시행된 낮은 이자율의 정책금융은 기업의 성장 과정에서 중요한 요소다. 이 시기 한국 재벌은 정부 주도의 경제개발 정책에 힘입어 급속한 자본축적을 이루며, 축적된 자본을 바탕으로 한 규모의 확대와 다각화를 통해 양적인 면에서나 질적인 면에서나 크게 성장한다.

재벌기업들은 다음과 같은 몇 가지 계기를 통해 대규모 자본을 축적했다.

첫째, 시장에서의 독과점적 이익을 통해 자본을 축적했다. 후진국 경제의 특징인 시장의 불완전성, 낙후성으로 인한 독과점적 초과이윤과 정부가 자본의 효율 제고와 과열경쟁에 따른 집단 도산을 막기 위한 투자 인가 정책을 실시함으로써 생기는 초과이윤을 획득하게 되었다.

둘째, 내외 자본 배분 시의 특혜를 통해 자본을 축적했다. 당시 국내 금리는 보통 25~30% 수준이었는데, 차관 금리는 5~6%에 불과했다. 외국과 국내 사이의 이런 금리 차이는 외자를 도입하거나 배분받을 수 있는 기업과 그렇지 못한 기업 간에 커다란 수익 격차를 가져왔다. 한편 정부의 정책적 육성 사업으로 선정된 정유·화학비료·화학섬유·시멘트에 참여하는 기업은 광범위한 금융 지원을 받고, 은행과 사채 사이의 금리 차이로 인한 혜택을 누렸다.

셋째, 수출 촉진을 위한 각종 세제와 관세를 통한 세금 감면, 은행 융자 등을 통해 자본을 축적했다. 수출 기업에 대한 융자 우대책은 자금 부족과 고금리에 시달리고 있는 기업들의 애로를 해소시켜주며, 재벌기업들이 수출 기업으로 자리 잡는 데 큰 기여를 했다.

넷째, 각종 특수特需로 인한 대규모 자본축적이 가능했다. 월남 특수로 인해 운수 용역·산업·건설업 등을 중심으로 한 재벌기업들의 자본축적 및 성장이 시작되었다.

국내에서는 제1·2차 경제개발계획에 따라 사회간접자본의 확충이 본격화됨에 따라 건설업 등을 중심으로 대규모 성장이 가능했고, 빠른 경제성장의 영향으로 소비재 산업을 중심으로 크게 성장하는 재벌도 등장했다.

구조화된 정경유착

1960년대에 외국 차관을 통해 설립된 기업들이 1970년대 초반 세계적인 경제위기와 기업 경영의 미숙으로 인해 몰락의 위기를 맞았다. 외국 차관을 빌린 기업의 3분의 2가 파산의 위험에 처하자, 전국경제인연합(전경련)을 중심으로 한 기업인들은 정부와 대통령이 이 문제를 해결해줄 것을 요청했다. 장기 집권의 정당성을 경제성장에 둔 박정희로서는 재벌기업들의 몰락을 방관할 수 없었다.

1972년 8월 3일 박정희는 헌법상의 대통령 비상 긴급조치에 근거해 '경제의 안정과 성장에 관한 긴급명령(8·3조치)'을 선포했다. 8·3조치는 기업과 비공식적 사채에 대한 이자 지불을 동결하고 채무 기업에 대하여 구제금융을 지원하는 것이다. 기업의 도산으로 한국 경제 전체가 위기에 몰리는 것을 막기 위한 조치이지만, 시장경제에서는 상상할 수 없는 일이었다. 대통령의 긴급명령으로 기업가들은 자신들의 무책임한 사업 확장으로 발생한 부채를 감면받는 예외적인 특혜를 누린 셈이었다. 8·3조치를 진행하는 과정에서 총 4만 677건

(총 3,456억 원)의 사채에 대한 지원이 접수되었다. 놀랍게도 정부에 신고된 사채의 3분의 1에 해당하는 1,137억 원이 기업주가 자기 기업에 빌려준 사채였다는 것이 밝혀졌다. 부도 위기를 이유로 정부 지원을 요청한 적지 않은 기업들이 '자기사채'를 했던 것이다. 경영자 본인이나 가족과 친지 등을 통해 회삿돈을 빼돌려 사채놀이를 한다는 소문이 사실로 드러났고, 그중에는 유력한 대기업들도 상당수 포함되어 있었다.

3선 개헌과 유신헌법을 통해 정치적 리더십과 정당성의 위기에 직면한 박정희는 자신의 장기 집권을 정당화하기 위해 빠른 경제성장을 추구했다. 박정희는 중화학공업화를 통해 1980년대 초까지 수출 100만 달러와 1인당 국민소득 1,000달러를 달성하겠다는 목표를 천명했다. 정권의 명운이 달려 있는 중화학공업을 육성하기 위해 소수의 재벌기업에 대한 금융 지원과 노동 통제와 같은 특혜를 제공함으로써 재벌과 유신정권의 공생 관계는 더욱 심화되었다. 1970년대 후반은 종합상사 제도의 창설, 수출 기업에 대한 정부의 지원 강화, 중화학공업에 대한 집중적인 지원이 이루어진 시기였다. 이 과정에서 중화학공업 특혜 금융과 대기업에 대한 과도한 보호, 수출금융 비중의 과도화가 사회문제로 부각되었다.

특혜금융조치, 중화학공업 육성, 종합 무역상사 등 정부의 지원이 소수의 재벌에게 집중적으로 이루어지고, 그 결과 재벌의 규모와 영향력은 급속도로 팽창했다. 1972년 10대 재벌은 평균 7.5개의 계열기업을 소유하고 7.7개의 산업 분야에서 활동하는데, 1979년 10대 재벌의 평균 계열사는 25.4개이고 산업 분야는 17.6개의 영역으로 증가했다. 유신정권의 정치적 정당성 확보를 위해 진행된 중화학공업화 전략은 향후 한국의 경제가 재벌 중심의 산업구조로 재편되는 결정적인 원인이 되었다. 당시 전경련 정책 추천 내용의 약 70%가 정부에 의해 채택되었다는 사실에서도 알 수 있듯이 정부 주도의 경제정책 대부분은 채택되기 이전 대기업과 협상하여 결정됐다. 이런 동맹관계 아래 재벌과 고위 경제 관료, 금융인 간 광범위한 정책 네트워크가 형성되며, 이 새로운 사회 연합을 중심으로 이른바 정경유착이 견고하게 유지되어 갔다.

박정희 정권의 정경유착 사례는 새나라자동차 면세 도입 사건(1962), 삼백 사건(1963), 한국비료의 사카린 밀수 사건(1966), 현대아파트 특혜 분양 사건(1978) 등이 있다. 삼백 사건은 밀가루, 설탕, 시멘트 등의 3분(粉) 폭리 사건을 말한다. 한국비료의 사카린 밀수 사건으로 삼성의 이병철 회장은 경영 은퇴를 선언하고, 한국비료는 1967년 준공 이후 삼성이 보유 주식의 51%를 정부에 헌납하여 국유화된다. 현대아파트 특혜 분양 사건은 차관급 1명, 국회의원 6명 등 공직자 총 190명, 언론인 37명 등 총 600여 명의 사회 지도층 인사가 연루된 사건이다. 당시의 정경유착은 외국차관 도입이나 정부의 대규모 공사, 저리의 은행융자 제공 등을 미끼로 이루어졌다.

정경유착은 생산 의욕보다는 이권 의욕을 갖게 하고, 정당한 이윤 축적보다는 폭리에 의한 부당한 축적을 하도록 기업인들의 경영 패턴을 변화시키는 결과를 가져왔다.

전두환·노태우 정권과 재벌의 재편

공고화된 정경유착

1979년 10월 26일 중앙정보부장 김재규의 대통령 시해 사건으로 유신정권은 갑자기 막을 내렸다. 갑작스런 통치 공백의 틈을 노린 전두환과 신군부는 1979년 12·12 사태와 1980년 5·17 군사 쿠데타로 정권을 장악했다.

전두환 정권은 정치적 정당성을 획득하기 위해 집권 초기에 반재벌 정서를 적극적으로 조장하고 이를 정치적으로 이용했다. 모든 언론을 장악하고 통제한 신군부는 재벌의 문제점을 신문 기사와 방송을 통해 집중적으로 보도했다. 기업과 기업인에게 우호적이던 매체들도 재벌에 대한 비판에 동원되었다. 대표적인 친기업 언론이었던 〈매일경제〉는 1980년 3월 21일부터 4월 3일까지 '재벌의 실상과 허상'을 연재하면서 재벌의 비윤리성, 부채 경영, 독과점, 부동산 투기, 비합리적 투자 결정, 문어발식 확장, 정경유착과 특혜 등의 문제점을 10회에 나누어 상세하게 보도했다. 주요 방송과 일간지도 재벌의 폐해와 문제점을 부각시켰다.

또한 전두환 정권은 박정희 정권의 핵심 정책 기조와 상이한 경제 정책을 통해 정통성을 획득하고자 했다. 특히, 김재익, 강경식, 금진호로 구성된 '자유시장' 팀은 박정희 정부에 의해 진행된 중화학공업에 대한 집중투자가 결국 과잉투자였던 것으로 나타났고, 이것이 1980년 마이너스 경제성장의 원인이라고 주장했다. 전두환의 경제

팀은 유신정권의 중화학공업 정책을 실패로 규정하고, 박정희 정권과 차별되는 '민간 주도 경제'를 주요한 경제정책으로 추진했다. 이에 따라 전두환 정권의 경제정책은 경제 안정화를 통해 단기적인 경제 적응과 산업 재조정, 금융 자유화, 무역 개방, 국가—시장 역할의 재정립을 통한 경제의 구조적 변화를 목표로 했다. 이와 같은 1980년대 초의 위기에 대한 전두환 정권의 정책적 반응은 오늘날 국제사회의 경제 이념으로 폭넓게 자리 잡고 있는 신자유주의 경제정책이다.

한국에서 신자유주의의 도입은 5공화국의 '경제 안정화와 경제 자유화'로 대표된다. '안정화 정책'은 재정 긴축과 금융긴축으로 가격 안정을 목표로 하고, '자유화 정책'은 은행 민영화와 금융 자율화, 공기업의 민영화 등을 추진한 대내적인 자유화조치와 수입자유화와 자본 이동의 자유화가 주 대상이 되는 대외적 자유화조치다. 이와 같은 5공화국의 거시경제 정책, 즉 신자유주의 정책은 5공화국에만 국한되는 경제정책 기조가 아니라 이후 오늘날까지 지속되어 오고 있다.

재벌에 대한 비판적인 사회 분위기를 조성한 전두환 정권은 재벌 규제와 재벌기업 정리를 통해 정권의 정통성을 얻고자 했다. 재벌에 대한 규제는 5공화국의 출범과 동시에 시작되었다. 첫 번째 행동은 1980년 9월 27일 '계열기업 정리를 위한 조치'였다. 9·27조치에 따라 26개 주요 재벌은 166개의 계열기업을 매각하고, 412만 9,000평의 비업무용 부동산을 매각하도록 지시받았다. 재벌들은 190개의 계열기업을 매각하거나 정리해야 했다. 그러나 이 정책은 대기업과 재벌에 대한 국민들의 반감을 심화시키고, 재벌을 규제하는 전두환 정권에 대한 당위성을 높여주기는 했지만 정책적 실효성을 거두지 못했다. 재벌이 소유한 부실기업을 정리하고, 투기적인 부동산을 매각하고, 부채를 줄이는 정책을 집행했지만, 이런 일련의 조치들은 재벌의 반발로 인해 아무런 성공을 거두지 못했다. 박정희 정권과 마찬가지로 전두환 정권도 경제성장을 통해 정당성을 획득하려 했기 때문에 재벌기업과의 타협과 협력은 피할 수 없는 숙명이었다. 전두환 정권의 재벌정책이 시행되고 3년이 지난 뒤 재벌은 120개의 새로운 기업을 설립하거나 인수함으로써 재벌에 의한 경제력집중은 훨씬 심화되었다.

재벌과 대기업의 사회적 지배력이 증가함에 따라 이에 대한 국민들의 반감도 높아만 갔다. 1980년부터 1988년까지 〈동아일보〉 사설에서 대기업에 관한 내용을 분석한 연구에 따르면, 대기업의 사회적 영향력 증대와 대규모성으로 인한 문제를 비판하는 사설이 전체의 43.2%, 정경유착과 부동산 투기 등에 대한 비판은 28.4%, 그리고 소유와 경영에 대한 문제는 28.8%를 이룬다. 1980년부터 1986년까지 〈신동아〉와 〈월간조선〉에는 기업의 비리와 문제를 고발하는 글이 월평균 2개 정도 다루어진다. "노동 착취, 문어발식 기업합병과 독점, 정부 특혜, 부동산 투기, 외자 의존의 종속적 성장, 금융 부조리, 탈세, 과잉 경쟁, 잦은 도산, 사치, 기술혁신의 부실" 등이 두 월간지가 다룬 재벌기업에 대한 키워드다.

성장한 재벌과 정치권력의 갈등

1987년 6월 항쟁으로 대통령 직선제를 포함하는 헌법 개정이 이루어졌다. 하지만 야권의 분열로 인해 1987년 12월에 치러진 대통령 선거에서 군부 출신 노태우 후보가 당선됨으로써 군부 통치는 지속되었다. 1988년 4·26 총선에서 집권당인 민정당은 전체 국회의원 299명 중에 절반에도 크게 모자라는 125석을 얻고, 야당은 174석을 차지했다.

여소야대與小野大의 상황에서 야당은 '5공비리조사 특별위원회'를 구성해 전두환 정권의 비리 의혹 사건에 대한 국회 청문회를 열었다. 5공화국의 유력한 정치권력자들뿐 아니라 이들과 연루된 혐의를 받는 많은 기업인들이 청문회에서 증인으로 불려 나왔다. 권력자 중에서 누가 무슨 목적으로 얼마나 많이 재벌들에게 자금을 받았는가와 그 반대급부로 정치권력자는 재벌에게 어떠한 특혜를 주었는가를 밝히는 일이 '5공비리조사'의 핵심이었다. 청문회 기간 동안 전두환 정권에 기부한 기업 및 기업인의 명부와 이들이 헌납한 금액이 언론을 통하여 연일 보도되었다. 이 사건은 재벌기업이 성장할 수 있었던 주요 원인이 정권과의 유착과 특혜에서 비롯한다는 인식을 한층 더 강화시키는 역할을 했다.

여소 야대의 상황 속에서 정치권은 재벌에 대한 비판을 지속적으로 제기하고, 노태우 정권은 이런 정치권의 비판에 수동적으로 대응했다. 1991년 노재봉 국무총리는 관훈클럽 토론회에서 "지금 우리는 기업권력과 정치권력이 일대 대결을 벌이고 있는 겁니다"라는 말을 하면서 정부가 재벌과 갈등적 관계를 가지고 있음을 말했다. 조순 경제 부총리도 "대기업들부터 정신을 차리지 않으면 우리 경제는 천민자본주의로 전락하고 말 것"이라는 선언을 공개적으로 했다. 집권 초기 재벌을 비판하는 이런 노력이 있었지만, 노태우 정권은 경제 상황이 악화되면서 재벌에 비판적 입장을 가진 조순 경제 부총리와 김종인 청와대 경제 수석 대신 비교적 온화하고 친기업적인 인사들로 교체했다. 정권 중반 이후부터 노태우 정권은 친재벌적인 정책으로 전환했다.

1980년대는 정부(국가)와 재벌 사이에 나름 힘의 균형이 이루어지는 시기였다. 재벌 입장에서는 어느 정도 공고해진 경제력을 기반으로 정부의 간섭이 불편해지기 시작했다. 1980년에 집권한 전두환 정권이 기존의 정·재계를 재편하는 과정에서 일부 재벌총수에 대한 구속과 처벌이 이루어졌다. 1986년에는 우리나라에서 처음으로 대기업 집단, 특히 재벌을 규제하는 법 체제가 '독점규제 및 공정거래에 관한 법률'(독점규제법)에 도입되었다. 1986년 6·29 선언에 뒤이은 노태우 정부의 출범 이후에는 재계와의 새로운 균형추가 모색되기 시작했다.

그런데 우리나라 재벌의 뿌리는 1950년대 또는 그 이전까지 거슬러 올라가지만, 독점자본으로서 재벌이 성립된 것은 대략 1980년대 초에 이르러서다. 이 시기에 기업집단이 각 재벌별로 형성되었다. 30대 재벌의 계열기업 수는 1970년에 평균 4.2개였으나 1979년에는 평균 14.3개로 증가해 기업집단으로서의 면모를 갖추었다. 내부적으로도 이 시기에 이르러 각 재벌은 기업집단을 총괄하는 기획조정실과 비서실 등의 조직을 총수 산하 기구로 제도화하는 등 총수 지배 체제를 구축했다. 1980년대 들어 실물과 금융 부문에서 재벌의 국민경제 지배구조가 확립되었다. 1960~1970년대에는 우리나라 재벌의 부침이 빈번했으나 1980년대 이후 1997년 IMF 외환위기가 있기 전까지는 매우 안정적인 지위를 유지했다.

＼ 재벌 승계

왕자의 난

아빠도 회장님, '나'도 회장님

한국 재벌에서 독특하게 나타나는 현상 중 하나는 2세, 3세, 4세 경영으로 넘어가면서 자녀들 사이에서 나타나는 경영권 다툼이다. 공정거래위원회 국내 자산 기준 40대 그룹사 중 경영권 분쟁을 겪은 그룹사가 18개사에 달한다. 이 중 롯데그룹은 2대에 걸쳐 경영권 갈등이 진행 중이다. 30대 재벌 그룹 중 대다수 재벌은 장남인 맏아들이 기업을 이어받는다. 하지만 경영 능력이나 자질 부족 등의 요인으로 인해 장남으로의 승계가 이뤄지지 않은 경우, 대부분 형제간 갈등이나 소송 등 대립 양상으로 펼쳐지는 경우가 많다. 21세기 디지털 시대에 우리나라에서는 왜 이런 일이 벌어지는 것일까?

'형제의 난'이라는 용어가 미디어에 처음 등장한 것은 2005년 두산 그룹의 경영권 분쟁 때다. 그런데 2000년에 현대그룹 2세 형제들이 벌인 분쟁은 '형제의 난'이 아니라 '왕자의 난'으로 표현된다. '왕자의 난' 또는 '형제의 난'이라는 말은 경영권을 이어받기 위해 재벌 2세들이 싸우는 현상을 과거 왕조시대 '왕자들끼리의 싸움'을 빗대어 표현한 것이다. 이것은 우리나라 재벌들에게 기업은 왕조와 비슷하며 경영권이 세습의 대상으로 인식되고 있음을 보여준다. 즉 기업을 경영자, 종업원, 주주, 공급자, 소비자, 지역 주민 등 이해관계자 관점에서 보는 것이 아니라, '내 것' 또는 '내 가족의 것'으로 인식하는 것이 '형제의 난'을 일으키는 주요한 요인이다. 롯데그룹의 분쟁에서는 부자간·형제간에 벌어지는 갈등이 고스란히 노출되는 과정에서, 신격호 회장 일가가 낮은 지분율에도 불구하고 복잡한 400여 개의 순환출자로 계열사를 거느리며 황제 경영을 해왔다는 새로운 문제점도 드러났다.

소수 지분으로 그룹 전체를 지배하는 문제는 롯데뿐만 아니라 삼성과 현대차 등 국내 대부분의 재벌들에 해당된다. 경영 승계가 잘못될 경우 기업의 운명은 물론 종업원, 협력 회사, 소비자, 사회에 엄청난 영향을 미칠 수 있다는 점에서 간과할 수 없는 부분이다.

지금까지의 관행에 비춰볼 때 재벌총수와 그의 가족을 중심으로 한 재벌의 소유와 지배는 가족 내에서 승계되었다. 재산권의 이전과 상속이 가능한 법질서 아래서 재산적 가치가 있는 권리의 이전이나 상속은 당연하다. 그러나 재벌의 영속화 관점에서, 또 승계 과정에서

야기된 문제들로 인해 많은 비난을 받는다. 우선 제기되고 있는 문제는 재벌의 승계 과정이 세법적인 문제와 결부돼 비정상적인 방식으로 이뤄진다는 점이다.

그룹 지배권의 이전과 관련해 편법 상속이나 변칙 증여의 문제가 제기된 삼성의 경우를 보면, 그룹에서 실질적인 지주회사 역할을 하고 있는 '삼성생명'의 최대주주인 '삼성에버랜드'(당시 비상장 기업으로 2014년 7월 제일모직으로 사명을 변경했다. 2015년 9월 제일모직은 구 삼성물산을 소멸 법인으로 제일모직을 존속 법인으로 하는 흡수합병을 실시하고, 사명은 현재의 삼성물산으로 정했다)의 지배권이 직계가족에게 새롭게 창출되는 방식으로 그룹 지배권의 승계가 이루어졌다. 이건희 회장의 직계가족인 이재용은 삼성에버랜드의 지분을 31.9% 보유함으로써 최대주주가 되고, 삼성에버랜드는 삼성생명의 주식을 20.56% 보유함으로써 삼성생명의 주식을 26% 보유하고 있는 이건희 회장과 함께 실질적인 지배권을 보유하게 된다.

이 과정에서 신주인수권부사채(BW)와 전환사채(CB)의 법리는 지배권을 창출하는 데 중요한 기여를 하며, 실질적인 지배권의 이전임에도 불구하고 이건희 회장으로부터의 증여와 같은 법률행위는 개입되지 않았다. 즉 권리 이전의 전형적인 방식이 배제되고, 회사법상의 고유한 의의를 갖고 있는 전환사채의 발행이나 신주인수권부사채의 발행과 같은 제도가 이용됨으로써 세법의 적용 회피와 발행된 주식의 시세 차익의 확보를 의도한 일련의 변칙적인 승계가 이루어졌다.

경영권의 가족 내 이전 방식이 기업 경영의 효율성을 담보할 수 있는가에 대해서도 일반적인 회의가 일고 있다. 유전학적인 행운이 수반되지 않는 한 '가족 지배권'의 계속은 경영상 많은 폐해가 뒤따르며, 지배권을 전문경영인에게 이전하는 것이 합리적임을 경험적인 자료들은 보여주고 있다. 우리나라는 가족 내 지배권 승계라는 특이한 경험을 지금도 하고 있으며, 현실적으로 전문경영인에게 재벌의 지배권이 이전되는 예를 거의 찾아볼 수 없다.

재벌 지배권의 승계는 재벌의 외연을 확대하는 의미를 지닌다는 점에 주목해야 한다. 예를 들어 삼성그룹은 승계 과정을 거치면서 삼성그룹 외에도 CJ그룹, 한솔그룹, 신세계그룹, 새한그룹, 보광그룹 등으로 분화되고, 과거의 현대그룹 역시 현대자동차그룹, (계열분리가 이루어진 이후 현재의) 현대그룹, 현대중공업그룹, 현대백화점그룹, 현대산업개발그룹, 한라그룹, 성우그룹, 금강고려화학그룹 등으로 분리됐다. 이와 같이 분리된 그룹들은 대부분 유력한 기업집단으로 새롭게 자리매김되고 있으며, 이들 파생 그룹 전체를 합산한 범삼성그룹 내지 범현대그룹의 규모는 다른 재벌의 규모를 압도한다. 이런 상황은 승계 과정에서의 계열 분리 등을 통해 재벌이 자연스럽게 해체될 것이라는 기대가 성급한 것일 수 있으며, 현재의 재벌 구조가 친족 관계로 연결된 소수의 재벌에 의해 주도되는 구조로 재편될 수 있음을 보여준다.

계급 위의 계급

한국 재벌은 재산을 모으는 데만 비범한 재주가 있는 게 아니다.

재산을 후예에게 물려주려는 집념이 지극히 강하고 물려주는 방법도 세계 어느 나라에서도 그 예를 찾아볼 수 없을 만큼 비상하다. 평범한 사람들이 상상도 할 수 없는 비방이 백출한다. 자본조달 방법의 악용, 일감몰아주기, 과잉 배당, 조세 피난처를 이용한 탈세 등을 통해 탈법적인 세습이 이루어진다. 편법적 방법으로 경영권을 교묘히 물려주는 과정에서 만들어진 부의 축적과 탈세는 법치주의의 근간을 무너뜨린다.

우리나라 최대의 기업집단 삼성그룹이 합법적인 상속 절차를 밟는다면 50년 뒤에도 지금의 삼성그룹을 유지할 수 있을까? 상속세 및 증여세 관점에서 보면 대략 10분의 1 규모로 감소될 수 있다. 삼성그룹이 현재의 성장성을 유지한다고 가정하더라도 상속증여세법에 따라 상속세를 낸다면 상속 증여세의 과세표준 50%에 경영권 프리미엄으로 10~15% 할증 세율이 붙어 첫 가업 승계에서 35% 규모로 축소되고, 상속이 한 번 더 이루어지면 처음에 비해 약 10% 이하로 줄어들 수 있다. 2015년 기준 자산총액 351조 원의 삼성그룹이 50년 뒤, 두 번의 상속 절차를 거쳐 승계를 거치면 자산총액 35조 원의 그룹이 될 수도 있다는 의미다. 국내 주요 재벌기업들의 경영권 승계에 대한 고민은 여기서 시작된다. 법에서 규정하는 만큼의 상속세를 낼 경우 그룹의 위상과 경쟁력을 잃게 될 가능성이 크고, 이것을 무시하면 탈법, 편법 기업으로 낙인찍힐 가능성이 크기 때문이다.

재벌 승계는 재벌총수 2세, 3세, 4세가 선대先代에 축적된 막대한 재산을 상속받는 것으로, 부의 대물림이다. 재벌 승계는 작게는 개인의 문제나 재벌총수 일가에 영향을 주는 것으로만 볼 수 있다. 그러나 우리나라는 국민경제에서 재벌 그룹이 차지하는 비중이 매우 커서 큰 영향을 줄 수 있기 때문에 경영 승계는 신중하게 합리적으로 결정되고 이루어져야 한다. 2015년 4월 기준 5대 재벌의 자산 규모는 1,000조 원이 넘어, 대한민국 전체 자산의 12%를 차지한다. 2012년 기준 정부의 자산총액이 1,610조 원 정도임을 고려하면 5대 재벌기업의 자산은 정부 자산 대비 3분의 2를 차지하는 엄청난 규모다.

재벌 승계 과정에서 나타나는 분쟁은 단순히 집안싸움의 문제가 아니다. 잘못하면 국가경제가 휘청거릴 정도로 막대한 영향을 미쳐 국가경제 전체에 위험을 초래할 수 있다. 그런데 한국 재벌의 경영권은 자녀들에게 세습된다는 점에서 다른 근대국가의 대기업 소유자나 경영자의 힘과는 성격을 달리한다. 지금처럼 재벌 경영권이 3세, 4세까지 세습된다면 사실상 한국은 준신분제 사회가 되는 셈이다. 물론 재벌기업은 반드시 장자 승계를 원칙으로 하지는 않고 경영 능력이 뛰어난 아들에게 승계하는 측면이 있기는 하지만, 그 자체는 조선왕조의 왕위 세습과 유사하다. 미국 등 현대자본주의 사회에서 법인기업corporation의 최고경영자들도 그렇지만 한국의 재벌총수들은 과거 왕과 귀족들이 누렸던 특권을 누린다.

근대 이전에 왕과 귀족의 특권은 법, 제도, 관행에 의해 보장되는데, 재벌기업 총수들은 법적으로는 일반 국민과 동일한 지위를 갖고 있다고는 하지만 정치인들이 주도하는 입법 과정, 관료들이 주도하는 조세 문제에서의 편향, 검찰의 수사나 법원의 재판, 그리고 대통령의 사면과 복권 등 행정절차 과정과 사법절차 과정 모두에서 특별한 대우를 받는다. 이건희 삼성그룹 회장은 평창 동계 올림픽을 성공적으로 치러야 한다는 명분으로 특별사면 혜택을 받았으며, 이른바 대한한공의 '땅콩 회항 사건'으로 사회적 물의를 일으킨 대한항공 조양호 회장의 딸이자 부사장인 조현아는 법원에서 집행유예 판결을 받은 후 평창 올림픽 성화 봉송 지원 주자로 나섰다. 법은 재벌기업과 재벌 일가의 범죄를 언제나 비켜 간다. 재벌총수와 그 가족들은 확실히 준신분, 혹은 '계급 위의 계급'의 지위를 갖는다.

편법 승계

세금 없는 부의 세습

특별검사팀은 29일 경영권 불법 승계 및 조세 포탈 혐의로 기소된 이건희 전 삼성그룹 회장과 삼성 임원들에 대한 파기환송심에서 이건희 전 회장에게 징역 6년과 벌금 3,000억 원을 구형했다. 특검은 서울고등법원 형사 4부(김창석 부장판사) 심리로 열린 파기환송심에서 '정상적인 자금조달이 아니라 특수관계인에게 재산상의 이득을 제공하고 경영권을 승계할 목적으로 시가보다 현저하게 낮은 가격으로 신주인수권부사채(BW)를 발행해, 삼성SDS에 손해를 끼친 배임 행위가 인정된다'라고 밝혔다.
– 〈동아일보〉 2009. 7. 29

서울지방법원 형사합의52부(부장판사 김동오)는 비자금 693억 원을 조성하는 등 900억 원대 회사 자금을 횡령하고 계열사에 2,100억 원대 손실을 끼친 혐의로 기소된 정몽구 현대기아차그룹 회장에 대한 1심 판결에서 징역 3년을 선고했다. ‒〈조선일보〉 2007. 2. 5

삼성 재벌과 현대자동차 재벌의 경영권 승계 과정은 두 재벌기업이 한국 경제에서 차지하는 비중에 걸맞게 재벌의 경영권 승계 사건 중에서도 세간의 관심이 집중된 사건이다. 앞서 언론 기사에서 제시하는 바와 같이 삼성그룹의 당시 이재용 전무로의 경영권 승계, 현대자동차그룹의 당시 정의선 사장으로의 경영권 승계는 그 과정에서 지배주주의 배임죄 등 많은 물의를 빚었으며, 이로 인해 두 재벌의 총수들은 법정에 서는 망신을 당했다.

한국 재벌은 부의 축적과 경영권 승계 과정, 내부거래와 일감몰아주기, 부당한 도급과 갑을 계약, 근거 없는 과잉 배당, 비정규직 노동자 정책의 대부분에서 자유롭지 못하다. 차명과 명의신탁을 통해 국가의 금융 통제를 무력화하고, 자본조달의 필요성에서 만들어놓은 전환사채와 신주인수권부사채 제도를 교묘하게 악용해 세금을 내지 않는 '세금 없는 부의 세습' 방식을 창조했다. 또한 도급과 프랜차이즈 대리점 계약 제도 등을 악용해 노동법과 독점규제법을 무력화시켰으며, 인수합병 등을 통해 일감몰아주기 규제를 교묘하게 회피했다. 부의 축적 과정과 방식에서도 독점과 불공정거래를 규제하기 위한 강행 법규들을 사내 하청이나 합병 등으로 교묘하게 회피하고 빠져나가는 편법들이 동원됐다. 대한민국의 재벌들은 이런 탈법적 현상을 관행 아닌 관행으로 일삼고 있으며, 이에 따른 후유증으로 강행 법규의 형해화, 노동자의 기본권 침해가 심각하게 대두되었다.

2004년 상속증여세법에 완전포괄주의를 도입했음에도 기업 간 일감몰아주기 거래를 통한 조세 회피는 근절되지 않고 있다. 일감몰아주기를 통한 부의 무상 이전은 전통적인 증여 방식은 아니지만 그 경제적 실질은 세법상 증여로 볼 수 있다. 이런 증여 행위를 통해 수혜 법인의 대주주가 막대한 이익을 얻게 되고 세금 없이 부를 이전하는 편법으로 활용되자 우리 사회 일각에서 과세의 필요성이 제기되었다. 재벌의 탈법적 행위로 인해 총체적인 규범의식의 해체와 법치주의의 위기가 진행되고 있다.

로마 법률가 파울루스Paulus와 울피안Ulpian은 "법이 금지하는 것을 행하는 자는 법을 위반하는 것이고, 법의 문언에 반하지는 않으나 법의 정신에 반하는 행위를 하는 자는 탈법행위 또는 법률회피를 하는 것이다"라고 말한다. 이는 법집행관의 법의 정신에 입각한 단호한 의지를 설파한 것이다.

재벌의 불법에 대해서는 법집행자의 단호한 의지가 무엇보다 중요하다. 탈법에 대해서는 과감한 입법 행위가 필요하다. 입법이 곤란하거나 불가능한 경우에는 법관은 법질서 전체의 규범력을 가지고 실정에 맞는 해석을 통해 총수 일가의 탈법 행위를 엄단해야 한다. 이런 의지가 없다면 국가에 대한 국민의 신뢰는 상실되고 한국 사회는 부패와 반칙이 만연하는 금전만능주의의 무질서한 사회가 될 것이다. 재벌총수도 떳떳한 경영자가 되려면 지금까지의 과정에 대해서 책임지는 자세가 필요하다. 잘못된 것은 잘못되었다고 말해야 한다. 그래야만 기본이 갖추어진 경영자로서 자격이 있다. 지나간 사건에 대해 앞 세대의 문제라고 치부하는 순간 현재의 재벌은 앞 세대의 짐을 안고 가야 한다.

승계 방식의 변화무쌍

한국 재벌은 대내외적으로 변화의 시기를 맞고 있다. 창업주와 2세들의 퇴진이 가시화되고 있는 만큼 이제 3세, 4세들로의 경영권 승계가 본격화되고 있다. 과거 경영권 승계 뒤 기업의 명암이 엇갈린 사례를 심심찮게 찾아볼 수 있다. 창업주나 2세와 달리 3세, 4세들로의 승계 과정에서 적지 않은 진통을 겪을 수 있다. 특히 후계 구도가 명확하지 않은 재벌은 승계 위험에 노출되어 있다. 재벌들이 피할 수 없는 과제 중 중요한 것은 승계 문제다. 후계자의 능력과 승계 이후의 지속 성장, 승계 과정에서 발생하는 세금 등 막대한 비용, 그리고 세간의 차가운 시선까지 극복해야 한다. 우리나라의 경우 가족 경영에 대해 비판적인 시각이 강하다. 재벌 중심의 성장 정책 후유증과 일부 재벌총수 일가의 도덕적 해이와 편법 승계 등이 부각되면서 반재벌 정서가 팽배한 실정이다.

우리나라 재벌들의 경영 승계는 다양한 형태로 진행되어 왔다. 재벌들이 사용한 방법에 따라 경영 승계 유형을 구분하면 크게 다음 여섯 가지 정도로 요약할 수 있다.

첫째, 비상장 계열사를 통해 핵심 기업을 지배하는 형태를 이용한 삼성과 SK 형태다. 경영 승계와 관련해서 가장 많이 이용된 형태가 비상장 계열사를 통해 핵심 기업의 지배권을 확보하는 방법이다. 삼성과 SK는 비상장 계열사를 통해 핵심 계열사를 지배하고 비상장 계열사들을 차례로 상장시킨다는 점에서 비슷한 경영 승계 방식으로 분류할 수 있다. 삼성그룹은 에버랜드라는 비상장 계열사를 활용했다. 왜냐하면 에버랜드는 삼성의 순환출자 구조 정점에서 삼성전자 등 핵심 계열사 지분을 갖고 있으므로 에버랜드 경영권만 확보하면 삼성그룹을 지배할 수 있기 때문이다. SK는 정보통신 시스템 통합 업체인 SK주식회사 C&C를 통해 그룹을 지배하고 있다. SK주식회사 C&C는 SK텔레콤, SK네트웍스, SK해운의 최대주주이기 때문에 비상장 계열사인 SK주식회사 C&C를 통해 그룹을 지배하고 있다고 볼 수 있다.

둘째, 비상장 계열사에서 벌어들인 자금으로 핵심 계열사 주식을 매입하는 방식을 이용한 현대자동차그룹 형태다. 현대자동차그룹은 삼성처럼 후계자에게 비상장 계열사 주식을 물려줬다는 점에서는 같지만, 비상장 계열사들이 그룹 지배구조에 직접적인 영향을 끼치지 않는다는 점에서는 차이가 있다.

셋째, 지주회사로 전환하여 경영 승계를 진행한 LG·GS 형태가 있다. LG그룹은 2000년부터 그룹을 지주회사 형태로 전환하면서 그룹 일가 30여 명이 지분의 50%를 보유하고 있다. 지배구조가 투명하다는 점에서 지주회사 전환은 바람직한 것으로 평가받고 있지만,

전환 과정에서 미성년자인 3세로의 경영 승계에 대한 비난을 받았다.

넷째, 1인 대주주의 지분율이 높지 않은 두산, 금호, 효성 그룹은 오너 일가가 지분을 조금씩 분산 소유하는 가족 분산 형태를 취하고 있다. 이 중에서 두산그룹은 대표적인 형제 경영 기업에 해당된다.

다섯째, 10여 년에 걸쳐 꾸준히 증여 과정을 거쳐 경영 승계를 한 동부그룹 형태다. 그리고 김승연 한화그룹 회장도 2003년부터 꾸준히 승계를 위한 준비를 해오고 있다.

여섯째, 자식 및 친인척을 완전히 배제한 가운데 공익재단이 지분을 소유한 유한양행 형태다. 이것은 "기업 경영에는 정실이 개입돼서는 안 되며, 기업의 소유주는 사회이고 개인은 단지 관리를 할 뿐이다"라는 창업자 유일한 박사의 신념이 반영된 결과다. 그리고 이런 체제가 가능한 것은 유한양행의 최대주주가 공익재단인 유한재단과 유한학원이기 때문이다.

한국 재벌의 경영 승계 방식은 시대 흐름 및 관련법 규정에 따라 변화해왔다. 1980년대까지만 해도 정부와 소통만 잘되면 승계는 무리 없이 진행됐다. 그러나 법적·사회적 감시 체제가 강화되고 불법·편법 상속에 대한 법적·제도적 장치들이 보완되면서 재벌들의 경영 승계는 복잡해졌다.

재벌들의 경영 승계에서 가장 핵심적인 문제는 50%에 달하는 상속세를 회피하는 데 있다. 이를 위해 재벌들은 여러 가지 복잡한 방법을 이용해 상속세를 회피해왔다. 1980년대 후반과 1990년대 초반에는 유·무상 증자가 많이 이용됐다. 1980년대에는 비상장 계열사가 증자를 하면서 액면가로 2세들에게 주식을 배정한 뒤 상장 과정에서 시세 차익을 얻는 방법을 이용했다. 1990년대에는 전환사채나 신주인수권부사채 등 복잡한 구조의 채권이 승계 수단으로 많이 이용됐다. 예를 들면 전환사채를 싼값에 받은 후계자 후보가 이를 주식으로 전환해 지분을 끌어올리는 방식이다. 2000년대 들어서면서는 일감몰아주기, 기업 간 합병 등이 유행했다. 예를 들면, 재벌 계열사들이 후계자가 설립하거나 대주주로 있는 작은 규모의 비상장 회사에 일감을 몰아주면, 이 회사들이 커지면서 후계자의 지분도 커지는 방식이다.

재벌 공익법인

공익 없는 공익법인

특수관계인을 채용해 고액 월급을 주고 주식 보유 비율을 높여 사주 일가 소유의 기업에 대한 경영권을 강화하는 등 국세청에 적발된 재벌의 공익법인 악용 행태는 가지각색이다. A문화재단은 특수관계인을 이사로 5분의 1 이상 선임하지 못하도록 하는 것을 위반한 것도 모자라 성실공익법인에서 제외된 공익법인이 5% 이상 주식을 보유하지 못하는 규정까지 위반했다. B문화재단은 계열사로부터 현금을 출연받아 창업주의 생가 주변 토지를 사들이는 등 공익 목적

사업 외 용도로 사용해 적발됐다.(《조세일보》 2018. 9. 5)

재벌 승계가 2세, 3세, 4세로 이어지면서 여전히 재벌기업의 공익재단은 여러 계열사 지분을 보유하며 상속이나 승계를 위한 편법 기관으로 자리 잡고 있는 모습을 보인다. 해를 거듭할수록 공익재단의 지분 보유 형태는 다양해지고 있으며, 설상가상으로 계열사 내부적으로 모기업 공익재단에 기부금을 몰아주는 행태도 눈에 띈다. 결국 '기업 배불리기'에 그치는 것 아니냐는 지적이 나오는 이유다.

재벌기업의 공익법인은 당초 사회 공익 활성화를 위해 설립됐으나 시간이 지날수록 대기업이나 소유 기관의 자체적인 편법 수단으로 변모하고 있다. 공익재단을 상속세 회피 수단으로 활용하는가 하면, 계열사를 지배하는 사실상의 지주회사 역할을 하는 곳도 있다. 아울러 장학금 지원 사업 등의 본래 목적보다는 재단 자산을 키우는 등의 운영비에 더 많이 지출하는 재단도 생겨났다.

몇몇 재벌들은 순환출자 구조를 이용해 기업의 공익재단을 통한 지배권을 확보하고 상속증여세 부담을 피하기 위해 변칙적인 방법으로 자녀들에게 기업을 증여 또는 상속해왔다. 실제 이런 재벌기업들이 공익재단을 악용하는 사례가 적지 않다. 예컨대 A가 소유하는 주식을 출연해 문화재단을 설립하고 이사장에 취임한 뒤, 자녀 B가 이사장직을 이어받으면서 A가 출연한 지분을 B가 상속증여세 부담 없이 승계를 받거나 매수하는 방식 등을 이용해왔다. 이런 편법적인 승계는 공익재단이 갖는 본연의 목적보다는 사회질서를 왜곡시키는 역할만을 할 뿐이다.

기업 이윤의 사회 환원. 이것이 재벌의 공익법인들이 내건 목표다. 그러나 한국 재벌들이 소유한 공익법인은 계열사의 지배 수단이 되고, 상속증여세의 탈세 수단으로 악용되고 있다. 또한 재벌총수에 종속되는 기이한 지배구조의 성격도 갖는다. 공익법인의 이사장이나 이사 중 상당수가 총수와 특수관계인으로 구성되어 있고 해당 재벌기업이 인맥 관리 차원에서 관계를 맺어온 사람들인 점을 감안하면 사실상 공익법인 이사진이 전적으로 총수의 사람들로 구성되어 있다. 명목상 독립적인 비영리 공익법인임을 내세우고 있으나 사실은 재벌 계열사와 마찬가지로 총수의 지배 아래 놓여 있다.

　공익법인은 "사회 일반의 이익에 이바지하기 위하여 학자금·장학금 또는 연구비의 보조나 지급, 학술, 자선에 관한 사업을 목적으로 하는 법인"(공익법인법 2조)을 말하며, 임원 등 이사회 구성, 예산 결산, 자산 운용 등에 대해 법률로 일정한 제한을 둔다. 또한 상속증여세법 등 세법에서는 공익법인에 대해 각종 세제 혜택을 부여한다. 공익법인을 이용한 편법 상속을 막고 세제 혜택에 대한 검증의 차원에서 공익법인에 대해 별도의 의무를 부과한다. 그러나 공익법인이 보유한 주식은 대부분 계열사 주식으로, 많은 공익법인은 계열사 주식만 100% 보유하고 있다. 비계열사 주식 비중(금액 기준)은 아주 낮아서 공정가액 대비 배당금 비율은 예금 금리에 비해 매우 낮고, 배당을 전혀 하지 않은 주식도 상당한 비율에 달한다. 이는 각종 법률에 의해 제한이 있음에도 불구하고 공익법인들이 지배주주의 지배권 유지에 활용되고 있음을 보여준다.

얼굴 없는 천사

각종 세제 혜택으로 공익법인을 지원하는 목적이 바로 공익법인 활성화에 있음에도 불구하고, 현실에서 공익법인은 지원 취지와 무관하게 사용된다. 따라서 공익법인이 대기업 집단 지배주주 일가의 경영권 승계나 지배권 강화 수단으로 악용되지 않도록 계열사 주식 보유 규제를 강화해야 한다. 이와 관련해 공익법인 보유 계열사 주식 의결권 제한 등의 방안을 면밀하게 검토해야 한다. 미국의 경우 대다수 공익법인들은 스스로 대차대조표, 현금 흐름표 등 수입과 지출, 자산 운용에 대한 모든 회계 정보를 공개한다. 이를 위해 연차보고서를 만들어 배포하기도 한다. 그러나 우리나라 공익법인들은 회계 정보를 일절 공개하지 않는다.

사회적 기대와 거리가 먼 공익법인들이 본래의 목적에 맞게 사업하기 위해 법적 통제를 강화하고, 이사진 구성에서 전문가와 일반인의 비중을 높이고 친인척 및 계열사 임직원의 비율을 낮추는 등 지배구조의 민주화가 필요하다. 나아가 다음과 같은 제도 개선이 필요하다.

첫째, 모든 공익법인에 적용될 통일된 회계기준이 시급히 마련돼야 한다. 특히 공익법인 자산 중 가장 큰 비중을 차지하고 있는 주식에 대한 평가 방법이 공익법인 간에 통일돼야 한다.

둘째, 대부분의 공익법인들은 목적사업 외에도 수익 사업을 영위하고 있어 두 사업을 구분경리區分經理하여 공시할 필요가 있다. 특히 공통 자산의 안분按分 기준이 불명확해 공통 자산을 어떻게 양 사업으로 구분할 것인가에 따라 목적사업의 사업비 혹은 수익 사업의 이익이 영향받게 되므로 현행 법인세법의 구분경리 규정을 준용하되 사용 면적이나 지출 원가와 같은 구체적인 기준이 명시돼야 한다.

셋째, 대기업이 출연한 공익법인은 대주주의 지배력 강화 혹은 사적 이익 추구에 악용될 수 있다는 우려가 항상 제기되기 때문에 더 투명한 공시를 위해 공익법인의 재무제표 정보를 보완해주는 주석 정보가 제시돼야 한다. 따라서 제도 및 기준을 보완해 대기업 집단 소속 공익법인이 목적사업 운영 결과를 통일된 회계기준 및 구체화된 구분경리 기준을 적용한 재무제표로 바르게 나타내도록 하고, 이를 외부 감사인에게 감사받도록 하며 그 결과물인 감사보고서를 국세청홈택스에 투명하게 공시하도록 한다면, 공익법인은 그룹에 대한 지배권 강화 수단이 아닌, 국민을 위한 복지 서비스 제공자로서 지금보다 더 큰 역할을 수행할 수 있을 것이다.

넷째, 공익법인은 기본 자산의 처분 등을 하기 위해서는 주무관청의 승인을 얻어야 하는바, 공익법인의 사업을 충실히 수행할 수 있도록 투자 대상 자산의 종류, 금액, 총자산에서 차지하는 비중 등에 대해 주무관청이 보다 면밀히 검토한 뒤에 승인 여부를 판단하도록 해야 한다.

사회복지가 미약한 한국의 실정상 재벌이 자본금을 출연해 공익법인을 만드는 것은 권장할 일이다. 그러나 원래의 목적이 전도돼 엉뚱한 방향으로 운영된다면 차라리 아니하느니만 못하다. 미국의 '얼굴 없는 천사' 찰스 피니Charles Feeney라는 사람은 소득세 감면 혜택까지 포기하면서 6억 달러의 재산을 남몰래 기부했다. 한 개인의 일화지만 탈세와 계열사 지배 수단으로 공익법인을 악용하려는 한국 재벌과는 많이 비교된다. 재벌이 진정으로 기업 이윤의 사회 환원을 위해 공익법인을 만든 것이라면 그에 준하는 활동과 기금 운용을 해야 하지 않을까.

편법 상속에 관한 스캔들에서 정작 문제 삼을 것은 경영권 승계가 아니다. 자본주의사회에서 자식에게 경영권을 물려주는 것이 반드시 지탄받을 일이 아니기 때문이다. 문제는 후계자가 경영권 승계에 필요한 자금이나 주식을 확보하는 과정에서 여러 가지 방법으로 일반주주의 이익을 해치는 거래를 감행하는 것이다. 이런 거래는 외관상 마치 정상적인 거래처럼 보인다. 그러나 거래의 실체를 찬찬히 뜯어보면 일반주주의 재산을 특정인에게 이전하는 요소를 포함하고 있다. 주주 이익을 해친다는 관점에서 보면 이런 행위는 회사 재산을 훔치는 행위와 실질적으로는 다를 바가 없다. 차이가 있다면 이제껏 우리나라에서는 기업의 규모를 불문하고 이런 회사 재산 유용 행위가 워낙 널리 행해져 왔기 때문에 그에 대한 사회적 비난의 강도가 높지 않다는 점이다. 그러나 회사 재산을 빼돌리는 행위가 버젓이 용인되는 상황에서 기업에 대한 신뢰가 확보될 수 없고 자본주의가 건전하게 발전하기 어렵다.

＼ 재벌 체제

재벌의 경제 지배

제왕적 지배구조

한국 재벌은 '중앙집권적 통제 방식에 따라 다각적 경영을 하고, 가족 및 혈족 중심의 지배가 이루어지며, 정부 지원 아래서 성장한 재계 수위 30위 내 기업집단'이다. 중앙집권적 통제 방식에 따른 다각적 경영이란 재벌총수 및 그 관계자들에 의해 장악된 핵심 기업을 축으로 계열사들 간의 상호지급보증과 상호출자로 여러 업종에 진출해 경영권을 장악하고 구조조정본부나 그룹기획실 등을 두어 일사불란한 지휘 체계 아래 경영이 이루어지는 것을 말한다. 기업집단 내의 개별 기업들은 법적으로는 서로 독립적이다. 하지만 실제로는 자금·인력 면에서 상호 결합돼 하나의 기업처럼 관리된다.

기업집단으로서 우리나라 재벌의 특성은 다음과 같다. 하나는 국민경제를 지배하는 독점자본이라는 점이고, 다른 하나는 그 기업집단들이 대주주 개인 및 그 가족에 의해 지배된다는 점이다. 특정한 대주주가 총수로서 기업집단 전체를 관리하고, 관리권은 그의 후손에게 승계된다. 이런 점에서 한국 재벌은 정태적으로 대주주 한 사람의 개인 기업이고, 동태적으로 대주주 후손에게 경영권이 승계되는 가족 기업이다. 재벌의 두 가지 특성 중 기업집단의 국민경제에 대한 지배라는 대외적 측면은 경제력집중 문제로, 총수 개인의 기업집단 지배라는 대내적 측면은 기업지배구조의 문제로 불린다.

한국 재벌의 기업 경영 형태는 한마디로 '소유자 경영'이다. 조직의 핵인 재벌총수에게 모든 결정권이 집중되어 있고 위에서 아래로 내려가는 상의하달식 경영 형태가 절대적이다. 즉 소유와 경영이 실질적인 면에서 분리되지 않았을 뿐만 아니라 총수와 혈연관계에 있는 사람들이 대개 요직을 맡는 가족주의적·폐쇄적 경영 형태, 속칭 점조직의 경영 체제를 탈피하지 못한다. 더욱이 재벌들의 임원 회의는 어전 회의라 불릴 만큼 전권을 장악한 총수의 일방통행이고 임원들의 의견을 존중하지 않는 경우가 많다.

한국 재벌은 경공업부터 중화학공업, 유통 부문에 이르기까지 다업종을 일관공정주의로 경영하는 콘체른형 재벌과 소위 '문어발식' 재벌이 많다. 외국에서는 재벌이 합리적 경영과 국제경쟁력 때문에 긍정적으로 평가되고 있다. 그러나 한국에서는 중소기업 업종으로 적합한 분야까지 문어발식으로 다각화해 비판을 받는다. 다각적 경영 및 총합 재벌을 지향해 모든 분야에 무분별하게 다각화함은 물론이요, 아무 관련성이 없는 분야일지라도 수익성만 예상되면 문어발식 작전으로 다른 기업을 흡수해 백화점이나 만물상과 같은 경영 형태를 취한다. 한국에서 재벌이라 하면 계열기업 20개는 넘어야 한다는 어처구니없는 상식이 통하게 되고, 약 50개의 계열기업을 가지고 있는 재벌 그룹까지 출현했다.

성장의 주역이라는 화려한 찬사와 함께 탐욕의 화신이라는 극도의 비난을 한 몸에 받고 있는 한국 재벌, 그 재벌이 요즘 또다시 논란의 대상이 되고 있다. 재벌들이 무서운 것도 눈치 보이는 것도 없다는 듯이 행세하고 있기 때문이다. 재벌은 마음만 먹으면 무소불위의 특권과 힘으로 경제를 좌우한다.

한국 경제는 재벌의, 재벌에 의한, 재벌을 위한 경제다. 경제정책도 재벌 위주로 입안되며, 재벌을 통하지 않고는 입안된 계획이나 정책도 실현되지 못한다. 경제순환의 중추신경은 몇몇 재벌들이 장악하고 있으며, 정치·사회·문화·예술·교육의 영역 가운데 재벌의 영향력으로부터 자유로울 수 있는 곳은 없다. 재벌은 이제 우리 경제의 중추신경뿐만 아니라, 우리의 눈과 귀, 머리와 가슴, 일상생활 곳곳의 말단신경까지 지배한다. 한마디로 재벌 공화국이다.

맞벌이 부부의 어린 남매가 방에 갇혀 애타게 질식사한 것도, 노점 단속에 하루하루의 끼니가 막막해진 한 할머니가 스스로 목숨을 끊은 슬픈 사건도 우리 경제가 재벌 위주의 경제라는 사실과 전혀 무관치 않다. 죽음으로써만 자신이 인간임을 선언할 수 있다고 믿었고, 오직 죽음을 통해서만이 자신이 노예로부터 벗어날 수 있다고 믿었던 노동자들의 처절한 삶과 죽음도, 뛰는 전세·월세 값을 마련하지 못해 처자식과 이 세상을 버려야 했던 이웃들의 피 끓는 분노도 재벌이 지배하는 경제의 적나라한 표현에 다름 아니다.

재벌의 생산수단 소유 집중은 단지 생산수단 소유 규모의 양적 크기로만 측정될 수 있는 것은 아니다. 더욱 중요한 것은 재벌이 소유하고 있는 생산수단이 국가경제의 순환 고리에서 차지하는 위치 및 질적 비중의 측면이다. 즉 재벌은 주로 제조 업종, 특히 국가 기간산업, 성장 주도 산업인 기계, 금속, 철강, 자동차, 조선, 건설, 정보 등의 중화학 및 지식산업을 실질적으로 장악하며, 또 유통, 무역, 금융, 광고 등의 주요 산업 부문에 진출해 경제순환을 총체적으로 지배한다.

또한 재벌의 토지 소유 집중, 한정된 국토의 심각한 소유 편중은 생산수단 소유 편중보다 그 심각성의 정도가 더 크다. 집 없는 서민들의 '내 집 마련 꿈'은 고사하고 누워 쉴 최소한의 공간을 빌릴 수도 없을 정도로 전세, 월세 값이 천정부지로 뛰어 목숨을 끊는 세입자가 줄을 이었다. 또한 토지 소유자가 챙기는 엄청난 규모의 불로소득은 사회의 건전한 의식을 송두리째 짓밟고 있으며, 갖가지 사회문제를 야기하는 원인이 된다.

제조업 부문에서 독점을 완성시킨 독점자본이 마지막으로 장악해야 하는 자본순환의 핵심 고리는 바로 금융이다. 금융 기업은 막대한 규모의 사회적 유동자산과 서민이 허리띠를 졸라매고 모은 돈이 모여 생산과정에 재투자하는 기관이다. 금융은 남의 돈을 얼마든지 지배할 수 있는 핵심 장치다. 몇몇 재벌은 증권회사·보험회사 등을 하나 이상씩 소유한다. 이들은 동일 재벌 계열사의 자금 창구 노릇을 한다. 재벌의 생산수단 소유 집중, 토지의 소유 집중, 그리고 금융기관과 여신의 소유 지배 집중은 곧 재벌의 시장 지배로 이어진다.

이제 우리 국민의 적지 않은 수가 재벌기업에 직접 고용되어 일할 뿐만 아니라, 모든 국민이 재벌기업이 만들어내는 상품과 서비스에 의존하지 않고는 하루의 생활도 제대로 꾸려가기 힘들다. 재벌이 만든 아파트에서 자고, 재벌이 만든 치약으로 양치질을 하며, 재벌이 만든 텔레비전을 통해 뉴스를 접하고, 재벌이 만든 자동차를 타고, 재벌이 만든 휴대폰을 이용한다. 재벌이 만든 음료수와 식품을 먹지 않을 수 없으며, 재벌이 제공하는 갖가지 언론, 문화, 오락, 생활 편의 서비스를 받으면서 살고 있다. 재벌은 우리 생활 곳곳에서 살아 숨 쉬고 있다.

재벌 독재

기업의 지배구조는 '기업을 누가 실질적으로 관리하는가의 구조'를 말한다. 한국 재벌의 경우 기업을 둘러싼 이해관계자는 대주주와 일반주주, 종업원, 경영자, 채권 금융기관, 계열기업, 협력업체, 소비자 등 다양하다. 하지만 대주주 개인이 총수로서 기업집단 전체를 총괄적으로 관리한다.

한국에서 많이 사용하는 총수captain라는 용어는 법적 용어가 아니다. 그것은 한국 재벌기업의 독특한 전제적 통치 구조를 설명해주는 표현이다. 법적으로 재벌기업의 의사결정은 각 기업의 이사회가 해야 한다. 하지만 실제로 총수는 각종 의사결정에서 거의 전제군주와 같은 권력을 행사한다. 재벌총수의 강력한 권력은 재벌기업에 직접 고용된 종업원은 물론 모든 계열사에 직접·간접으로 고용된 종업원의 생사 여탈권 장악을 의미한다. 그것은 기업 밖의 영세 자영업자나 소비자를 포함한 모든 경제주체의 경제적 처지와 일상, 그들의 일상적 행동까지 지배하는 것을 의미한다. 결국 '계급 위의 계급'은 오늘날의 선출되지 않은 권력이다. 이런 재벌기업의 활동이 정당화된다는 사실이 민주주의가 작동하지 않고 있다는 증거다.

낮은 지분율에도 불구하고 재벌총수의 계열회사에 대한 배타적인 지배를 가능하게 하는 수단으로서, 계열회사 간의 출자는 중요한 의미를 갖는다. 상법이 직접적인 상호출자만을 규제하고, 독점규제법이 기업집단에 대한 상호출자를 금지에는 규제를 하지만, 순환출자에 대한 법적 규제가 어렵다는 이유로 순환출자는 규제하지 않고 있다.

이런 구조는 적은 지분을 소유한 재벌총수의 배타적 지배를 가능하게 한다. 이것은 상호출자의 편법적인 방법으로 환상형 순환출자가 기업집단 내 계열사 간에 활발하게 이루어지고 있기 때문이다. 이것은 경제력집중, 소유와 지배의 괴리, 무분별한 사업 영역으로의 진출, 자본 가공에 의한 자본 충실의 저해와 같은 문제점을 야기하는 것으로 지적된다. 재벌총수 및 계열사들의 전체적인 지분 보유를 의미하는 내부 지분율은 연쇄적인 지분 소유로 구축된 피라미드적인 구조, 즉 실질적인 지주회사 방식을 통해 지분율 이상의 배타적 지배로 확대된다. 재벌의 소유구조 측면에서 절대적인 지배권을 행사하는 재벌총수의 지분은 높지 않다. 그럼에도 불구하고 재벌총수는 기업 구조에 의해 재벌기업 전체에 대한 지배권을 보장받는다. 즉 간접적이고 순환적인 상호출자에 의한 내부 지분율의 확대와 실질적인 지주회사를 중심으로 하는 피라미드 구조에 의해 전 계열사에 대한 지배권이 유지된다.

재벌의 개인 지배를 소유 면에서 뒷받침하는 것은 계열기업 지분이다. 재벌은 소유 면에서 지배주주(가족)와 계열기업, 그리고 계열기업 간의 수평적·수직적 주식 상호 보유가 여러 층위에서 중첩된 다층적 구조로 되어 있다. 그런데 계열기업 간 수평적·수직적 주식 보유가 확대되면 그만큼 지배주주의 지배 지분은 사실상 확대된다. 계열기업 상호출자를 지렛대로 삼아 총수들은 100%의 지배권을 유지한다. 상호출자를 통한 기업집단 형성이 더욱 문제가 되는 것은 그것이 실질적인 자본 투자 없이 장부상으로만 자본금이 늘어나는 가공자본에 의한 것이기 때문이다. 재벌총수는 소수주주이지만 개인주주 중에서 최대주주이기 때문에 모든 계열회사 지분을 배타적으로 장악하고 이를 지렛대로 해서 기업집단 전체를 지배한다. 계열회사지분은 많은 부분이 가공 자본이므로 총수는 가공 자본으로 기업집단을 지배하는 셈이다.

주식 상호 보유를 통한 기업집단의 형성은 재벌의 국민경제에 대한 지배 수단일 뿐만 아니라 총수 개인의 기업집단 지배 수단이기도 하다. 기업집단 형성은 금융기관 차입을 증대시키는 데 효과적이다. 재벌은 계열기업 간 상호지급보증을 통해 개별 기업의 경우라면 불가능한 규모까지 금융기관으로부터 차입해 자금을 조달한다. 재벌 총수는 각 계열기업의 지배주주로서 주주총회를 장악하고 최고경영자, 이사, 감사 등 주요 임원을 자신이 지명하여 선출하고 모든 투자사업을 임의대로 결정해 추진함으로써, 모든 공식적인 기업 지배 기구들을 형식화시키고 그것을 넘어선 절대적인 지배권을 행사한다.

재벌의 지배권이 총수 1인에게 배타적으로 귀속되는 구조를 취하고 있는 한, 재벌의 조직과 운영도 이에 상응하는 방식을 취할 수밖에 없다. 많은 계열회사는 하나의 정점에 이르는 조직에 관계되며, 이른바 '선단식 경영'으로 불리는 방식에 의해 계열회사 전체가 유기적인 관련 아래 일체로서 운영된다. 이런 운영 방식의 당연한 귀결로서 각 계열회사의 경영상 독립성은 제한되며, 반사적으로 각 산업과 시장의 특성에 의해 배양된 전문성이 충분하게 발현될 기회는 감소한다. 또한 각 계열회사가 위치하고 있는 기업집단은 개별 시장의 진입 장벽으로 기능하며, 한계기업의 퇴출을 유보시킴으로써 산업 전체의 효율성에 부정적인 영향을 미친다.

재벌 중심의 양극화

재벌의 축재 방식

재벌기업은 한국의 노른자 기업을 비롯한 핵심적 자원을 거의 다 갖고 있다. 그것은 계열사 수, 매출액 규모, 땅 보유, 현금 보유 등에서 고루 나타난다. 2005년 기준으로 10대 재벌은 350개 계열사를 소유하고 있었다. 5년 뒤인 2010년에는 이것이 538개로 증가했다. 땅도 재벌기업의 치부 수단이다. '조물주 위에 건물주'라는 말이 있듯이 한국 자본주의에서 땅이 차지하는 비중은 상당하다. 2014년을 기준으로 건물주들이 부동산을 통해 거둔 돈이 422조 원쯤 된다. 한국의 자본가들은 땅이 부를 낳고, 부는 다시 땅 소유를 증대시킴으로써 땅 짚고 헤엄치듯이 손쉽게 자본을 축적해왔다.

재벌의 부동산 투기는 1980년대 말에 사회문제로 쟁점화되었지만 1960~1970년대에는 일상적인 일이었다. 고도성장기의 공업화에 따라 노동력이 필요했기 때문에 농촌에서 도시로 유입된 인구는 50만 명에 달했다. 이에 따라 부동산 가격이 오르고 부동산 투기가 일어났다. 1964년부터 20년 동안 물가는 약 11배 오른 반면, 토지 가격은 전국 평균 108배, 대도시의 경우는 171배나 올랐다. 재벌은 특혜 금융으로 땅을 사고 이를 담보로 다시 특혜 금융을 받았다. 이로 인해 1960년대부터 부동산 투기가 고개를 들었다. 1970년대 후반에 횡행하던 부동산 투기의 주범은 강남 개발이었다. 정부는 중동에서의 건설공사로 벌어들인 오일달러를 강남 개발로 유도하고, 재벌은 부동산 투기에 적극적이었다. 1989년 6월 말에 30대 재벌은 국내 금융기관 총여신의 29%를 차지했다. 재벌은 대출받은 자금으로 부동산 투기를 일삼았다. 재벌들은 토지를 소유하기 위해 임업, 목장, 양돈장, 골프장, 레저 시설과 관련된 별도의 법인을 설립하기도 했다.

한국 재벌은 자기자본과 자기 기술로 돈을 벌어들인 기업들이 아니다. 헐값으로 부동산 특혜 분양을 받고 이를 발판으로 재산을 불린 기업들이다. 태생적으로 이렇게 시작했기 때문에, 노동자 복지를 향상시켜 생산성을 늘리거나 기술 개발에 돈을 투자해 회사의 백년대계를 세우는 데에는 관심이 없을 수밖에 없다. 물론 건실한 대기업도 있지만, 대부분의 재벌기업들은 부동산 투기에 역점을 두는 방향으로 재산을 불려왔다. 한국인들에게 "돈은 부동산으로 벌라"고 가르쳐준 것은 미 군정과 이승만 정권이다. 그런데 이승만 정권 때까지는 투기 문제가 커다란 사회문제가 되지 않았다. 적산인 부동산의 헐값 매입으로 일확천금을 버는 재벌들은 생겨났어도, 부동산 투기 열풍까지는 불지 않았다.

본격적인 투기 열풍을 조장한 것은 박정희 정권이다. 이 시기에는 서울 강남 개발로 상징되는 부동산 투기가 국가권력의 방조 내지 후원 속에 진행되었다. 국가권력이 방조 혹은 후원했다는 점은 1972년 제정된 '특별지구 개발촉진에 관한 임시조치법'에도 나타난다. 이 법률은 개발 촉진 지역 즉 강남에 땅을 매입해 건물을 지으면, 나중에 건물을 매도하더라도 등록세·재산세·도시계획세·면허세 같은 지방세는 물론이고 부동산투기억제세 같은 국세도 면제받을 수 있다고 규정했다. 강남 부동산 투기를 제도적으로 뒷받침하는 임시조치법이었다. 이런 투기 열풍 속에서 상당 규모의 이권이 정권 핵심부로 빨려 들어갔다. 토지구획정리사업을 하는 과정에서 일부 토지가 체비지(중앙정부 또는 지방자치단체가 토지구획정리사업에 필요한 경비에 충당하려고 환지 계획에서 제외하여 유보한 땅) 명목으로 국가에 환수되는 일도 있었다. 1970년대 최대의 부동산 투기는 역시 강남 신도시 개발이다. 박정희 정권의 정치자금도 부동산 투기를 통해 조달됐다. 이런 분위기에서 재벌기업들이 가만히 있을 리 없었다. 이들도 투기에 뛰어들어 엄청난 이익을 움켜쥐었다.

노태우 전 대통령의 《노태우 회고록》 하권에 이런 말이 있다. "복부인들이 부동산 투기의 주역처럼 여겨졌지만, 사실 부동산 투기의 주역은 대기업들이었다."

한국 재벌의 급속한 성장은 곧 가혹한 노동 착취를 의미한다. 1950년대 삼백산업은 생산성 낮은 기술을 저임금 장시간 노동으로 보완했다. 이들 업종의 주된 노동력은 여성이었다. 방직공장의 경우 1일 2교대로 11~12시간 노동을 해야 했다. 그러나 1959년 월평균 임금은 고작 1만 3,000환~2만 6,000환 정도였다(1959년 화폐단위는 '환'이었고 당시 쌀 80킬로그램 한 가마는 1만 8,000환 정도로 추정된다). 1960년대에도 노동자들은 기아임금에 허덕였던 것이다. 광공업 노동자의 임금은 생계비의 23~56%에 불과했고, 노동자의 실질임금 상승률은 노동생산성 증가율의 3분의 1 수준이었다.

제조업 노동자의 노동시간은 공식 통계상으로도 주당 58시간에 육박했다. 1967년 노동청 조사에 의하면, 근로기준법 적용 사업장에 종사하는 57만 8,000여 명 가운데 1년 동안 발생한 산업재해 피해자·직업병 환자·결핵 환자가 32%나 된다. 1970년 전체 산업 노동자의 임금은 최저생계비의 61%였다. 그러나 1980년에는 45%로 떨어졌다. 광공업 노동자의 경우 38~52% 수준이었다. 제조업 노동자의 주당 노동시간은 50~53시간이었으며, 1970~1979년 재해자 수는 3배, 사망자 수는 2배, 부상자는 2.6배 증가했다. 1980년대 들어 재벌 체제는 공고하게 확립되고, 높은 생산성은 여전히 저임금을 바탕으로 유지되었다.

재벌 세상

한국 사회의 불평등은 편향된 국가 경제정책의 산물인 재벌기업의 경제적 독점에서 비롯된다. 국가는 재벌 경제를 육성한다는 명목으로 수없이 많은 특혜를 주었다. 법인세 감세를 비롯한 조세 혜택, 값싼 외국인 노동력 유입, 헐값의 전기 요금 등 국가의 대대적인 지원이 없었다면 재벌기업의 자본축적이 불가능했다. 재벌의 자본축적은 주로 국민과 노동자의 쉼 없는 노동과 희생으로 이루어진 것인데도 재벌기업과 정부는 물론이고 미디어·교육·종교 등 이데올로기 기관들도 이를 잘 인정하지 않는다. 재벌기업은 각종 특혜를 받아 자본의 규모를 증대한 뒤 해외시장에 진출했다. 이 과정에서 무수한 기업들이 무너지고, 일부는 재벌 경제로 통합됐다. 20세기가 끝날 무렵부터 삼성그룹을 비롯한 재벌기업이 경제는 물론이고 국가·법·이념·문화·교육 등 사회의 모든 영역을 시장화하거나 포획하여 재벌 세상을 만들었다.

재벌기업은 부를 바탕으로 정치·교육·문화·스포츠 등 정신적·정치적 영역도 품 안에 넣었다. 국가기구는 마치 재벌기업의 재산 관리인처럼 행동하고, 미디어는 재벌기업의 마케팅 부서처럼 움직였다. 국가권력도 재벌기업으로 넘어갔다. 이제 재벌권력은 과거 군부독재 세력이 가지고 있던 것 이상의 권력을 가지고 있다. 차이가 있다면 권력을 행사하는 방법이 보다 세련되어져 일반인들이 느끼지 못할 정도가 되었다는 것뿐이다. 그러나 조금만 세심히 주변을 둘러보면 그들이 광범위하게 사회 전체를 지배하고 있고, 그들의 권력이 평범한 사람들의 일상까지 침투해서 모든 것을 옥죄고 있다는 것을 알 수 있다.

사회가 시장, 권력, 이념, 문화로 이루어진다면 재벌기업은 이 모두를 손에 쥐었다. 재벌기업 앞에서는 법도, 정치도, 저널리즘도 무기력해진다. 그들은 심각한 불법을 저질러도 그에 합당한 처벌을 받지 않는다. 이와 달리 가난한 범죄자에게는 자비가 없다. 나라의 모든 것이 재벌기업, 다국적기업. 그리고 지구적 금융자본 손에 넘어간 지금, 일반 국민과 국가의 곳간은 텅 비어 있다.

우리 사회에서 재벌기업이나 그 총수 일가와 관련된 이슈가 단 하루도 이야깃거리가 되지 않는 날이 없다. 경영 실적 등 기업 고유의 활동과 관련된 사안들을 제외하더라도, 이들의 입법 및 정책 로비,

이들의 위법행위와 관련된 민형사상 사건들, 나아가 총수 일가의 사생활에 관한 소식이 난무한다.

예컨대, 삼성그룹 비자금 특검 사건, 이건희 회장과 이맹희 고문 간의 유산상속과 관련된 송사, 현대그룹의 이른바 왕자의 난과 현대자동차그룹의 한전 부지 매입 및 정몽구 회장 부자父子의 현대글로비스 지분 매각 실패, 롯데그룹 신격호 회장의 후계 구도를 놓고 치러지고 있는 일련의 인사 파동 사태, SK그룹 최태원 회장과 CJ그룹 이재현 회장의 분식회계 및 비자금 관련 수감 생활, 금호아시아나그룹의 박삼구 회장과 동생 박찬구 회장 간의 경영권 분쟁 소송, 효성그룹 조석래 회장 아들 간의 경영권 분쟁 소송, 한진그룹 조양호 회장 장녀(대한항공 전 부사장)에 의한 '땅콩 회항' 사건 등은 모두 일반 국민의 보편적인 상식과 법 상식을 넘어선다.

이처럼 지나칠 만큼 과도하게 국민들의 관심이 집중되는 이유는, 재벌기업과 총수 일가의 경제적·사회적 영향력과 지배력이 그만큼 커진 반면 책임과 의무는 다하지 않고 있기 때문이다. 다시 말하면, 기업의 이익은 사유화되지만 기업의 손실은 사회화되는 현실을 직접 체험한 서글픈 트라우마 때문인 것으로도 볼 수 있다.

우리는 1997년 외환위기로 16개의 재벌과 수만 개의 중소기업이 부도로 쓰러지고, 실업자가 양산됐으며, 약 160조 원의 공적 자금(궁극적으로 국민 부담)이 투입되는 황망한 사태를 겪은 바 있다. 따라서 국민 절대다수는 국내 재벌기업이 정상적으로 성장하기를 바라고 있으나 현실은 암울하기만 하다. 앞서 언급한 사례들은 재벌기업이 고유의 지배구조 리스크를 지니고 있고, 이러한 지배구조 리스크가 우리 경제의 핵심 뇌관으로 남아 있음을 보여준다.

다른 한편으로 한국의 길지 않은 재벌의 역사를 돌아볼 때 위와 같은 사건들은 현재진행형이다. 아마 미래진행형이라 해도 가히 틀리지 않을 것이다. 왜냐하면 재벌총수 일가는 거대 기업집단을 자신들의 사유물로 인식하고 있는 재벌총수 일가의 생각이 쉽게 고쳐지지 않을 것으로 보이기 때문이다. 30대 재벌총수 일가의 그룹 내 직접 소유 지분율 평균은 불과 4.2%에 그치는 대신 주요 기업에 대한 국민연금의 지분율은 총수 일가 소유 지분보다 높고, 많은 수의 소수주주와 국내외 기관주주들은 더 많은 지분을 갖고 있다. 그럼에도 불구하고 총수 일가가 계속해서 기업을 자신들의 사유물로 인식하는 한, 그리고 총수 일가 외의 다른 주주들이 자신들의 주주권 행사 의무를 방치한다면 현재와 같은 사례들은 미래에도 반복될 것이다.

물론 재벌총수 일가 모두가 불법과 관련되어 있거나 총수 2세, 3세, 4세 모두가 부적절한 방법으로 부와 경영권을 승계받은 것은 아니다. 그리고 존경할 만한 기업인을 전혀 찾을 수 없는 것도 아니다. 거대 재벌기업은 아니지만, 유한양행그룹과 그 창업자인 고故 유일한 박사의 기업가정신과 경영권 승계, 그리고 부富의 사회 환원 등은 여전히 우리 사회의 귀감이다.

민주주의와 자본주의 위협

재벌 체제의 비민주성

경제력의 과도한 집중과 부의 불평등은 결과적으로 정치적 민주주의까지 위협하고 사회 통합을 심각하게 해친다. 경제력의 집중은 국가 자산과 국가의 공적 정책 결정 과정에서 영향력이 지나치게 소수의 재벌기업과 총수에게 장악되어 있는 것을 말한다. 경제력은 종종 정치적 힘으로 전환되어 정치과정을 왜곡시킨다.

재벌은 막강한 국가경제 지배력에 기초해 정부의 정책 결정에 영향력을 행사한다. 그 매커니즘은 다음과 같다.

첫째, 정부는 구조적으로 재벌에 의존하지 않을 수 없다. 재벌의 경제력 비중이 국가경제 운용에서 무시할 수 없게 커짐에 따라 정부는 재벌의 입장과 이익을 간과할 수 없다. 정부 경제정책은 재벌 협조를 얻지 않고는 실시되기 힘들고 성공하기도 어렵다. 재벌은 자신의 이익에 반하는 정부 정책이 집행될 경우 투자 기피나 자본 파업(투자 및 고용 감소 또는 해외 이전)으로 정부를 압박할 수 있다.

둘째, 정치권력자나 정책 담당자와 재벌의 행태적 유착이다. 정부의 정책 결정이 재벌의 이익을 구조적으로 반영한다 하더라도, 정책 담당자들은 개별 재벌로부터는 상대적으로 자유롭다. 따라서 행태적 유착의 여지와 필요성이 생겨나게 된다. 소수 재벌들이 정부의 정책 결정에 영향력을 행사하기 위해 경쟁적으로 노력하는 것은 그 때문이다. 유착의 방법은 다음과 같다. 하나는 정치자금과 뇌물을 통한 접근이다. 재벌은 과거 권위주의 정권에 정치자금을 제공하고 그 대가로 막대한 특혜와 재벌 중심의 성장 정책을 얻어냈다. 다른 하나는 사람을 고리로 한 유착이다. 고위 관료 출신을 계열사의 고문 등으로 영입하는 경우가 대표적이다. 재벌들은 저마다 정부를 상대하는 팀을 두고 있다.

재벌총수는 기업 자산의 임의 운용과 같은, 기업의 비민주적·비효율적 경영을 한다. 총수는 아무런 견제를 받지 않으면서 자신의 절대적 지배 아래 있는 재벌 조직을 국가경제나 기업조직을 위해서보다는 총수 1인의 이익 극대화를 위해 경영한다. 총수 1인에 의한 지배 집중은 전문경영 체제의 확립을 해친다. 총수는 자신의 가족과 친족을 계열사의 경영자로 임명해 가족 경영 체제를 유지한다. 가족만으로는 계열사 최고경영자를 모두 차지할 수 없기 때문에 전문경영인을 선임하지만, 그들의 권한을 최소화한다. 경영자는 결국 상위 직급의 간부 사원 정도에 지나지 않는 경우도 있다. 전문경영인 제도의 미발달은 갈수록 치열해지고 복잡한 세계 경쟁 무대에서 경영 효율을 저해할 것이다.

2017년 11월 30일 공정거래위원회의 '57개 공시 대상 기업집단(자산 5조 원 이상·소속 회사 1,980개) 주식 소유 현황'에 따르면, 10대 재벌총수들이 불과 평균 0.9%의 지분율로 그룹 전체 경영권을 좌지우지하고 있는 것으로 나타난다. 총수와 그 일가의 지분율은 미미하지만, 총수가 장악한 계열회사의 지분율이 늘어나며 총수 일가의 지배력은 더 공고해졌다. 총수 일가 지분율이 2.5%임에도 불구하고 대규모 기업집단을 지배함으로써 절대다수의 소수주주들은 기업 경영의 의사결정에서 완전히 소외된다. 총수 1인의 판단과 결정에 의해 경영 정책이 결정된다는 것은 결국 그 총수가 국가경제를 좌우한다는 것과 같다. 이는 국가경제의 효율성이나 기업의 경영 관점에서도 매우 비민주적이고 비효율적인 일이다.

과거에는 한국 재벌기업이 정치권에 대한 음성적 로비, 금전 지원의 방법으로 정치권, 관료 집단, 검찰과 법원, 언론을 자신의 편으로 끌어들이려 했지만, 오늘날에는 그렇게 할 필요가 없다. 재벌기업들은 사보타주 능력, 각종 정치자금, 자문료나 홍보비 지출을 통해 정치권, 정부, 검찰과 법원, 언론을 마치 외주 용역 업체 다루듯이 할 수 있다. 1997년 이후 한국 주요 재벌기업의 전략 기획 부서, 법무팀, 홍보팀 그리고 재벌과 관계를 맺고 있는 대형 로펌은 과거 입법, 사법, 행정, 언론에 종사했던 최고 엘리트들로 채워졌고, 이들은 과거 자신이 공공 기관에서 했던 일을 몇 배의 연봉을 받으면서 사기업에서 직접 수행했다. 현대 자본주의국가에서 흔히 '고용된 민주주의'라고 부르는 현상은 이런 것을 말한다.

그런데 한국처럼 총수 가족의 통제 아래 있는 재벌기업인 경우, 총수들은 수백 개의 계열기업 집단들을 대표하게 되고, 기업의 생산과 투자는 물론 정부의 정책 결정을 크게 좌우할 수 있다. 이 경우 국가의 대표 선수 격인 이들 재벌기업들의 이익은 국가의 이익과 동일시된다. 1987년 당시 한국 30대 재벌의 총매출액은 GDP(국내총생산)의 55%에 불과했으나 2012년에는 100%를 돌파했다. 특히 재벌 1위 삼성은 국가와 동일시되며, 삼성이 하는 일은 애국적인 일이 된다. 정부의 각종 규제, 공정거래위원회 등의 감독과 규제는 시장경제의 적, 즉 '공공의 적'으로 간주되어 버린다. '기업이 최대의 애국자'이고 정부(국가)는 비효율적이라는 논리가 언론과 교육을 통해 지속적으로 유포되면 이제 재벌기업의 모든 활동이 사실상 입법, 사법, 행정을 압도하게 된다.

자본주의 정신의 파괴

재벌과 중소기업 간의 경제력 격차, 재벌총수 일가와 일반 서민 사이의 천문학적 부의 격차는 필연적으로 절대다수 구성원의 경쟁논리에 대한 존중의 철회, 공정한 경쟁이 원천적으로 불가능하다는 불만을 낳는다. 그것은 생산적이고 건전한 자본주의 정신을 파괴하며, 한탕주의, 배금주의 등 사회 파괴적 가치관을 낳는 요인으로 작용한다. 그것은 자본주의 일반의 시장실패의 주된 측면 가운데 하나다. 그런 시장실패를 치유하기 위해 선진 복지국가에서는 정부가 개입하여 소득 재분배, 부의 재분배, 사회보장 정책들을 강구한다.

재벌의 빠른 자본축적은 상당 부분이 정치권력과의 유착 산물이다. 그것은 재벌이 축적한 부의 정당성에 대해서도 심각한 의문을 제기하게 만든다. 부는 존경과 선망의 대상이 아닌 질시의 대상에 지나지 않으며, 능력의 표징이 아닌 불로소득이요 착취물처럼 인식된다. 한국 경제는 자본주의의 장점인 합리적 경쟁에 의한 혁신, 혁신을 통한 생산성 향상, 생산성 향상을 통한 국부와 국민 복지의 증대라고 하는 선순환이 아닌, 경쟁 배제와 정경유착, 지대추구에 의한 소수 재벌의 부의 축적, 복지의 위축이라고 하는 비생산적인 악순환을 거듭하고 있다. 과거보다 많이 개선됐지만 재벌은 여전히 헤게모니적 지배를 위한 최소한의 도덕적 리더십을 확보하지 못하고 있는 실정이다. 이는 우리 사회에 수단과 방법을 가리지 않고 목적을 추구하는 가치관의 전도와 배금주의 문화를 낳은 큰 원인이 된다.

재벌의 고유한 특징인 다각적 경영도 공정한 시장 질서와 국가경제의 효율적 자원 배분 측면에서 심각한 문제를 안고 있다. 문제의 핵심은 부당 내부거래다. 즉 재벌기업 계열사들은 경쟁력이 떨어지는 타 계열사들에게 납품 가격을 올려준다거나, 거꾸로 공급가격을 싸게 쳐주기도 하며, 대금 결제를 유리하게 해주고, 부동산을 비싼 값에 사주며, 빚보증을 서준다거나 하는 등의 방법으로 집중 지원해 비재벌계 전문 기업과의 공정한 경쟁을 해친다. 그것은 비효율적 기업이 단지 재벌 계열사라는 이유 하나만으로 퇴출당하지 않고 살아남을 수 있게 하는 반면에 능력 있는 비재벌계 기업의 실패를 조장한다. 이는 결국 국가 자원이 비효율적으로 배분됨을 의미하며 국가경제의 효율성 저하를 가져온다.

또한 다각적 경영은 오늘날 경쟁 시대에 세계적인 전문 기업의 출현을 가로막는 요인으로 작용한다. 다각화된 구조 자체는 적어도 1980년대 중반까지는 효율적이었다. 하지만 그 후에는 경제 환경의 변화로 비효율적인 것으로 판명됐다. 잉여 자금이 세계적인 수준의 전문 기업 육성에 집중투자되는 것이 아니라 비관련 업종의 계열사를 구제하는 데 분산투자됨으로써, 총수의 이익 증대에는 기여할지 몰라도 국가적 차원의 경쟁력 향상에는 부정적인 효과를 가져온다.

재벌기업은 광고에 엄청난 돈을 들이면서도 노골적으로 기업과 제품을 선전하지 않는다. 그 대신 캠페인성 광고에 정성을 들인다. 대개 효도, 경쟁논리, 질서 의식, 근면의 가치, 일의 의미를 강조하는 내용으로 구성된다. 막대한 자금을 투입하는 사외보에서도 기업과 제품의 홍보는 부차적이다. 그보다는 일반 시민의 교양 잡지로 손색이 없게 만든다. 웬만한 기업들은 꿈도 꾸지 못할 여유요, 장기 투자다. 그러나 교양이라고 하는 그럴듯한 포장지 안에는 재벌이 군림하는 지배 질서와 지배적 가치관을 옹호하는 담론이 숨겨져 있다. 그것의 결과는 시민사회가 재벌의 논리에 압도되는 것이다. 사회의 공동선, 공동체 이념, 인권과 민주주의, 참여와 이웃 사랑과 같은 시민사회 고유의 가치와 논리는 이윤추구와 효율성의 논리에 밀려나게 된다. 사회복지와 자원봉사, 환경 보전과 민족 통일의 가치와 방법도 재벌의 관점에서 재해석될 것이며, 재벌 지배구조의 재생산과 관계없는 것들은 낭비요, 비효율로 매도될 것이다. 그것은 다름 아닌 재벌 독재의 사회다. 단순히 생산과 소비 영역에서만이 아니라 일상의 교육, 문화, 정보 수집·분석, 여가 생활에서까지도 우리는 재벌이 장악하고 있는 공간과 테두리 안에서 숨 쉬고 사고하며 행동하기를 강요받게 될 것이다.

권력

1988년 11월, 5공화국 비리 청문회가 시작됐다.
현대그룹 '증인 정주영' 회장을 신문하는 국회의원들은
비루했다. 증인을 죄인 다루듯 하던 야당 의원들은
정주영 씨 신문에선 '아부성 발언'을 늘어놓아 국민들의
비난을 자초했다. 김봉호 의원은 "우리 정 회장님"
"증인 님"을 연발하면서 질문을 거의 하지 않은 채 초점
잃은 연설로 시종하다가 정씨로부터 "왜 날보고
성토하시는 거냐?"고 힐난을 듣기도 했다.
심완구 의원은 "회장님" 등의 저자세로 일관하며
"돈 낸 것 후회하신다는 솔직한 증언을 해주셨다"고
치하하자 정씨는 "그런 말 한 적 없다"고 쏘아붙이자,
심 의원은 "하하하" 하고 웃음으로 얼버무려 빈축을 샀다.
– 〈중앙일보〉 1988. 11. 10

＼ 재벌과 정치권력

재벌의 정치 지배

민주적 선거와 정치자금

권력 획득 공간으로서의 선거 국면은 이중적인 면이 있다. 일반적으로 국민의 표를 획득하기 위한 장일 뿐만 아니라 정치자금을 확보하기 위한 시장이기도 하다. 이 양자 간의 모순이 민주주의의 역설을 설명하는 하나의 단초가 된다. 선거기간 중 정당 홍보와 정치자금의 관계는 긴요하다. '득표 추구 정당'으로 정형화된 정당들은 장기적인 정치적 실천으로 국민의 지지를 획득하는 것이 아니라, 선거 국면에서만 집중적인 정치적 역량을 발휘해 짧은 기간 안에 선거에서 승리할 수 있는 방법을 모색했다. 따라서 정당들은 더 많은 선거 자금을 투여해 대대적으로 정당을 '홍보'하는 것을 최우선적인 선거 전술로 채택했다. 정당의 일상적인 정치 활동을 위해 정치자금은 항시적으로 확보돼야 한다. 하지만 선거는 무정형적 유권자를 대상으로 '홍보'하기 위한 정치자금의 최대 수요처다.

선거가 예외 없이 일정 기간에 주기적으로 실시된다는 것은 정당들이 주기적으로 더 많은 정치자금을 필요로 하게 되었다는 사실을 의미한다. 물론 민주화가 진척되면서 선거 관련법 특히 정치자금법이 개혁된 것은 국민주권의 실현에 있어서 고무적인 일이다. 재벌의 정치자금 제공에 따른 정경유착의 폐해를 막기 위한 조치로 법인의 정치자금 제공은 금지되고 개별적 정치자금 제공은 장려됐다. 이런 형식의 개혁된 정치자금의 양성화는 시민들의 정치적 참여를 증진시킬 수 있었다. 시민들의 정치자금 지원을 통한 참여는 2002년 대선에서 두드러지게 나타났다. 국민들의 정치자금 제공은 곧 선거에 대한 직접적인 참여와 그 의지를 반영하는 것이다. 특히 한국 사회는 정치자금법의 개정에도 불구하고 합법적 정치자금과 실제적 정치 활동비에는 간극이 존재하기 때문에 민주 정부의 출현 이후에도 음성적인 정치자금이 여전히 동원됐다.

민주주의를 위한 제도적 장치들은 여전히 불완전하다. 민주주의가 선거 국면에 국한해서 이해되는 한 민주주의는 정치자금의 액수에 비례해 동요될 수 있다. 음성적인 정치자금이 비공식적 정치 통로로 동원되고 있는 한, 자본은 거액의 정치자금만으로도 국민들을 철저히 정치권력으로부터 소외시킬 수 있다. '다수의 시민'들은 선거 자금 시장에서 단지 '소수파'를 차지할 뿐이다. 일반 국민들의 선거 자금 제공은 대중 동원과 후원의 '상징적' 의미 이외에 더 이상의 실질적인 의미를 갖지 못한다.

이런 맥락에서 1987년 이후 한국 정치는 정치자금 동원력이 성패를 좌우하게 되었으므로 결국 민주화는 '유산流産'되었다고 볼 수 있다. 완곡어법으로 말하자면, 선거가 정치자금 경쟁 게임의 장이 된 것이다. 사적 경제력과 선거는 긴밀한 관계가 있지만 여기에 자본의 정치적 개입과 실천이 접합되면서 경제력과 선거의 관계를 더욱 부동의 관계로 만들었다. 현대 민주주의의 정당정치와 선거 정치에서 정치자금은 불가피하고 고질적인 문제로 남아 있으며 대의민주주의의 중대한 위협이 되고 있다.

경제적 원리에 취약한 선거 체제의 결함과 불완전성은, 자본권력에게는 민주주의 체제의 핵심으로서의 선거제도를 인민의 직접적인 통제로부터 벗어나게 하려는 형식화 전략의 중요한 틈새가 된다. 실제로 민주화 이후 정치권력에 실질적으로 참여할 수 있게 된 자들은 정치권의 정치자금 수요에 대해 적절하게 호응할 수 있는 대자본가들인 재벌기업이었다. 재벌기업의 정치자금 제공 공세는 여타 자본 분파들보다 가장 규모가 컸을 뿐만 아니라 그 방식이 매우 은밀했다.

자본의 정치자금 공세라는 정치적 실천이 법적 처벌로부터 자유로워지면서 정치적 실천의 외연이 더 확장되고 과감해졌다. 정치자금 공세를 통한 제도 정치권 식민화 전략은 때에 따라 공개되고 사회적으로 문제가 되는 등 불안정성을 내포하고 있지만, 선거 시기마다 존재하는 '일상적 현실'이 되면서 과거 대통령들 또한 실제로 자금을 제공한 기업과 그것을 요구하거나 받아들인 정치세력을 척결할 의지를 상실했다. 선거기간 동안 발생한 사건들은 선거 이후 대부분 '과거의 일'로 묻어버리는 관행이 만들어졌다. 상황적으로 면죄부를 받게 된 재벌기업들은 선거 자금을 통한 자신들의 지배가 공고해졌다고 생각할수록 정치자금 공세를 점점 단호히 표현했다. 이제 독점자본의 제도 정치권에 대한 '음모적 식민화'는 더 이상 은폐되지 않는다.

민주화 이후에는 정치권력에 의한 '강압적' 정치자금 헌납 요구가 줄어들고 일정 정도 개혁된 법 제도가 다른 분파들의 정치자금 제공 경로를 차단시키면서 재벌기업은 정치자금의 '조달자'에서 '공급자'로 변모했다. 음성적인 정치자금 동원이 근절되지 못한 상황에서 재벌기업은 정치자금의 '주도적 공급자'이자 '독점적 공급자'로 그 위상이 높아졌다. '정부 우위의 정경유착'에서 '재벌 우위의 정경유착'으로 변모한 것이다. 일반 시민이나 중소기업은 거대한 정치자금을 음성적으로 조성할 능력이 결여된 결과, 정치자금 제공 경쟁 시장에서 탈락되어왔다.

요컨대 선거 정치가 '산업'으로 전환되면서 시민들에게는 새로운 진입 장벽이 됐다. 대규모 자금을 음성적으로 제공할 능력이 있고 이를 실천할 수 있는 재벌기업은 시민들에 의한 민주적 헤게모니에 도전할 수 있었고, 정당 체제 속에 독점자본의 이해를 각인시킬 수 있게 됐다.

특별사면

재벌은 정치권력을 등에 업고 성장했지만, 이제 정치권력이 오히려 사정을 해야 할 정도의 위세를 가진다. —〈주간경향〉2015. 4. 14

재벌 체제는 한국 경제의 '절대 상수'이고 정치적 결정의 토대다. 한국 정치는 재벌 경제의 정치이고 재벌 체제의 대리인에 불과하다. 재벌 체제가 존속하는 한 중소기업과 자영업 문제를 해결하고 민주적 노사관계를 확립하는 것은 불가능하다. 개혁과 재벌 체제는 빙탄불상용의 양립 불가능한 관계이기 때문이다. 그러므로 재벌 체제를 능가하는 정치가 꼭 필요하다. —〈서울신문〉2018. 9. 11

2009년 12월 31일 이명박 정부는 이건희 당시 전 삼성그룹 회장에 대한 특별사면 및 복권을 단행한다. 이 전 회장은 배임과 조세 포탈 등의 혐의로 2009년 8월에 징역 3년과 집행유예 5년이 확정됐으며, 이에 앞서 재판이 진행 중이던 2008년 스스로 국제올림픽위원회IOC 위원 자격정지를 요청해 자격이 정지된 상태였다.

당시 발표를 담당한 법무부 검찰 국장은 "이번 조치는 이건희 국제올림픽위원회 위원이 현재 정지 중인 위원 자격을 회복할 수 있는 여건을 마련해줌으로써, 범국민적 염원인 2018년 동계올림픽의 평창 유치를 위한 보다 나은 환경을 조성하기 위한 것"(〈한국일보〉2009. 12. 29)이라고 설명했다.

정부가 수행해야 할 역할을 재벌이 분담하게끔 요구하는 모습은 정부–기업 관계를 상징적으로 보여준다. 국제 대회를 유치하기 위한 정부의 업무를 재벌총수에게 맡기고, 그 편의를 봐주기 위해 편법적인 절차가 동원되는 이런 모습은 재벌개혁이라는 용어조차 시대착오적인 것으로까지 착각하게끔 만든다.

특별사면은 그간 대통령의 고유 권한이라는 베일 속에 숨은 채, 발표 때마다 남용과 법적 안정성 침해 논란이 끊이지 않고 있다. 매번 '국민 화합', '국가 발전 동참 유도', '경제 살리기' 등의 미사여구가 단골 메뉴로 동원된다. 정치적 남용이라는 측면에서 특별사면은 그 정도가 더욱 심하다. 유죄판결이 확정된 뒤 채 100일도 지나지 않은 시점에서 사면을 받아, '판결문에 잉크도 마르기 전에' 사면을 받았다는 비판을 받은 경우도 있다. 그 가운데 정몽구 현대자동차그룹 회장(72일), 최태원 SK그룹 회장(77일), 이중근 부영건설 회장(10일) 등의 재벌총수도 있다. 특히 이명박 대통령은 이건희 삼성그룹 회장(138일)을 특별사면하는데, 이는 말 그대로 재벌총수 1인에 대한 '특별한' 특별사면으로 헌정사상 두 번째 '나홀로 사면'으로 기록된다. "모든 국민은 법 앞에 평등하다." 대한민국 헌법 11조 1항의 내용이다. 하지만 이러한 사면은 결코 국민이 법 앞에 평등하지 않음을 보여준다.

재벌 위주의 경제력집중은 단순히 경제력 문제로 끝나는 것이 아니다. 선거 과정에서는 재벌기업으로부터 나오는 선거 자금을 통해 국민의 정치 참여 과정에서의 의사 표현이 왜곡되기도 하고 정치인이 매수되기도 한다. 재벌권력에 의해 정치적 과정이 위협을 받으면 정치 시스템이 기능을 하지 못할 뿐 아니라 공정하지 못하다는 믿음이 퍼진다. 이것이 강해지면 사람들은 시민적 덕목을 지켜야 한다는 의무감을 벗어던진다. 이는 정치에 대한 환멸이나 혐오 또는 이탈로 나타난다. 정치에 대한 환멸과 혐오는 역설적으로 '정치 시스템을 자신에게 유리한 방향으로 조종하고자 하는 부유층'이 환영한다. 공동체 구성원의 자발적인 참여를 바탕으로 하는 민주주의의 근본적인 문제 상황이 초래될 수밖에 없으며, 대표 선출 과정에서 국민의 정치적 의사가 왜곡돼 대표의 민주적 정당성이 약화된다.

권력이 모든 것을 통제하는 권위주의 정권 아래서 기업들은 권력의 노골적 개입을 피할 수 없다. 정치는 권력의 창출과 유지에 관련된 비용을 기업인들로부터 조달하고, 기업인들은 기업 활동의 방패막이나 수단으로 권력에 영합해 정경유착의 고리를 형성한다. 정경유착의 큰 문제점은 경제가 자율성을 상실하고 왜곡된다는 점이다. 재벌의 개인 지배구조는 정경유착이라는 기업 성장 환경과 밀접한 관련을 갖는다. 정부 주도의 경제 발전 과정에서 기업 성장의 열쇠는 권력의 특혜 지원에 있었고, 신규 투자 등 전략적 의사결정에 결정적인 고급 정보 역시 정치권력으로부터 나왔다. 권위주의 정권이 민간 부문의 사업을 관리하는 정부 주도형 경제에서 기업의 정치권력자에 대한 로비는 이권과 연결되고, 이권 획득은 그 자체가 정상적인 사업 운영보다 중요하다. 정치권력자로서도 이권을 제공한 대가로 리베이트 등 부당한 이득을 챙기는데 총수 개인과의 사적인 거래 관계를 은밀하게 지속시키는 것이 유리하다. 총수의 개인 지배구조는 재벌총수와 정치권력 모두의 이익 도모에 가장 적합하다.

 권위주의 정권과 재벌 간의 연합은 지난날 고도성장을 가능케 했다. 그것은 동시에 권위주의 국가의 핵심적 기반이었다. 따라서 이체제가 유지된다는 사실은 사회의 한 집단에게는 이익과 특권을, 다른 집단에게는 소외와 배제를 되풀이함으로써 권위주의 아래서의 사회 분열과 균열을 그대로 유지시킨다는 것을 의미한다. 그리고 재벌 중심의 시장경제(1원 1표) 구조는 정치의 민주주의(1인 1표)의 틀과 상충하며 불평등을 지속적으로 양산한다. 재벌 중심 체제의 다른 모습인 정경유착은 부패, 부정, 비리, 탈법, 비정상, 비효율의 발원지가 된다.

 정경유착은 결국 정치인, 관료, 재벌의 삼자가 공범적 야합 관행을 통해 뇌물과 특혜라는 호혜 관계 속에서 물고 물려서 돌아가는 부패의 전동 벨트와 같은 것이다. 그것은 재벌기업에 시장에서의 특권적·독점적 지위를 보장하고, 여타 경제주체들의 발전과 창의성을 위축시키는 결과를 가져온다. 따라서 민주화 이후에도 재벌 중심의 구조를 그대로 둔다는 것은 거대한 부패 구조를 지속시킨다는 것과 같은 의미를 갖는다.

정경유착

재벌의 정치헌금, 대통령의 정치자금

오늘날 세계적 기업으로 성장한 재벌은 거의 예외 없이 정치권력과 밀접한 관계를 맺고 성장했고, 그렇지 않은 다른 기업보다 훨씬 빠른 속도로 성장해왔다. 우리나라의 재벌기업은 그동안 자유로운 경쟁이 아닌 지대추구를 자본축적의 수단으로 사용함으로써 정경유착이 이루어졌다.

재벌기업 위주의 경제성장 정책은 한편으로는 권위주의 정권의 지원과 보호 아래 재벌총수 중심의 경제구조를 형성시켰으며, 다른 한편으로는 재벌기업이 권위주의적 독재 정권을 지지함으로써 정치적 부패와 함께 민주화는 지체됐다. 이런 정경유착은 노동자와 농민 등 민주화 세력에 대한 억압을 자행하고, 부정부패를 만연시켰으며, 민주화와 선진국으로 향한 우리의 발걸음을 지연시켜왔다. 대표적으로 재벌의 이해를 대변하고 있는 전경련은 5.16 군사 쿠데타 뒤 12개 재벌을 중심으로 창설된 한국경제인협회가 1968년 이름을 바꾼, 수천 개의 회원사를 둔 조직이다. 전경련은 재벌기업의 공동 이익을 결집하고 이를 정부 정책에 반영시키기 위해 고위 관료들과의 공식 모임과 로비, 정치인을 대상으로 한 정치자금 등 각종 수단을 동원해 정치권력과 유착해왔다. 1980년대 초 전경련의 공식적인 정책 건의 중 약 70% 정도가 정부 정책에 반영되고, 그 이후 그 비율은 더욱 높아졌다.

6공화국 노태우 정권과 끊임없는 갈등과 마찰 속에 스스로 정치 일선에 나선 현대그룹의 정주영 회장은 당시 통일국민당 창당 기자 회견에서 "나는 과거 박정희 정권의 3공화국 이후 추석과 연말에 최고 통치자들에게 꼬박꼬박 정치자금을 주어왔다. 박정희 대통령에게는 처음에 5억 원씩 냈다가 나중에 20억 원까지 올려 냈다. 5공화국 전두환 대통령에게는 추석에 20억 원, 연말에 30억 원을 냈다. 6공화국 들어서도 처음에는 추석 20억 원, 연말 30억 원을 냈으며, 나중에는 액수를 올려서 1990년에 마지막으로 50억 원, 연말에 100억 원을 냈다"는 충격적인 발언을 했다.

　우리나라 재벌총수가 정치헌금의 시기 및 액수를 구체적으로 밝힌 것은 그때가 처음으로 그 자체가 충격이었다. 나아가 현직 대통령이 재임 기간 동안 단 하나의 재벌기업으로부터 약 300억 원의 정치헌금을 받아왔다는 사실은 더 놀라운 충격이었다. 그러나 가장 놀라운 것은 우리 사회의 반응이었다. 현직 대통령이 법적 근거도 없이 정치자금을 받았는데도 아무 일도 없었다는 듯이 지나갔다. 이는 다음 날 청와대 관계자의 "과거의 관행에 따라 소수 기업인들이 불우이웃 돕기 성금에 써달라고 '성금'을 기탁한 일이 있으며, 성금은 기탁자의 뜻에 따라 쓰인 것으로 알고 있다"는 해명 아닌 해명으로 끝나고 말았다. 야당과 몇몇 언론들이 성명과 사설을 통해 "진상을 밝히라"고 외쳐보았지만, 그것은 대답 없는 공허한 외침이었다. 록히드 사건으로 물러난 일본의 다나카 가쿠에이田中角榮 수상, 리쿠르트 사건으로 물러난 일본의 다케시타 노보루竹下登 수상 등 일본의 경우와 비교해보면, 언론마저도 집요한 문제 제기를 포기한 이와 같은 우리 사회의 반응은 정치, 재벌, 관료, 언론 등 사회의 모든 분야가 총체적 부패 구조에 얽매여 있는 우리 사회의 한심한 청정도를 단적으로 보여준다.

대통령과 재벌총수의 뒷거래는 음성적 정치자금을 제공한, 재벌이라는 특정 이익집단의 정치적 영향력 증대로 나타났다. 국회에서도 특정 산업이나 업종의 개별 이익 보호를 위한 특별 입법이 증대했으며, 한마디로 재벌이라는 사私권력의 공公권력화 현상이 진행되었다. 더 나아가 기업들은 생산성, 기술, 품질 향상을 위한 노력보다는 정부의 인허가나 특혜를 받아내기 위한 로비 경쟁에 치우치게 되었으며, 그 결과 기업의 혁신과 창의력은 짓밟히고 천민자본주의가 확산되었다.

정경유착의 문제를 해결하지 않은 채 정치개혁을 말하는 것은 공허한 말장난일 뿐이다. 기업이 왜 번번이 거액의 비자금을 정치권에 갖다 바치는가. 정치권력이 가만히 있는데 재계가 자진해서 거액의 정치자금을 헌납했을 가능성은 희박하다. 정치권에서 먼저 손을 내미니까 혹시 거절했다가는 나중에 보복을 당할 것이 두려워서 순순히 응했을 가능성이 더 많다. 그러나 이처럼 일종의 정치 보험을 어쩔 수 없이 드는 측면도 없지는 않지만 그것만으로는 설명이 되지 않는다. 특혜라는 대가를 바라며 거액의 돈을 제공하는 측면도 크기 때문이다. 정치권은 돈을 받은 부담으로 그 기업에 이권이 돌아가도록 정치적 영향력을 행사하게 마련이다. 결국 정치권력과 재벌은 서

로가 부도덕한 목적 달성을 위해 '악어와 악어새' 같은 공생 관계를
유지해온 것이다.

뇌물 공화국, 재벌 공화국

전두환, 노태우 두 전직 대통령의 천문학적 규모의 부정부패와 재
벌의 정치자금 제공은, 정경유착 혹은 극에 달한 금권정치에 대해
환멸을 느끼고 아예 무관심하던 사람이나 이를 심각하게 인식하고
비판하던 사람들 모두에게 충격적 사건이었다. 이 사건이 진행될 때,
이 나라의 한 대표적 언론사인 동아일보사의 주간지 〈뉴스플러스〉
(1995. 11. 9)는 표지 제목을 충격적인 '대도大盜 공화국'이라 달았고,
한겨레신문사의 〈한겨레 21〉(1995. 11. 16, 12. 28)도 '재벌-노태우 그
추악한 커넥션', '이 시대 마지막 왕조 재벌에 칼을 대자' 등의 제목으
로 장식했다. 그런가 하면 국제적인 주간지인 〈뉴스위크News Week〉
는 한국판에서 커버스토리 제목을 '한국 정치의 추악한 얼굴: 노태
우 씨 고백, 벗겨지는 부패 구조'(1995. 11. 8), '노의 불명예: 부패 스
캔들, 한국 경제 지각변동을 예고'(1995. 11. 29)라고 달았다.

한국 현대사에서 뇌물 혹은 정치자금이 사법적 문제가 된 대표적
첫 사례는 건국 후 첫 정권인 이승만 정권에서부터 이미 시작되었다.
그 당시 기업인의 정치자금 문제는 3.15 마산 의거와 4.19 혁명의 결
과 제기되었으며, 알 만한 사람은 다 아는 대로 이에 대한 사법적 처
리는 장면 혁명정부의 '부정축재 특별처리법' 제정을 거쳐 박정희 군

사 쿠데타 정부에 의해 부정 축재자 처리를 위한 '혁명재판'에서 다루어졌다. 하지만 당시 정치자금을 제공해 부정 축재자로 단죄된 기업과 기업인이 오늘날까지도 대표적인 재벌기업으로 남아 있기도 하다.

이승만 정권 아래서 기업들의 정경유착을 부정 축재로 심판했던 5.16 군사정권은 그 스스로 온갖 부정부패를 처음부터 자행해왔음은 널리 알려진 바다. 하지만 1960~1970년대의 박정희 정권 아래서 정치자금 수수와 정경유착 실태에 대해서는 아직 그 진상이 조사되지 않았다. 이미 세인들에게 많이 알려진 것 중에서도 박정희 정권의 성립 초기에 정권과 재벌급 기업체 사이에서 저질러진 대표적인 사건만 거론하면 다음과 같다.

군사정부의 민정 참여를 위한 공화당의 불법 사전 조직과 이를 위한 정치자금을 역시 불법적인 방법으로 마련하기 위해 저지른 이른바 '4대 의혹 사건'이 그것이다. 이 사건은 통일증권, '군사혁명 주체 세력'의 핵심인 중앙정보부 김종필 부장과 일흥증권 등이 연루된 이른바 '증권파동', 워커힐호텔 건립과 관련된 '워커힐 사건', 새나라자동차라는 외제 조립 자동차의 판매와 자동차 회사 신설과 관련된 '새나라자동차 사건', 파친코의 업소 폐쇄와 관련된 일명 '빠찡꼬 사건' 등이다. 이 사건들의 내용과 불법성, 음모적 계획성 등은 같은 5.16 군사 쿠데타 주역의 한 사람인 백태하가 "구악을 뺨치는 신악"으로 규정한 《반역자의 고백》에 여실히 드러나 있다.

이렇게 출발한 박정희 정권과 기업 등 민간 부문 간의 부패적 정치자금 수수와 온갖 불법·합법 특혜의 사례는 헤아릴 수 없이 많다.

이런 정치자금과 부정 축재는 박정희 정권이 1979년 10월의 '부마민주항쟁'과 당시 중앙정보부장 김재규의 '10.26 사건'에 의해 몰락한후, 전두환 장군이 정권을 장악하는 과정에서 5.17 계엄령을 내리면서 김종필 공화당 의장 등 구 정치인의 부정 축재 재산을 몰수함으로써 그 일부가 드러난 것은 공지의 사실이다. 사실상 유신 세력이권력 장악을 위해 같은 유신 세력을 단죄하는 부도덕한 조치가 무원칙하고 불철저할 수밖에 없다는 것은 두말할 나위가 없다.

다음으로 전두환, 노태우가 또 다른 군사 쿠데타로 정권을 장악한후, 기업인, 특히 재벌과의 관계에서 저지른 정치자금 부정행위를 보자. 1980년에서 1992년까지 전두환, 노태우 대통령 재임 시의 재벌과의 정경유착과 '권력형 부정' 사례는 당시에 이미 끊임없이 언론을통해서 폭로되고 일부는 사법 처리되기도 했지만, 그 전모를 짐작할수 있게 하는 김영삼 정부의 공식 조사는 장대한 드라마와 같이 전개되었다.

엄청난 충격과 사회적 파문을 일으킨 노태우 비자금 사건은, 단순히 노태우 개인의 문제가 아니었다. 정치권과 재벌이 합작해 밀실에서 국가를 주무른 정경유착의 교과서이고, 6공화국의 정치체제 그자체였다. 그런 점에선 노태우 비자금 사건이 아니라 6공화국 비자금 사건이었다. 당시 노태우 정부 시절의 6공화국은 청와대를 정점으로 한 정치권력과 재벌로 대표되는 경제 권력의 야합에 의해서만움직일 수 있는 뇌물 공화국이요, 재벌 공화국이었다. 이런 정경유착은 우리나라 정치체제의 구조적 문제였다. 알다시피 엄청난 자금은 기업에서 나온다. 기업이 낼 세금, 재투자 비용, 노동자들 월급이 권력자의 손아귀로 넘어가고 말았다. 기업가가 뇌물로 갖다 바치고 대신 다른 이권을 챙긴 돈은 모두 손비 처리되었기 때문이다.

검찰의 공식 발표에 따르면 전두환 정권과 노태우 정권이 부당하게 거둔 비자금 조성 총액은, 전두환 전 대통령이 7,000억 원이고 노태우 전 대통령이 4,500억 원이었다. 이 중에 재벌들이 뇌물성으로 제공한 금액으로는 5공화국 시절에 42개 회사 2,159억 원, 6공화국 시절에 35개 회사 2,838억 원이었다. 재벌들은 정부의 각종 인허가, 세무사찰 면제, 선거 자금 명목, 각종 정부 공사 수주, 국방부 무기 도입, 원자력발전소 공사, 골프장 허가, 형제간 재산상속 분쟁, 서해안 매립 공사, 대형 사고 책임 면제, 이동통신사업 등과 관련해 대통령과 관계자들에게 거액의 뇌물을 제공한 것으로 드러났다. 이런 정경유착 관행은 합법적인 것에서 불법적인 것, 공개적·공식적인 것에서부터 비공개적·비공식적인 것까지 극히 다양하며, 은밀한 부분까지 모두 다 국민 앞에 공개되고, 권력과 재벌은 벌거벗은 임금님 꼴이 되고 말았다.

정치개혁

개인화된 정당과 미약한 제도화

한국 사회에서 정치개혁을 둘러싼 논의는 다양하지만, 많은 사람들은 그중에서도 정치자금과 관련된 부패·비리 문제에 관심을 갖는다. 지금도 익숙한 '깨끗하고 돈 안 드는 선거', '고비용·저효율 정치구조 타파' 등은 정치개혁의 핵심 구호이자 목표다. 제도 변화에도 불구하고 지난 10여 년의 한국 정치가 이전보다 더 나아졌다고 말하기는 어렵다. 정당들이 과거와 달리 공약, 정책, 이념에서 분명한 차이를 갖고 경쟁하는 것도 아니며, 유권자의 투표 패턴에 뚜렷한 변화가 나타난 것도 아니다. 재벌-대기업을 필두로 하는 사회경제적 상층 집단의 정치적 영향력이 줄어들고 노동자를 비롯한 하층 집단의 영향력이 늘어났다고 말하기도 어렵다.

현실 정치에서 돈과 분리된 정치를 생각할 수 없다. 돈은 권력을 창출하고 유지하는 데 없어서는 안 될 요소임에 틀림없기 때문에 이 비용은 줄일 수는 있어도 없앨 수는 없다. 그러나 정치에서 돈의 영향력이 지나치게 커지거나 정치자금의 조달과 사용이 투명하지 않으면, 소수집단의 이익이 과대 대표(모든 국민을 균등하게 대표하는 것이 아니라 정치자금을 제공한 집단을 더 많이 대표하는 것)되고 정치 부패의 위험성이 증가한다. 한국 정치에서 음성적 정치자금의 거래와 이로 인한 부패 구조는 여전히 한국 정치의 발전을 가로막는 심각한 장애물로 남아 있다. 정치자금에 대한 도덕적 접근은 한국의 정치자금을 둘러싼 현실적인 해결 방안의 모색을 지연시키는 역효과를 초래한다. 정치자금을 도덕적으로 접근하게 되면, 정치 활동에 불가피한 정치 비용이 아니라 더러운 돈으로 인식하고 돈 안 쓰는 정치를 모색하는 경향이 있다. 그러나 현실에서 돈 안 쓰는 정치는 불가능하고 돈이 적게 드는 정치를 실현하는 것도 쉽지 않다.

정당 없이 대의제 민주주의가 성공적으로 운영되는 경우는 없다. 그래서 정당의 위기는 대의제 민주주의의 위기인데, 한국 정당의 위기는 총체적이고 과제 역시 매우 포괄적이다. 한국 정당의 개혁 과제는 한국 정치의 과제, 한국 민주주의의 과제다. 현재 한국 정당은 유권자의 정당 충성심 약화, 무당파 유권자의 증가, 정치적 효능감(개인의 정치적 행동이 정치 과정에 영향력을 미치거나 미칠 수 있다는 감정)의 약화 등 유권자-정당 간 연계가 매우 약화되어 있는 상황이다. 원내 정당의 취약한 정책 입법 역량 역시 여전히 답보 상태여서, 사회적 의제 혹은 입법 의제를 형성하고 추진하는 능력이 시민단체의 주도권을 따라가기도 벅찬 상황이다.

정당 개혁은 복잡한 정치과정의 결과이며, 보다 광범위한 정치개혁의 시작이다. 문제의 심각성에 대한 여론이나 정치적 리더십, 문제 해결 방안에 대한 광범위한 합의 등이 정당 개혁의 전제 조건이지만 그것만으로 충분치 않다. 이들 모두가 일정한 방향으로, 동시에, 일정한 강도 이상으로 결합되어야만 한다. 이런 결합에 어떤 패턴이나 법칙은 없다. 단지 많은 경우 우연적인, 그러나 폭발적인 정치과정이 필요할 뿐이다.

대의민주주의 사회에서 정당은 유권자의 정치적 선호를 국가정책으로 매개하는 기능을 수행한다. 이런 면에서 정당은 '민주주의 창출자'이자 '민주주의를 작동케 할 수 있는 중심 메커니즘'으로 간주된다. 그러나 그동안 한국 정치에서 목격되었던 반복적인 정당의 이합집산과 공천 파동 등의 경험은 한국의 정당이 이와 같은 대의 기능을 적절하게 수행하고 있는지에 대한 의문을 제기하게 한다. 특히, 한국 정당의 이합집산은 특정 정치 지도자의 정략적 판단에 따라 이루어지는 경향이 강할 뿐만 아니라, 그런 판단의 근저에는 연고주의나 개인적·정파적 이해관계가 작용한다는 점에서 유권자의 선호를 대의하고자 하는 역할과는 거리가 멀다.

그 결과 한국 정당정치에 대한 유권자의 인식은 그리 곱지 않다. 한국 유권자는 정당을 정책보다는 정당의 지도자 또는 공직 선거 후보자를 중심으로 이해하는 경향이 강할 뿐만 아니라, 정책을 중심으로 경쟁 정당 후보들의 차별성을 인식하는 데도 종종 실패했다. 오히려 정당과 후보들의 선거 경쟁에서 추구하는 개별적 합리성은 정당정치에 대한 불신을 증폭시키는 악순환을 반복했다.

이런 문제 인식은 한국 정당정치와 관련된 각종 개혁 담론이 대두되는 결과로 이어졌고, 그에 따른 조치로서 각종 정치개혁은 불가피했다. 한국의 정당정치는 흔히 '개인화된 정당과 미약한 제도화'라는 비판을 받는다. 각종 선거 과정에서 진행되는 정당의 공직 후보 선출 역시 사실상 정당 지도부의 의사에 따라 결정되며, 그 과정에서 발생하는 정치 부패는 일종의 관행처럼 굳어져 버렸다. 그동안 정당

정치는 선거만을 목적으로 창당하거나, 당명 변경 등 외형에 치중한 변화만으로 국민에게 지지나 선택을 강요하거나, 국민의 정치적 요구나 희망과는 별개로 지역주의나 지역 간 연대를 통한 정당 이합집산이 이루어진 것이 문제다. 이런 현실에서 정당은 제도화되기 어려웠고, 소수의 지명도 높은 엘리트 정치인들을 중심으로 외형적 변신을 도모해왔다.

정당의 민주화

정당 없이는 가난한 사람들을 보호할 방법이 없다. 좋은 정당정치야말로 자본과 시장의 경제적 횡포에 맞서 가난한 보통 사람들의 삶을 지켜주는 제도적·실천적 기제다. 결국 정당정치의 혁신 없이는 민주주의의 진전이나 정치 부패 문제의 해결, 그것을 통한 사회 구성원의 '삶의 질' 향상이 있을 수 없다. 정치가 썩은 것이라는 인식은 정치에 대한 불신과 혐오감, 냉소주의와 무관심을 조장하는 가장 효과적인 이데올로기라 할 수 있다. 정치가 부정될 때 정치를 통해 가능한 민주주의가 존립할 기반이 없어지게 된다.

한국 사회의 총체적 부패, 비리, 타락, 부정의不正義는 방대한 국가기구를 관장하고 통치하는 집권 엘리트들의 피라미드 구조 상층부로부터 발원한다. 그것은 공익을 추구해야 할 국가기구의 기능이 사익 추구적 이익집단의 그것으로 대체되어왔음을 보여준다.

부패 문제의 핵심은, 국가와 사적영역 사이에 후원과 정치적 지지가 교환되는 관계를 통해, 또는 정부와 민간 부문이 수혜와 지대추구로 연결되는 관계 속에서 형성되는 것이기 때문에 부패를 구조적으로 축소하는 최선의 방법은 다름 아닌 민주화다. 부패 때문에 민주주의나 정치가 잘못되는 것이 아니라 민주주의의 결핍 때문에 부패가 만들어지고 유지되는 측면이 핵심적인 문제다.

따라서 정치의 민주화를 다시 시작해야 한다. 즉 정당의 민주화가 필요하다. 권력형 정치 부패의 배경에 막강한 권한을 보유한 대통령의 독단적 통치와 자의적 국정 운영이 있다고 할 때, 그것을 가져온 주범은 제도로서의 대통령제라기보다는 정당정치의 후진성이다. 대통령을 배출한 정당이 분명한 이념이나 정책 기조로 스스로의 정체성을 확보하고 있는 자기 구속성을 갖춘 정당이라면, 그 정당은 당원인 대통령에 대해 이념적 또는 정책적 구속력을 행사한다. 대의제 민주주의의 핵심 원리인 책임의 근본 주체는 결국 정당이기 때문이다. 그러나 그렇지 않을 경우 대통령은 가장 기본적인 이 정당 구속으로부터도 자유로울 수 있다. 정당 체제의 민주화, 정당 내부의 민주화를 이루지 못한 한국은 불행히도 바로 이 경우에 속한다. 대통령이 자기 소속 정당도 무시할 수 있는 형국에 타당인 야당들을 제대로 존중할 리 없고, 그런 정당들이 펼치는 의회정치에 민감할 까닭도 별로 없다.

한국 정치에서 음성적 정치자금의 거래를 근절하고 정치자금의 투명성을 확보하는 일은 정치개혁의 핵심 과제다. 음성적 정치자금이 거래되는 정치권의 관행을 바꾸지 않고서는 한국 민주주의의 공고화와 질적 발전을 기대할 수 없다. 나아가 이런 정치 부패 구조는 경제의 효율성을 저해할 뿐만 아니라 전 사회에 만연한 부패와 비합리성, 도덕 불감증의 뿌리로 작용하고 있다. 정치권에 대한 질타와 선진국의 깨끗한 정치자금 제도를 거론하는 것만으로는 정치인들의 이해관계가 복잡하게 얽혀 있는 정치자금의 관행을 바꿀 수 없다. 한국의 정치자금 제도에 대한 개혁은 보다 현실적 접근을 통해서만 가능하다. 정치자금을 부정한 돈으로 매도하기보다 정치자금은 정치를 위한 불가결한 비용이고 필요악이라는 것을 인정하고, 정치자금 제도를 정비하고 투명화·공개화하려는 노력이 필요하다. 한편으로 음성적 정치자금의 거래와 금권 선거의 관행을 없애는 노력을 하면서도, 다른 한편으로는 공식적 정치자금의 조달과 사용에 대해서는 규제를 완화해서 공식적 제도를 통해서 정치자금이 조달되는 통로를 제공해야만 깨끗한 정치가 실현될 수 있는 제도적 장치가 마련될 수 있다.

따라서 정치자금 공개와 엄격한 처벌 제도 확립, 고비용 정치과정의 개혁, 그리고 정치자금 조달 제도 정비와 활성화 등 세 차원의 개혁이 동시에 이루어질 때 정치자금의 투명성이 확보될 수 있다.

우리나라의 주요 정당들은 당내 과두와 유력 계보들에 의한 패권적 지배구조로 인해 동원 정치와 하향식 정치체제가 여실히 드러나고 있다. 중앙당이 시·도당보다 우위에서 그 운영에 영향력을 행사한다는 문제가 있다. 그에 따라 시·도당은 중앙당 결정에 따라 운영되는 구조적 한계에 있다. 그 제도적 원인은 정당법 규정에 있지만 근본적 책임은 운영 주체인 정당에 있다. 이런 의사결정 구조의 특성은 중진 의원들의 지배적 영향력 아래서 공천 과정을 투명하지 못하게 할 뿐만 아니라 유권자와의 긴밀한 소통을 기대하기 어렵게 한다. 특히 이런 구조에서 주목해야 할 것은 중앙집권적 의사결정 구조다. 특히 주요 쟁점과 분당·합당과 같은 주요 사안이 중앙집권적으로 결정된다. 결국 정치적 생존의 열쇠를 쥐고 있는 중진 의원을 중심으로 한 현역 의원들의 이해관계에 따라 빠르게 분당과 합당을 할 수 있게 된다. 이런 관점에서 중앙당 중심이 아닌 시·도당의 강화를 통한 정당의 분권화가 필요하다. 특히 현행 공천 제도는 계파들의 공천 독과점, 밀실 공천 등으로 의원들의 줄 세우기에 악용되고 있다. 어떤 형식이든 공천권을 당원과 유권자에게 돌려주는 상향식 공천 제도가 법제화되어야 하며, 비례대표 명부 작성도 상향식으로 제도화되어야 한다. 현행 공천 제도를 바꾸지 않는다면 현재의 정당정치는 개선되기 어렵다.

한국 정당은 계파주의로 인해 계파 간 이익 담합의 공간이 되어버렸다. 당원과 유권자가 참여할 수 있는 다양한 형식의 소통 공간으로 정당이 거듭나야 한다. 과거 '지구당'과 같은 지역 뿌리 조직을 부활해 지역 당원들이 자율적으로 조직하고 운영할 수 있도록 해야 한다. 이를 통해 지역사회 공동의 문제를 해결하고 지역 내 민의를 수렴하는 조직으로 기능할 수 있어야 한다. 이처럼 지역 정당이 공통의 의견을 갖고 있는 사람들을 다층적으로 연결하는 매개적 기능을 수행하고 이를 중앙당에 전달하는 등 핵심적인 풀뿌리 조직으로 기능할 때 정당 민주화에 기여하는 역할을 할 수 있다.

＼ 재벌과 관료권력

재벌의 관료 지배

주류 경제학의 향연과 경제 관료들

정치에 대한 경제의 우위는 정부 경제 부처 고위직의 학문적 배경이 어떻게 구성되었고 변화했는지에 집중한다면 좀 더 명확하게 규명된다. 국가를 구성하는 행정 관료 중에는 전체적으로 법학을 전공한 자들이 가장 많았다. 경제 부처에 임명된 고위 공직자들도 법학 전공자와 정치학 전공자들이 다수였다. 산업화 초기의 경제정책은 법학과 정치학을 전공한 자들이 추진했다. 이는 정치적 판단에 따라 경제정책을 추구했던 국가 주도적 경제 운영, 이른바 '지도받는 자본주의'라는 특징과 결부 지어 볼 때 우연한 것이 아니다. 산업화 초기 경제정책은 정확하게 '정치적 지도'로부터 유래했다.

그러나 국가 주도 경제정책이 자본축적의 한계에 달하고 정치적 민주화가 진척되면서 국가와 법률의 시장개입을 경계하는 경향이 확산되었다. 이어 경제 부처의 학문별 분포에도 변화가 나타나기 시작했다. 파워 블록 내 '기업지상주의'가 지배 담론이 된 데에는 먼저 경제학 전공자들의 국가 경제 부처 내부로의 진입과 관련이 있다. 경제 부처는 경제학을 전공한 사람들로 재구성되기 시작했다.

1987년 민주화 운동 이후 탄생한 노태우 정부부터 이후 민주 정부(김영삼 정부, 김대중 정부, 노무현 정부)에 이르기까지 정부의 경제 관련 기구에 경제학을 전공한 자가 급격히 증가했다. 비록 노무현 정부에서 경제 관련 부처의 장차관 총인원 대비 경제학 전공자의 비율이 상대적으로 낮으나, 15명의 비경제학 전공자들 중 11명은 대학원에서 경제학을 다시 전공한 인물들이었다. 과거 대학에서 법학, 정치학, 행정학을 전공한 사람들은 경제학을 추가로 습득해야만 국가권력 기구에서 우위를 차지할 수 있게 되었다. 경제정책의 수립 및 운영 면에서 경제학 전공자들이 득세하기 시작했다는 것은 경제학의 지위를 복원하는 것이었으며, 경제 전문지식의 가치가 인정받고 있었음을 보여준다.

민주화는 경제학의 사상적 해방을 야기했다. 민주 정부 수립 이후 정치논리나 법적 판단보다는 경제논리가 우선하게 되었다. 이것은 법학 혹은 정치학에서 경제학으로의 전환을 보여준다. 이는 곧 '경제의 탈정치화'다. 경제 부처에서 경제학이 우위를 차지하기 시작했을 뿐만 아니라 경제 부처의 관료들은 다른 부처를 압도했다. 재정경제

부는 정부 기구 편제상 부총리 격으로 예산편성권을 갖는 등 그 권한이 막강했다. 한국의 노동·사회·문화 정책은 산업 정책이나 경제 정책의 하위 파트너로 되어 있었다.

경제 관료들이 동원한 경제학은 신자유주의 경제학이었다. 경제 관료들은 규제 강화를 통해 비대해진 것이 아니라 규제 완화를 위한 정치 행위를 통해 강력해졌다. 이른바 새로운 '행정 정치'가 확산된 것이다. 경제 전문가로서 활동한 경제 관료들은 그들의 권력을 우위에 올라설 수 있게 해준 전문지식에 기초해 기업에 대한 국가 규제를 파괴하는 데 몰두했다. 경제 관료들은 대부분 미국에서 유학한 자들로 신고전파 경제학과 시장근본주의에 압도당하고 있었다.

경제 관료들은 그들이 습득한 지식에 기초해 김영삼 정부 이래 정부의 각종 규제를 집중 공격했다. 관료들은 국가 경쟁력 강화를 정책 목표로 설정하고 그것의 구체적인 수단으로 규제 완화를 선택했다. "기업 활동에 관한 행정 규제의 완화 및 특례에 관한 사항을 규정하여 원활한 기업 활동을 도모하고 국민경제의 건전한 발전에 기여함을" 목적으로 1995년에 제정된 '기업활동 규제완화에 관한 특별조치법'은 관료들이 적극적으로 국가 규제를 완화시켜온 '살아 있는 역사' 그 자체였다. 이 법률은 정부 부처 간의 관계를 조절하고 계급 관계를 재편했다. 이 법률은 특별법의 형태로 기존의 법률보다 상위에 있다. 이 법률의 주무 부처인 상공자원부는 모든 규제에 관해서 가장 큰 힘을 발휘할 수 있었기 때문에 다른 주무 부처보다 더 큰 힘을 보유하게 됐다.

경제학의 득세가 정부의 각종 시장경제 규제 완화와 관련되어 있다는 점은 특별히 주목할 만한 것이다. 산업 안전과 관련된 규제에서 보듯이 때로는 규제가 기업의 활동 자체를 제한하기 위한 목적이 아니라 기업가 이외의 다른 사회 세력의 권리를 지켜주는 데 기여한 바도 있다. 그러나 이런 정치적·법적 고려들은 경제학에서 우세한 시장원리에 따라 재편되었다. 정치학과 법학도 경제학의 한 부분에 머물렀고 기업의 교리는 동시에 정치상의 공리가 되었다.

정부 부처에 포진한 경제학은 기업가의 경영학과 동일시되며 정부 내 헤게모니적 통일성을 유지하는 데 기여했다. 물론 경제정책에서 경제학만 남게 되었을 때, 그 이후는 학문으로서의 경제학과 기업에서 재생산하는 실물경제 지식의 경쟁이 일어날 수 있다. 그러나 학문적 배경에 기초한 경제 관료들과 실물적 지식 기반을 갖는 기업인은 분배 문제의 해결을 주장하는 도전을 넘어서 경제성장에 관한 한 쉽게 합의할 수 있다. 경제 관료들이 추진한 법체계가 성장을 경제정책의 목표로 삼는 이상 그 목표는 실질적인 동력을 제공하는 기업과 쉽게 공조될 수 있다. 경제 관료와 기업인 간의 동질성은 정치적 헤게모니와 특수한 동의어가 될 수 있다.

경제 관료의 역할 증대 그리고 그 결과로 경제 전문지식에 대한 의존도 증대는 최종적으로 기업의 경제 지식에 의존도를 높여왔다. 관료들이 갖고 있는 실무 지식도 경제적인 지식에 관한 한 기업이 소유한 지식에 비해 열위에 있게 된다. 사경제 분야의 전문가들은 자신이 갖고 있는 정밀한 실무 지식이 경제적 사활에 직접 관련되기 때문에, 자본주의 시대의 경제생활에 미치는 관청의 영향력은 지극히 제한적이며 이해관계자들의 월등한 전문지식에 농락당해 쓸모없는 것이 되곤 한다. 국가가 행정 관료에 의존하면 의존할수록 자본이 국가 내에 미칠 영향력이 확대됨을 의미하게 된다. 민주주의는 주류 경제학의 득세로 심각한 도전에 처해 있다.

국가의 정책이 경제학에 의존적이게 되었다고 해서 순수한 경제논리가 자체적인 발전 동력을 갖게 되는 것은 아니다. 경제 혹은 시장은 정치적인 것이다. 경제학의 실질적 득세에 기초한 '기업지상주의'는 경제에 대한 정치의 비개입적 태도에서 나오는 것이 아니라, 기업의 효과적인 정치적 개입을 통해서만이 확실하게 도달될 수 있다. 국가 관료의 전공 분포에 대한 분석에서 정치학이 도태되고 경제학이 강화된 것처럼 보이지만, 실제로 우위를 나타낸 것은 '자본의 정치'였다. 정치적 운영 체제의 상위에서 경제 원리를 제공하는 것은 자본의 정치다. 재벌의 경제 관료 포획 전략은 자본의 정치를 가장 잘 설명해주는 사례다.

재벌과 관료의 동맹

재벌은 원래 정부(관료)의 하위 파트너였다. 정부 주도 산업화의 기조 아래, 관료는 산업 정책, 금융정책, 외자 정책, 노동정책 등에서 주도적인 역할을 맡았다. 재벌은 관료가 이끄는 산업화의 실행 조직으로 활동했다. 그 실행 조직의 성과나 효율이 기대에 미치지 못하거나 정부 정책에 비협조적인 경우, 그 조직은 언제라도 다른 조직으로 대체되었다. 재벌은 정부 정책에 적극 협조하는 방식으로 실행 조직으로서의 역할을 충실히 하고, 그 대가로 '주식회사 대한민국'의 대주주격인 정부로부터 특혜를 받아 부를 축적했다. 이는 한마디로 '강한 관료, 약한 재벌'이었다. 그렇게 된 데는 이유가 있다. 해방 후에 시장은 아직 미성숙한 상태였고, 기업의 기술력이나 자본 규모는 매우 열악했다. 반면에 일제의 경찰력과 군사 조직을 물려받은 1950년대의 국가는 매우 큰 정부로 시작할 수 있었다. 해방 이후 강한 정부로 시작한 주식회사 대한민국은 5.16 군사 쿠데타 이후 30여 년의 군사정권 아래서 더욱 정교해지고 강력해졌다. 그 과정에서 관료 집단은 급성장했으며, 고위 관료들은 최고의 권력 집단으로 행세했다. 관료들은 정책을 집행하는 일뿐만 아니라, 사실상 정책을 결정하는 역할까지 수행했다. 관료들이 권위주의 정치체제의 중심 세력으로 편입되었던 것이다.

박정희 정권, 전두환 정권, 김영삼 정부, 김대중 정부를 거치면서 재벌은 꾸준히 성장했다. 성장 정책은 정부가 주도했지만, 실제 실행 기관은 정부로부터 선택받아 각종 지원을 독차지한 재벌들이었기 때문이다. 1987년 이후 재벌의 지배구조는 견고해지며, 재벌의 경제 지배력은 증가했다. 그런데 재벌의 성장은 경제력의 성장만을 의미하지 않는다. 재벌의 질적 성장도 두드러졌다. 재벌의 성장이 수출 주도형의 산업화를 통해 이루어짐으로써, 재벌은 사회의 다른 영역보다 높은 질적 수준의 향상을 가져왔다. 재벌의 인력은 점차 관료의 수준을 넘어서기 시작했다. 관료들은 신분과 승진을 보장받은 사람들이었지만, 재벌의 인력은 격렬한 경쟁을 이기고 올라선 사람들이었다. 정부가 재벌의 인력 관리 교육 부서에 공무원 교육을 위탁하는 상황으로까지 발전했다. 재벌이 어느덧 정부와 맞서게 되면서, 관료 주도에서 재벌 주도로 역전되었다.

'관료-재벌(-초국적 자본)'의 과두 권력은 서로 갈등을 빚기도 하지만 한국 자본주의에서 경제적 자원(화폐 및 살림살이를 좌지우지하는 기타 유무형의 자원들)의 동원, 투자, 생산, 배분, 소비, 규제, 즉 경제적 의사결정에 대한 권력을 독점했다. 이런 권력의 행사는 전형적으로 사회적, 시간적, 공간적으로 불균등한 경제적 가치와 비용의 배분을 초래했다. 자본주의사회에서 이런 권력의 행사는 우리가 흔히 정치로부터 형식상 또는 제도상 분리된 것으로 생각하는 시장 거래의 영역에 국한되지 않는다. 재벌은 형식적·제도적으로 분리되어 있는 관료권력을 일정한 범위 내에서 다양한 방식으로 통제하려고 했다. 이런 의미에서 재벌권력과 관료권력의 행사는 불가분의 관계를 맺는다. 통상 관료권력이 재벌권력에 의해 더 많이 그리고 더 직접적으로 통제될수록 이 과두 권력의 독과점은 증대되고 경제적 의사결정의 실질적 민주주의는 후퇴한다. 따라서 재벌권력과 관료권력 관계의 특성이 과두 권력의 행사에서 핵심이 된다.

이론적으로 자본주의에서 '경제적 의사결정 과정 독과점'의 메커니즘은 다음과 같다.

첫째, 자본 파업(투자 및 고용 감소 또는 해외 이전)이나 자본 이탈의 구조적 가능성은 국가의 정책적 선택지를 제약한다. 물론 이런 가능성은 해당 국가의 산업구조와 노동자 숙련도에 따라 상당히 차이가 있지만, 재벌은 (노동조건, 과세 등) 축적 조건의 악화 시에 실질적으로 투자를 감소함으로써, 그리고 그 밖의 경우에도 축적 조건의 (단기적) 개선을 위해 투자 철회의 가능성을 적절히 흘림으로써 정부에 압박을 가할 수 있다. 더구나 한국에서는 신자유주의적 지구화와 더불어 IMF 외환위기 이후 정부에 압박을 가하는 재벌과 초국적 자본의 구조적 권력은 더욱더 커졌다.

둘째, 재벌은 관료와 불화할 경우를 제외하면 구조적 권력을 동원하는 대신 대체로 관료들과 형성한 밀접한 비공식 네트워크를 통해 정치와 경제에 영향력을 행사한다. 여기서 핵심적인 매체는 돈과 지식이다. 예를 들면 미국의 시카고학파(신고전파 경제학 학파로서 1980년에 미국의 로널드 레이건Ronald Reagan 대통령과 영국의 마거릿 대처 Margaret Thatcher 수상이 시카고학파의 경제학 이론들을 전폭적으로 지지하며 미국과 영국의 경제정책에 반영시켰다), IMF와 세계은행, 세계경제포럼, 대기업 경제 연구소 등은 경제 관료들과 경제 전문가들에게 경제 운영의 지식을 공급한다.

또한 재벌과 초국적 투기 자본들은 상당 부분 국내 법무법인들과 그들을 위해 일하는 전직 고위 관료들을 통해 현직 관료들과 연결된다. 특히 재벌들은 막대한 자금력으로 경제 관료들 이외에도 법조계와 정계를 자기편으로 끌어들인다. 구조적 힘과 인적 네트워크를 통해 행사되는 재벌권력은 경제제도와 국가기구 등을 자신들에게 유리하게 만든다. 이른바 '세력 관계의 물질적 응축'이다. 신자유주의 정치사상에 따라 사적 소유권자의 자유를 위해서는 민주주의도 제한되어야 한다는 이른바 '법치 민주주의'가 국내적·국제적 수준에서 행정의 정치화와 민주주의의 형식화라는 형태로 실현된다. 의회의 기능은 유명무실화되며 행정 권력의 힘이 커진다.

행정국가화 현상과 관료의 권력 탈환

관료의 권력 탈환

독재국가에서 행정 기구는 하나의 독재자 및 공안 기구를 정점으로 해서 엄격한 '위계의 사다리'로 존재한다. 강권 기구들은 관료 기구를 통제, 조율, 평가, 징벌하는 기능을 담당하며 우월성을 갖는 기관이었으나, 민주화 이후에는 특권적 보호막이 걷히면서 하위 엘리트는 해방적 의미를 얻게 되었다. 민주 정부 수립은 이런 변화를 야기한 중요한 계기였다. 이를테면 최초의 여·야 간 정권 교체를 달성한 김대중 정부는 인권 탄압으로 악명 높던 안전기획부(안기부) 이름을 국가정보원(국정원)으로 바꾸면서 공안 기구의 변화를 모색했다. 실질적 내용이 아니라 형식적 이름이 달라진 것인데도 민주 정부에 이르러서는 그 역할과 기능의 변화가 점차 뚜렷해졌다. 공안 기구들은 조직 및 인원이 축소되면서 그 역할도 자연스럽게 줄어들었다.

한편 관료들은 개발독재 국가에서 국가 주도 경제정책을 추진하면서 성장했다. 비록 강권 기구에 의해 통제받기도 했지만 그들은 중요한 행위자들이었다. 수많은 경제 및 산업 지원법 형성 과정을 통해서 볼 수 있듯이, 1970년대 국가의 경제정책 형성 과정은 관료들이 성장할 수 있는 토대가 되었다. 경제정책에 관한 한 관료들 입지는 강력했다. 몇몇 경제정책 주도 기관 명칭이 바뀌고 실질적인 담당 역할도 변화되었지만, 경제 관료 기구의 다양한 명칭 및 모습과는 달리 경제 관료들은 어느 시기나 결코 약화되지 않는 영향력을 행사했다.

권위주의적 정부에서 민주 정부로 바뀌었으나 행정부 내 경제 부처들이 점하는 위치는 달라지지 않았다. 관료들은 민주화의 도전으로부터 상당히 자유로웠다. 관료들은 4년 혹은 5년에 한 번 교체되는 정권보다 훨씬 더 오래 지속돼 여러 정권에 걸쳐 관료로 온존했다. 관료들은 실무를 담당하면서 단절 계기 없이 점차 그 역할과 권한을 지속적으로 강화했다. 정치적으로 급격한 변화를 거치면서도 관료들은 연착륙했다. 과거 관료들은 여러 면에서 낡은 독재 정권 시기 엘리트에 속해 있으면서도 '정치적 현재성'을 대표했다. 민주화 이후에도 여전히 자신의 입지가 무너지지 않았던 관료들은 민주 선거를 통해 새롭게 등장한 정치적 분파들과 경쟁 관계를 형성했다. 관료와 집권 정치세력 간의 경쟁은 구체적으로 법률안 제·개정 경쟁으로 나타났다. 하지만 그 경쟁의 결과는 관료 쪽으로 경사되어 나타났다. 집권한 민주화 세력은 과거 '낡은 정부'의 관료들을 재임용해야 했다. 그들을 대체할 세력으로 '무장'되어 있지 못했기 때문이다.

관료들은 민주 정부에서 수많은 입법안을 주도하며 권력을 재탈환

했다. 구체적으로 제헌국회 이래 법률안의 제안을 분석해보면, 국회보다는 정부가 입법의 주도권을 행사해왔다는 것을 알 수 있다. 제헌국회부터 제17대 국회까지 국회의원이 발의한 법률안의 가결 비율은 37%인데 정부가 제출한 법률안의 가결 비율은 67%에 이른다. 그런데 제13대 국회에서 제17대 국회까지 의원이 발의한 법률안의 가결 비율은 26.8%인데 정부가 제출한 법률안의 가결 비율은 76.8%로 나타난다. 민주화 이후 행정 관료와 의원의 입법화 격차가 더욱 확대된 것이다. 관료들의 실질적인 정책 집행권과 법률안 제출권을 비교한다면 민주화 세력을 표방한 정치 분파의 정치적 리더십은 의심스러운 것이다.

의회는 행정부와의 관계에서 여전히 주변적인 정책 결정자의 입장에서 벗어나지 못하고 있어, 행정국가화 현상이 한국에서도 예외 없이 나타난다. 이는 민주화 이후 의회가 행정부에 대한 견제 및 통제 수단을 확보하지 못한 채 의회와 행정부 간의 대립이 아닌 여·야 간의 대립으로 전화되었던 데에서 원인을 찾을 수 있다. 민주화 이후 많은 면에서 국회의 권한이 강화되었지만, 그것이 입법·재정 통제·행정부 감독 등 본래의 목적대로 기능하지 못하고 여야 정당 간의 정치적 대결의 수단으로 활용됨으로써, '의회 기능의 강화'가 아닌 '여·야 간 갈등 격화'라는 의도하지 않은 결과를 낳았다. 결국 그 과정에서 행정부 관료의 권한은 지속적으로 강화되었다. 이처럼 민주주의는 선출된 권력의 지위를 높여왔지만 선출직 정치 엘리트들이 국가 권력 기구의 핵심이 되지는 못하고 있다. 권력 창출의 정당성을 훼손했던 독재 권력에 의한 지도가 사라진 자리를 관료들이 차지한다. 이로서 국가기구 내에서 행정부와 관료들은 우월성을 갖는 지배적 기관이 될 수 있었다.

관료의 힘과 전관예우

한 국가에서 강력한 성장 원천의 역할을 하는 법과 제도는 누가 만드는가? 법과 제도를 만드는 기관은 바로 한 국가의 권력으로 상징되는 국회, 대통령, 관료다. 권력의 상징은 바로 법과 제도를 만들 수 있는 권한이다. 더구나 만들어진 제도의 실행은 전적으로 관료의 능력과 가치관에 달려 있다. 관료는 대통령에게 위임된 시행령을 세부적으로 만드는 역할을 한다. 법은 포괄적인 규정으로 되어 있고, 법에 근거한 구체적인 내용인 시행령, 시행규칙, 고시 등은 대통령에게 위임되어 관료가 정책 수행을 위해 만든다. 효율적인 법과 제도를 창조하는가는 관료의 능력과 역할에 달려 있다. 따라서 법과 제도를 만드는 구체적이고 강력한 권한은 관료에게 있다. 관료가 정책을 집행하기 위해 활용하는 법과 제도에 따라 한 나라의 효율적 경제조직이 만들어질 수 있는지 없는지의 운명이 결정된다.

시장실패를 보완하는 제도는 인간 정신의 구조물이므로 관료의 정신 구조물이다. 즉 관료의 아이디어, 이데올로기, 그리고 신념이 반영된 것이 바로 제도다. 관료는 정치적 결정에 중요한 역할을 하므로, 관료의 의사결정의 누적적 결과가 바로 경제성장의 성과라 할 수 있다. 관료가 경제성장의 중요한 결정 요인인 것이다. 여기서 관료의 힘이 나온다. 따라서 관료와의 친분은 물론 인맥과 학맥을 내세운 로비가 일어난다. 그러나 공식석상에서는 "실력으로 승부한다."고 강변한다.

의회 중심적인 경쟁 체제는 행정부가 통치의 중심체가 되어감에 따라 점차 침식되어간다. 현대 행정부에서 행정행위는 정부 운영의 최고의 수단이 되어감에 따라 행정은 통치의 중심체가 되어간다. 행정관청이 효과적인 이익 투입의 장이 되면서 사회 제 세력들은 점차 정부 내 부처에 자신의 이익을 관철시키기 위한 경쟁에 돌입한다. 행정부가 법률의 단순한 집행기관이라는 지위에 머무르지 않고 점차 정책 결정 기관으로서의 역할을 증대시켜나가게 되자, 기업들은 여기에 전략적으로 접속하려는 시도를 강화한다.

재벌기업은 시장이 정치적 역학 관계에 따라 운용된다는 사실을 기업가의 동물적 본능으로 정확하게 포착하고 이를 정치적으로 활용했다. 재벌기업은 관료들의 역할과 지위가 갖는 시장가치를 가장 정확히 포착하고 적극적으로 공략했다. 기업 활동의 성패가 법·제도·정책으로서 책임성을 획득하게 되자 전직 관료들의 '시장가치'는 상승되었다. 재벌은 관료들을, 살 수 있으며 잘 이용할 수도 있는, 말하자면 시장의 상품으로 점점 더 생각하게 된 것이다. 재벌은 관료 영입과 더불어 일상적으로 관료들을 '관리'해왔던 것으로 알려져 있다. 재벌은 관료들에 대한 관리를 통해 국가 관료 조직을 재조직화했다. 재벌은 평상시 꾸준히 관료들을 관리하면서 관료들의 경조사를 챙기거나, 승진을 도와주기도 하고, 그렇게 해서 높은 지위에 올라서면 그를 통해 재벌의 사업 편의를 제공받기도 했다.

국민의 세금으로 육성된 관료들의 역량이 민간 기업으로 누수되는 것은 민주주의의 관점에서 볼 때 많은 문제점을 안고 있다. 2005년 참여연대의 분석에 따르면 삼성에 취업하거나 사외이사 등으로 영입된 전직 관료의 수는 총 101명이다. 이들의 전직 경력을 모두 합하면 국가 행정 관료만 하더라도 최소한 1,000년이 넘는다. 이 지식과 정보는 국민들의 세금으로 충당한 경비와 관련된다. 그들이 전문적인 능력을 키우는 데 드는 비용을 국가 경비로 부담한 셈인데, 그 경비를 삼성은 전혀 지출하지 않고 사용한 것이다. 삼성이 전직 관료들을 영입하는 데 사용된 비용은 아무리 많아도 1,000년이 넘도록 축적된 정보와 지식의 양을 넘어서기는 힘들다. 1,000년 넘게 국가가 관료들에게 투자한 산물로서의 정보와 지식은 고스란히 삼성의 '업무상' 지식의 토대를 이루게 된다. 1,000년의 지식은 한순간에 삼성 안에 묶인다. 국가기관들은 곧 삼성의 인력시장인 셈이다.

관료들이 국가기관 내에서 최상위 지위에 있었음에도 불구하고 그것이 절정에 이른 것은 아니다. 그들의 지위는 다시 재벌 아래 위치함으로써 최고의 지위를 인정받게 된다. 재벌에 의해 재조직된 위계의 서열화는 연봉을 기준으로 볼 때 더욱 구체적으로 드러난다. 요컨대 재벌은 국가조직에 종속되어 있는 경제 관료들을 개별 영입과 관리 등 포획 전략을 통해 개체화시키고, 다시 분열된 개체들을 위계의 서열화를 통해 재벌기업 안에 편입시킨다. 재벌기업의 행정 관료에 대한 계급 실천 과정으로 인해 자극받으면서, 행정부 내 경제 관련 부처들에는 재벌기업의 이해를 담보하는 지배적인 장치가 형성되고 있다. 뿐만 아니라 행정부 내 경제 관련 부처는 재벌기업 이해의 특권적인 근거지가 되며 재벌의 이해를 구현하는 경향이 있다. 이 부처들은 재벌기업에 유리하게 정책을 적용하는 임무를 맡게 된다.

전관예우라는 말은 전직 관료 때문에 문제가 생긴다는 투로 들리지만 그것이 어찌 전관의 문제일까? 몇 억이 넘는 연봉을 주고 퇴직 관료(전관)를 고용하는 것은 그의 전문지식을 활용하기 위해서이기도 하겠지만, 전 직장 동료 또는 부하 직원에 대한 로비가 그들 업무의 중요 부분을 이룬다는 사실에 주목해야 한다. 단지 퇴직자와 재직자 사이의 인간적 관계 때문이 아니라, 현직의 이익과 관련되어 있기 때문에 로비가 성사되는 것이라고 생각한다. 로비를 위해 뇌물이 오고가는지에 대해서는 확언할 수 없다.

그러나 적어도 자신 있게 말할 수 있는 것은, 관료가 퇴직한 뒤 엄청난 연봉을 받고 취직할 수 있고 또 그것이 자신의 퇴직 전 직장의 업무 처리와 관련되어 있다는 것이다. 그래서 그가 취급하는 업무가 잘 처리되는 것이 현직 관료 자신의 퇴직 후 취업을 사실상 보장하는 것이라고 한다면, 현직에서의 업무 처리 과정에서 퇴직자의 청탁을 스스로 거절할 수 없는 메커니즘이 만들어진다고 생각된다. 그것은 자신의 이익을 위한 행위이기 때문이다. 전관예우라는 것은 전관의 문제가 아니라 현직이 자신의 지금 또는 장래의 이익을 위해 만든 것이다. 따라서 전관예우의 문제는 현직의 권한 남용이나 업무의 부당한 처리 등의 관점에서 접근하는 것이 보다 실질에 부합하는 것이며, 퇴직 관료의 문제는 오히려 부차적인 것이 된다.

관료제 개혁

퇴직 관료와 로비

지대추구이론은 퇴직 관료의 재취업으로 인한 현상을 적절히 설명해준다. 지대추구는 쌍방향이다. 기업은 업무와 관련해 관료들을 상대로 지대추구 활동을 한다. 하지만 관료들도 기업을 상대로 지대추구 활동을 할 수 있다.

(1) 현직 관료(지대 배분자이자 지대추구자)

지대의 내용은 정책(입법, 명령 등)을 통해 결정된다. 법률의 형식을 취한 경우에는 다시 행정부의 위임입법(시행령 등)을 통해 배분이 이뤄진다. 이 단계에서 일어나는 지대 배분은 배분 시기, 수혜 요건의 구체화, 배분자의 구성 등의 집행에 관해 배분자인 관료의 재량권이 개입될 여지가 있다. 현직 관료는 재량권 행사와 관련해 기업으로부터 지대추구를 받게 된다. 현직 관료는 지대 배분자로서의 역할을 통해 얻을 수 있는 이득뿐 아니라 자신의 퇴직 후 자리 확보를 위한 지대추구자의 행태도 보여준다. 지대 배분을 요청하는 기업, 공공 기관, 협회 등이 결국 현직 관료들에게는 '미래의 자기 직장'으로 인식될 수 있다.

⑵ 퇴직 관료(로비스트)

퇴직 관료 취업 제한이 있음에도 불구하고 퇴직 관료의 로비스트로서의 역할은 상당한 것으로 알려지고 있다. 전관예우라는 차원에서 퇴직을 한 전직 관료라고 할지라도 안면과 연고, 출신과 지연 등을 동원해 법령을 임의로 주무르며 막강한 힘을 발휘하게 된다. 특히 고위 관료들은 퇴직 후에도 고문 혹은 전문위원이라는 직함으로 서로 간에 끈끈한 결속 관계를 유지하며, 과거 현직에서의 직위와 안면을 이용해 현직의 후배들에게도 검은 유혹의 손을 내미는 영업 사원이나 브로커 역할을 하기에 이른다. 이들은 현직에 있을 때는 퇴직 후의 자리 확보를 위해 지대추구를 했을 것이고, 퇴직하여 재취업한 후에는 공직 생활에서 얻은 경륜과 실무 경험으로 중개자, 로비스트로서 사적 이익을 추구한다. 또 다른 지대추구 활동에 가담하게 되는 것이다.

⑶ 기업(지대추구자)

기업은 지대 획득을 위해서 관료에게 직접 접근하기는 어렵다. 따라서 보다 용이하고 강력한 영향력을 발휘할 수 있는 퇴직 관료를 재취업시켜서 지대추구 활동을 한다. 퇴직 관료를 전문가라는 명분으로 높은 연봉을 주면서 영입하는 것은 로비스트로 활용하려는 목적이 있어서다. 퇴직 관료만큼 해당 부처에 우호적으로 접근할 수 있는 유용한 수단은 없다. 물론 정부가 지대 배분권을 가지고 있고, 이를 통해 차별적 이득을 획득하고자 하는 유인이 존재하는 한 지대추구 활동은 따르게 되고, 이런 지대추구 활동을 보다 효과적으로 하기 위해 퇴직 관료가 로비스트로서의 역할을 할 수밖에 없는 구조다. 이런 지대추구 활동의 유인이 존재하는 상황에서 퇴직자의 재취업 제한 및 부정 청탁 금지라는 법적 제약만으로 지대추구 활동을 금지시키는 것은 한계가 있다.

따라서 공직에서의 오랜 경험과 전문적 지식을 축적한 국가적 인재들의 재취업을 무조건 금지할 것이 아니라 오히려 긍정적으로 그들의 능력과 인맥 등을 적재적소에 활용할 수 있는 방안을 모색해야 한다. 퇴직 공직자의 로비스트로서의 공식적인 역할을 인정하고 전문적 자격 요건을 갖춘 사람이 채용될 수 있도록 하는 개방적이며 적극적 인사를 할 수 있는 방안을 마련해야 한다. 이미 대형 로펌 등은 검찰과 국세청, 국회 등 관련 기관 출신 공무원을 직접 고용해 사실상 로비스트로 활용하고 있다. 음성적으로 로비가 진행되는 가운데 국회에 접근하기 힘든 중소기업이나 이익 단체들은 불이익을 볼 수밖에 없다.

이익집단 간 경쟁적 로비가 사회 전체적인 자원의 효율적 배분을 가져올 수 있다. 미국은 로비스트 등록법Lobbyists Registration Act을, 캐나다의 경우는 로비스트 행동 강령Lobbyists Code of Conduct을 제정함으로써 로비 활동을 양성화했다. 이에 따라 로비스트들은 자신들이 지켜야 하는 행동의 원칙을 명시하고 로비 활동 내용 등을 공개할 의무가 있다. 이를 통해 합법적 범위 내에서 다양한 의견을 정책에 반영함은 물론 퇴직 공직자의 이해 충돌 문제를 해결하고 있다.

일명 김영란법(청탁금지법)과 관피아 방지법(공직자윤리법) 등의 제정으로 이해관계자가 정치권에 의견을 전달하는 길이 좁아진 점도 로비스트 합법화의 근거로 제시된다. 이런 합법적인 절차가 마련되지 않으면, 퇴직 관료들의 재취업을 제한하고 부정 청탁을 금지하는 법을 마련해놓는다 해도, 정부와 공공 기관 혹은 민간 기업 간의 상호 연결 고리는 필요하므로 결국 법망을 피해 음성적이고 비합법적인 방법으로 이루어질 수밖에 없을 것이다.

관료의 지위 보장

관료는 제도를 만들고 실행하는 역할을 하므로, 제도의 성과는 관료의 능력, 열정과 역할에 달려 있다. 아무리 좋은 제도를 만들어도 그것을 운용하는 관료의 능력이 부족하거나 지대추구를 하게 되면, 그 제도가 산출해낼 수 있는 소기의 목적을 달성할 수 없다. 반면 좋은 제도가 아니더라도 관료의 운용 능력이 탁월하면 좋은 성과를 낼 수 있다. 정책 실행에서 실수는 당연한 것이고, 실수를 인지하고 가능한 한 빨리 수정해나가는 것이 바로 적응적 효율을 극대화해나가는 관료의 접근법이다. 따라서 적응적 효율을 탐색해나가는 과정에서 관료의 정책적 실수에 대한 지나친 비판도 신중해야 한다.

관료로서의 현장 경험과 해외 연수를 통해 쌓은 전문지식이 자신이 맡은 분야에서 전문성을 발휘해 국가에 기여할 수 있도록, 전문 관료의 연령층을 올리는 것도 고려해야 한다. 관료의 꽃이라 할 수 있고 전문 역량과 경험이 최대에 이르게 되는 국장의 연령을 50대

중반으로 상향 조정하는 것도 고려해야 한다. 40대 후반에 국장이 되어 50대 초에 퇴임하게 되면, 산하기관 등으로 가야 하고 이런 관행이 지속되면 소신 있게 제대로 된 정책을 기획하고 집행하기 어렵다. 어느 정도 승진하고 나면, 퇴임하고 난 후에 갈 곳을 알아보거나 부처의 퇴임 인사가 가는 자리를 보전하는 데 더 많은 노력을 기울이게 된다.

이렇게 해서는 국가의 미래를 준비하고, 관료들이 제도를 개선하고자 하는 노력을 이끌어내기 어렵다. 글로벌 경제 아래서 국가 간 협상과 소통은 훨씬 더 많아질 것이고, 그 분야에서 외국 관료나 기관들을 지속적으로 만나면서 서로가 협상하고 소통할 시간이 절약될 수 있다. 국내 경제뿐만 아니라 해외 경제의 흐름에도 지식을 가져야 국가에 유리한 결정을 할 수 있다. 40대 정도까지 그런 전문지식이 쌓이면, 승진에 매달려 자신의 전문성을 발휘할 기회를 얻지 못하고 퇴직하게 되는 경우가 많다. 이들의 능력에 투자한 국민들에게는 아무런 투자 성과를 돌려주지 못하므로, 귀한 자원이 낭비되고 국민들은 세금으로 투자한 자금에 대해 아무런 성과도 얻지 못한다.

관료가 50대 중반에 승진하는 국장까지는 경쟁을 통해 능력에 따라 발전해갈 수 있는 구조를 정착시켜야 한다. 정치권력이 바뀌더라도, 장관—차관—차관보의 라인만 바뀌면 되고, 새로운 정부는 정부 조직 내 국장이나 외부 인사에서 장관—차관—차관보를 선정하면 된다. 전문 관료로서 일할 수 있는 국장을 아랫사람들의 승진으로 인해 용퇴, 강제 퇴직 등으로 처리할 필요가 없다. 전근대적 전통을 개선하여, 관료들이 정권 교체, 후배 승진 등과 함께 이루어지는 조기 퇴임을 걱정하지 않고, 국가의 경쟁력을 창출할 수 있는 훌륭한 제도를 만들고 운영하는 데 열정을 가지고 일할 수 있는 시스템을 만들어야 한다.

관료제가 정치적으로 예속되지 않고 관재官財 유착으로부터 벗어나도록 하고 사회 전반에 걸친 부정적 인식을 개선하기 위해서 시민 참여를 확대하고 관료제의 중립성 강화 노력을 계속해야 한다. 한국 관료제와 이익집단의 교류가 과거에 수직적인 형태에서 수평적인 형태로 변화하고 있으며, 이익집단의 정책 영향력은 과거와 비교할 수 없을 정도로 늘었다. 한국 관료제도 이익집단과 어떤 형태로 협력하고 대응할지에 대해서 고민해야 한다. 최근 '협치協治'를 강하게 추진하고 있는 상황에서 어떤 방식으로라도 관료제는 민간의 영향을 받을 수밖에 없기에 투명성을 확보하려는 노력이 중요하다.

결론적으로 소수의 특권적 전관예우와 병폐를 방지하기 위해서 절대다수 공무원의 소중한 경험과 지혜를 사장시키는 제도 설계는 '악화가 양화를 구축하는' 문제를 초래할 수 있다. 국민의 법 감정상 좌절감과 분노를 낳고 있는 전관예우나 민관 유착을 막기 위한 제도적 장치를 보다 정밀하게 설계하되, 권력기관·규제 기관 이외의 직종과 기관에서 근무했던 퇴직자가 희망하는 유형에 따라서 보다 신축적이고 적극적인 방향에서 퇴직 관련 제도를 고안해야 한다. 고령화사회에서 더 나아가 2018년 고령 사회로 접어든 우리나라의 현실에서 퇴직자에 대한 무관심은 귀중한 인적자원을 방치하게 되는 결과를 초래할 것이다. 풍부한 경험과 지혜를 가진 귀중한 인적자원이 방치되지 않기 위해서는 퇴직자와 관련한 보다 체계적인 제도가 마련되어야 한다. 퇴직 공직자의 취업 제한 제도를 지속적으로 개선하되 그럼에도 불구하고 관련 행위자들의 사익 추구 행위를 통제하기 어렵다면, 인식의 전환을 통해 이들 행위자들의 존경 욕구와 자아실현 욕구를 충족시킬 수 있도록 이들의 전문성과 지혜를 활용하기 위한 제도 마련이 필요하다.

＼ 재벌과 사법권력

재벌의 사법 지배

사법권력의 부상과 판검사의 힘

사법의 권력화는 오래된 권력부의 재현이지 새로운 주제로 갑작스럽게 나타난 것은 아니다. 시민사회에 대한 사법 기구 자체의 권력은 민주화 이전이나 이후나 여전히 막강하다. 이런 맥락에서 사법권력은 민주화 이후 창조된 권력이 아니라, 이미 존재했으나 공안 기구에 의해 가려진 권력이다. 권위주의 체제에서 사법권력은 지배적인 독자적 지위를 점유하지 못했을 뿐이다. 그러나 민주화 투쟁은 사법 기구의 권력을 유인해냄으로써 공안 기구와 사법 기구 상호 간의 관계 변화에 중요한 역할을 한다. 사법권력의 강화는 사법 기구가 물적 지배 기구라는 속성을 의미할 뿐만 아니라 민주화 투쟁에 의해

호명된 것으로 민주화 투쟁이 의도하지 않은 현상이다.

사법권력의 부상은 민주화 투쟁의 진전에 따른 '중앙 정치권력의 분산' 혹은 '국가의 억압성 이완'이라는 조건에서 확립된 면이 있다. 일반 국민들은 독재와 시민권에 대한 침해를 오랫동안 경험한 뒤에 '법의 지배'가 통치자를 제어할 수 있는 것으로 받아들인다. 국민들은 군부의 병영으로의 퇴각과 동시에 법의 지배와 법원의 보다 강력한 역할이 새로운 국가 구조의 한 부분이어야 할 것을 요청했다.

민주화 이후 국민들은 민주사회를 법치 사회로 인식하기 시작했다. 정당성을 결여한 폭압적 권력이 헌정 유린을 일삼는 상황에서, 권력의 행사를 법의 지배라는 틀로 제한하는 법치주의나 입헌주의의 확립은 민주주의의 가장 중요한 기초로 간주되었다. 법적 해결은 민주주의 발전과 더불어 정치적 선善이 되었다. 법의 통치가 민주사회의 상징물이 되면서 법치에 대한 거부감은 사라지게 되었다. 이해 당사자 간의 갈등이 해결되는 방식은 민주화 이후 자율적 합의에 의존하는 것이었다.

하지만 사회적·정치적 세력들이 서로가 협조해 스스로 결정할 수 없을 때 '중립적' 권력 기구에 의존하는 경향을 낳고 있다. 민주화 이후 사회 갈등의 표출이 빈번해지면서 사회적·정치적 균열과 경쟁, 긴장 관계가 사법권력에 의존해 치유하고자 하는 경향도 증가했다. 반면 사법권력의 부상은 국가 지배구조가 민주화 요구에 부응하고 대처하려는 지배의 연속선상에서 이루어진 '지배의 탄력성'을 표상한다. 역사적 맥락에서 볼 때, 지배 세력은 민주화 이후 의회를 중심으로 한 다수의 지배에 대처하기 위한 지배 영속화 차원에서 사법권력의 지배를 강조해왔다.

민주주의 진전에 따른 억압 비용 증대가 지배 방식의 변화를 초래한다. 국가에 의한 직접적인 폭력은 일시적인 성공을 가져오지만 지속될 수 없다. 1987년 민주화 이후 유신 체제와 5공화국 같은 억압적 지배 질서가 완화되기 시작하면서, 지배 방식에서 억압성보다는 법적 절차를 앞세우는 방법으로 중심이 이동되었다. 정치적 분파들은 시민사회의 억압으로부터 발생하는 사회적 비용을 축소하고 정치적 갈등을 정치적으로 조정하기 힘들어지자 사법권력에 의존하는 단순한 방법들을 선호하게 되었다. 지배자들에게 법치는 '정치적' 해결보다 '합리적'인 방법일 수 있다. 법치주의가 민주화 이후 새로운 사회질서의 구성 원리가 될 수 있었던 것은 이런 제 세력 간의 요구가 접합되었기 때문이다.

문제는 사회질서 구성 원리로서의 법치주의가 사법 '권력'의 강화로 이어지는 데 있었다. 한국 사회에서도 민주화 이후 정치적·사회적 세력들에 의해 사법이 적극적으로 활용되었다. 그러나 파워 블록의 분파들이 더 적극적으로 사법 적극주의를 활용하면서, 인민의 지배라는 민주주의의 본질에 비춰 민주주의의 실질화보다는 사법적 통제라는 민주주의의 형식화 측면들이 강화되어왔다. 집권한 반독재정치 분파는 권위주의 체제로부터 엄존해온 사법권력에 대한 실질적인 개혁을 완수하지 못한 채 사법권력을 있는 그대로 의존해 활용했다. 무엇보다도 예외적인 경우도 많지만 민주주의의 정상적인 질서 속에서 정치 문제도 모두 사법적으로 해결하려는 '정치의 사법화' 현상이 발생했다. 사회적 이해관계 대립의 표현 형태인 정치적 갈등은 사법적 판결에 내맡겨졌다. 이것이 사법 기구의 권력 강화를 낳는 기초가 된 것이다.

사법 기구의 권력화는 권위주의적 국가 체제에서 국가기구 간의 위계적 관계가 느슨해지고 균열이 나타나면서 시작된다. 민주화는 국가권력 운용의 축을 변화시켰다. 군대와 공안 정보기관의 역할이 축소되면서 검찰의 중요성이 높아졌다. 사법 기구의 권력 강화는 '선출된 권력'의 허점이 노출되면서 더욱 강력해질 수 있다. 반독재정치 분파는 집권 후 자신들이 집합적으로 추구하고자 했던 이상들을 정책화하기도 전에 부패에 연루되었다. 국민에 의해 정당성을 부여받은 제도 정치권에서 부정행위가 발생하면서 사법 기구의 권력화 현상이 더욱 증대되는 매우 역설적인 현상이 나타나기 시작한 것이다.

법학의 시장가치와 재벌의 법률 수요

법조계는 명실공히 우리나라 지배층의 핵을 이루고 있다. 전국에 불과 수천여 명에 불과한 판검사들은 권력과 부를 만질 수 있는 몇 안 되는 지배 동맹의 한 축이다. "헌법과 법률이 정한 법관에 의하여 법률에 의한 재판을 받을 권리를 가진다"는 헌법 제27조 제1항은 우리나라 국민의 생명과 재산을 처분할 권리를 판사들에게 위임한다. 사법부의 역할 증가로 그 영향력이 더욱 막강해지고 있는 것이다. 또 기소독점주의를 채택하고 있는 우리나라에서 검사는 판사와 함께 특권층을 형성한다. 검사는 수사권, 공소 제기권을 갖고 사법경찰을 지휘 감독할 권한을 이용해 마음만 먹으면 거의 못 할 일이 없는 권한을 갖고 있다.

한국 사회에서 법학 지식은 고위직 관료나 정치인으로 성장하는 데 중요한 열쇠다. 법학 교육은 박식함과 권력의 상징이고, 의회에 선출되거나 관료제에서 좋은 지위를 확보하기 위해 일반적으로 요구되는 조건이다. 또 법학 교육은 상류층으로 가는 사다리 구실을 한다. 법조계에 있는 사람들 대부분은 이미 고등학교 시기에 시작되어 '특권 대학'에 입학하면서 상위 계급으로 확실히 편입된다.

민주화 이후 법학 지식은 더욱 상위 계급과 밀착되고 권력적 지위를 획득했다. 민주화는 사법부의 독립을 야기했고, 이는 사법 관료의 권력화의 기초가 되었다. 선거를 포함한 정치적 결과에 따라 운명을 달리하는 정치인들과 달리 사법 관료들은 민주화 이후 신분을 안정적으로 보장받았다. 그들이 행사할 수 있는 권한은 신분의 안정 및 보장뿐만 아니라 변호사협회와 같은 강력한 이익집단의 조직을 토대로 더욱 강력해질 수 있었다. 또한 민주화 이후 법률에 대한 수요가 증대되면서 법조계 인사들의 중요성 및 지위가 더욱 상승될 수 있었다.

사회적·정치적 세력들은 사법 기구의 권력이 확대되면서 이를 활용할 동기를 갖는다. 민주화 이후 법학이 시장가치를 가지면서 법률을 상품으로 기획하는 재벌기업이 생겼다. 재벌기업은 적극적으로 '법률 사업 체계'를 재구축했다. 재벌기업의 법률 사업 구축은 권력분립이라는 민주화 이후의 권력 구도에 접속시켜 자본의 입지를 확보하기 위한 전략적 실천의 표현이었다. 재벌기업의 법률 사업 구축은 1990년대 중반 이후 시작되었다. 이는 민주 정부의 발전 과정에서 상당 기간 이미 준비되어온 전략적 정치의 산물이었다. 자본의 이익을 효율적으로 옹호할 것으로 생각되는 사법권력에 대해 새로운 관심이 일어난 결과였다. 따라서 재벌기업의 조직도 법무팀을 강화하는 방향으로 재편되었다.

재벌기업은 민주화 이후 혁신적인 지배 방법의 가능성을 법무 조직에서 찾았다. 재벌기업은 민주화에 효율적으로 대응하기 위해 전략적으로 조직을 개편했다. 재벌기업이 민주화의 도전에 대해 형식적 합법성을 갖춘 대응을 하기 위해서라도 기업조직의 재편은 불가피했다. 재벌기업은 민주화 이후 점증하는 법적인 업무를 체계적으로 조직해 절차적 민주주의에 빠르게 적응하는 데 성공했다. 민주주의의 도전이 아니었다면 기업조직에서 법무 조직을 핵심에 위치시키는 본질적 전환은 필요하지 않았을 것이다. 재벌기업의 법률 사업 구축은 기업이 직면한 법적 분쟁과 깊은 관련을 맺고 있다. 지배구조와 관련된 수많은 소송이 제기된 시기에 재벌기업은 특별히 판검사 출신들을 적극적으로 채용했다. 각종 소송에 대비하여 일부 판검사들을 영입하기 시작하며 구축된 기업 법률 사업 체계는 구체적으로 체계화되었다.

민주화 이후 나타난 국가권력의 균열 체계는 재벌에게는 호재로 작용했다. 재벌은 국가권력 기구의 균열 틈새에 접속했다. 재벌은 권력 기구에서 외면당해 최고 정점에 이를 수 없었던 검사들을 적극적으로 수용했다. 재벌은 핵심적 검사들을 적극적인 영입 대상으로 분류하고 영입했다. 전직 검사·판사들은 자신들이 소유한 정보와 사회적 지위, 관계적 자본을 기반으로 고용 시장에 진입했다. 그것을 재벌이 흡수함으로써 전직 사법 관료들은 전보다 더 높은 지위에 오르게 된다. 그러나 그들은 재벌 앞에서는 피고용자에 불과했다. 전직 판검사들의 지위 인플레는 곧 재벌의 법률 사업 체계 구축과 동시에 발생했다. 재벌은 사법 기구가 지배적인 가치들을 유지하는 데 깊이 관여하고 있다는 사실을 영리하게 간파하고 법률과 관련된 투자를 증대시킨 것이다. 재벌은 영입된 전직 판검사들에게 높은 지위를 보장해주는 대신 재벌에 대한 충성을 요구했다.

법이 강조되는 민주화 이후 시대에 정부기관을 포함한 모든 이들은 '법 앞에 평등'하며, 따라서 '법 앞에 경쟁'하게 되었다. 이때 재벌은 법 앞의 경쟁에서 다소 유리한 자원들을 활용할 수 있었다. 전직 사법 관료들의 시장가치는 금전으로 환산할 수 없을 만큼 지배를 위해 중요한 것이었다. 재벌은 국가조직에서 가장 엄격하게 조직화된 장치로 알려져 있는 검찰을 비롯해 법원 조직에까지 접근해 해당 국가 관료들을 영입하고 관리함으로써 개체화시켰다. 재벌은 검찰과 법원을 재벌 자신의 이해를 옹호해줄 지배적인 장치로 만든 것이다.

재벌 수사와 재판

재벌 앞에만 서면 약해지는 검찰

우리에게 검찰은 어떤 존재일까? TV 드라마나 영화에서는 진실과 비리를 파헤치는 정의의 사도로 그려지기도 하지만, 현실에서는 정치권과 시민사회로부터 그 공정성을 의심받는 '정치집단', '권력의 하수인'이라는 비난이 끊이지 않는다. 이는 수사와 기소권에 내재하는 적극적 권력, 즉 법원도 검사의 기소가 있어야 재판권을 행사할 수 있다는 데 기인한다. 또 검사는 스스로 범죄를 찾아 절차를 개시할 수 있고, 수사로 증거를 수집해 사건을 형성해나가는 권력이라는 특성에 기인한다.

따라서 기존의 학연·지연·혈연을 넘어 이념적·세대적 갈등으로까지 정치적 이해관계가 확대된 특수한 상황에서 권력을 가진 사람은 수사와 기소를 담당하는 검찰권을 장악해 자기에게 유리한 환경을 만들고 싶은 욕망을 추구한다. 반면 권력을 잃고 그 권력을 다시 찾으려는 사람들에게는 반대 입장에서 검찰권을 자기편으로 만들고 싶거나 적어도 중립성을 요구하기 위해 끊임없이 검찰을 비난할 수밖에 없을 것이다. 왜냐하면 사회적·정치적으로 큰 영향력을 가지고 있는 적극적 권력인 검찰권이 정의의 이념에 따라 공정하게 행사되지 않고, 스스로 사회적·정치적 영향력을 강화한다든지 어느 한편을 들어 편파적으로 행사되면 반대편 입장에서는 재기 불능 상태에 빠질 수밖에 없기 때문이다.

국민이 바라는 검찰 개혁의 방향에 대한 YTN 국민신문고 '바로서는 대한민국, 2017人에게 묻다' 여론조사 결과, 수사의 공정성 확보(34.5%), 검찰 권한 축소(27.0%), 비리 전담 기구 설치(19.3%), 인사권 독립(15.4%)의 순위로 응답이 이루어진 것은 물론, 과거 민주당 법제사법위원회 소속 의원들이 대한변호사협회 소속 변호사 323명을 대상으로 공동 설문 조사를 벌인 결과, 응답자의 78.8%가 검찰이 "중립적이지 못하다"고 답했으며, 검찰의 수사 관행에 대해서도 응답자의 76.1%가 "부적절하다"고 답한 통계도 별반 다르지 않다.

국가 공권력을 대변하는 검찰은 유독 재벌에 대해서는 관대한 모습을 보여왔다. 재벌 수사는 '잘해야 본전'이라는 심리가 일선 검사들 사이에 팽배하다. 그러다 보니 재벌기업 사건은 최대한 처리가 미루어지고 결론 역시 흐지부지 내려지는 경우가 적지 않다. 재벌 사건은 공소시효가 임박해서야 마지못해 하는 척한다.

1998년 삼성 등 5대 재벌의 계열사 부당 지원에 대해 무혐의 처분을 내린 사건이 대표적인 예다. 검찰은 장장 6년을 끈 끝에 피고발인 83명 중 81명에게 무혐의 처분을 내렸다. 참여연대가 IMF 외환위기 직후 5대 재벌의 부실 경영 책임자들에게 법적 책임을 묻기 위해 고발한 사건이었다. 검찰은 고발 당시부터 재벌총수에 대한 수사라는 점을 의식, 소극적인 태도로 일관해 6년을 끌더니, 공소시효 완성을 얼마 남기지 않고 재벌총수와 임원들에게 무혐의 처분을 내렸다. 불법 대선 자금 사건으로 수많은 기업인들이 법정에 섰지만 실형 선고를 받은 사람은 거의 없다. 수백억 원을 제공한 4대 그룹 재벌총수들은 아예 기소조차 되지 않았다.

1996년 법학 교수 43명이 낸 에버랜드 전환사채 저가 발행 고발 사건의 경우도 고발 후 7년 만에야 결론이 났다. 한국 검찰사에 획을 그은 것으로 평가받는 2002년 대선 자금 수사에서도 재벌총수에 대한 단죄는 이루어지지 않았다. '차떼기'로 수백억 원의 정치자금을 정치인에게 주었지만 모든 책임은 실무자들이 뒤집어썼다. 현대그룹의 1997년 12월 한라그룹 3,500억 원 기업 어음 인수 사건(계열사 부당 지원)은 고인이 된 정주영 현대 명예 회장의 독단적인 경영 탓으로 결론이 나서 아무도 처벌받지 않았다.

국민이 검찰에게 가장 원하는 것은 현재의 권력형 범죄를 엄정하게 처단하는 검찰의 역할이다. 즉 권력과 돈이 집중되어 있는 재벌기업의 범죄행위에 대한 단호한 법집행을 원하는 것이다. 그러나 그동안 검찰은 재벌기업의 비리에 대하여는 제대로 접근조차 못 하거나 접근하더라도 여론의 공세에 못 이겨 마지못해 접근했으며, 발표한 수사 결과도 축소 수사라는 비난을 받아왔다. 이처럼 지나치게 권력에 굴종하는 행태를 보여줌으로써 국민들은 검찰이 '권력의 시녀'로 전락했다고 생각하는 것이다.

국민의 공감을 받지 못하는 재벌총수 판결

권위주의 정권 시절 사법부는 대통령과 정치권력에 종속되어 있었다. 이승만 정권 시기 진보당 조봉암 위원장 사형(1958), 박정희 정권 시기 인혁당 재건위 사건(1975), 전두환 정권 시기 김대중 내란 음모

사형선고(1981) 등을 통해 보듯이 군부독재 정권은 자신의 '정적'을 제거하기 위해 사법부를 통제할 수 있었다. 사법부 구성원들은 과두적인 국가구조의 한 부분이었다. 사법부는 군부 및 정치권력과 연합하고 있거나 하위 파트너였다. 그러나 언젠가부터 재벌과 연합하거나 그 하위 파트너로 전락했다는 비난을 받는다. 일반 시민이 저지른 만 원짜리 절도 사건을 엄벌하는 법원은 재벌이 저지른 수백 수천억 원대 사건에는 관대하다. 사법 불신이라는 용어가 일반화된 원인 가운데 가장 중요한 원인은 '유전무죄, 무전유죄'로 대표되는 양형의 불공정에서 찾을 수 있다. 재벌총수 등의 범죄에 대하여 입법자는 특별법 등을 통해 엄중하고 가중된 처벌을 요구함에도 법원이 작량감경酌量減輕 등을 통해 솜방망이 처벌을 함으로써, 입법 취지와 여론의 요구를 제대로 실현시키지 못하면서 법원 스스로 불신의 원인을 제공한 것이다.

과거 재벌총수 일가가 관련된 형사사건의 경우 천문학적 액수에 달하는 범죄 규모에도 불구하고 '징역 3년 집행유예 5년'이라는 사법부의 불합리한 판결 관행이 엄연히 존재했다. 예컨대, 새한그룹 이재관(2003), 한라그룹 정몽원(2005), 두산그룹 박용성(2006) 및 박용오(2007), 고합그룹 장치혁(2007), 동아그룹 최원석(2008), SK그룹 최태원(2008), 현대자동차그룹 정몽구(2008), 삼성그룹 이건희(2009), 오리온그룹 담철곤(2013), 한화그룹 김승연(2013) 등 총수 판결이 이런 사례에 해당된다. 재벌총수 일가의 형사사건에서 특히 문제가 되는 것은, 이들이 상당한 정도의 중범죄 혐의에도 불구하고 대부분 실형

이 아닌 집행유예를 선고받는다는 점이다.

한국의 법원은 국민으로부터 그다지 신뢰받지 못한다. 2015년 한국형사정책연구원의 형사 사법기관에 대한 신뢰 조사 결과 국민은 경찰(24.9%)보다 법원(24.2%)을 신뢰하지 않는 것으로 나타났다. 2012년 참여연대 사법감시센터에서 실시한 설문 조사에서도 대법원의 신뢰도를 묻는 질문에 "신뢰한다"는 응답(43.5%)보다 "신뢰하지 않는다"는 응답(55.5%)이 더 높게 나타난 바 있다. 2015년 대법원 산하 사법정책연구원이 국민 1,100명을 대상으로 "법원을 어느 정도 신뢰하는지"에 관해 조사한 결과에 의하더라도 국민의 법원에 대한 신뢰도는 5점 만점에 3.04점을 기록해 '보통' 수준으로 나타났다. 모두 우려할 만한 결과다. 사법 작용을 구체적으로 행하는 법원에 대한 신뢰도가 이렇게 낮은 것은 큰 문제가 아닐 수 없다. 많은 국민들이 재판의 공정성을 신뢰하지 않는 것이다.

대한민국 헌법 제11조 제1항은 "모든 국민은 법 앞에 평등하다. 누구든지 성별·종교 또는 사회적 신분에 의하여 정치적·경제적·사회적·문화적 생활의 모든 영역에 있어서 차별을 받지 아니한다"라고 규정한다. 여기서 말하는 평등은 입법과 법의 적용에 있어서 합리적인 근거가 없는 차별을 해서는 안 된다는 것을 말한다. 그러나 현실 속의 대다수 국민들은 '법 앞의 평등'이 실현되지 않고 있다고 생각한다. 즉 국민들은 재판 절차가 사회적으로 힘 있는 사람들과 재판 절차를 악용하는 사람들에게 유리하게 되어 있어 공정하지 않다고 생각하고 있다. 과거 법원이 행한 사법 '부정의不正義'는 재판 당사자로 하여금 사법부에 대한 '정당한' 권위마저도 부정하는 풍토를 낳게 함으로써 오늘날까지 그 그늘을 짙게 드리우고 있다. 나아가 법이 국민을 위한 보호 장치라기보다는 권력자를 위한 지배 수단이고, 법의 정신은 정의이기보다는 강자의 이익이자 승자의 행위를 정당화하는 도구라는 인식을 갖게 한 원인이 됐다.

뇌물 공여 등으로 구속되었던 이재용 부회장은 1심에서 유죄를 받았지만 2심에서 집행유예로 풀려났다. 이런 판결이 정당한 것인가는 별론으로 하더라도 삼성 재벌 이재용 부회장 일가에 대한 사법부의 태도는 국민의 법 감정 및 법 상식과는 상당히 괴리되어 있다는 비판을 받는다. 법리 해석의 문제이든 입법 개선의 문제이든 분명한 것은 사법부의 판단과 국민들이 느끼는 법 감정과는 분명한 괴리가 존재한다는 점이다. 특히 에버랜드 전환사채 사건과 삼성물산 합병 무효 사건 그리고 이재용 부회장 뇌물죄 사건이 그렇다.

다시 한 번 강조하건대 삼성 재벌의 승계 문제는 역사적이면서 통시적인 맥락에서 고찰하지 않으면 그 진실을 파악할 수 없고 법의 정당한 작용을 기대할 수 없다. 게다가 지극히 형식주의적인 법논리에 매몰되어 있어서 대한민국의 사법 정의는 아직 바로 서지 못하고 있다. 삼성 관련 사건은 사법부의 삼성 편들기라는 법의 형평성 문제 그리고 법률적 대안 마련이라는 과제를 남겼다. 법률의 해석과 유추라는 방법이 불가능한 경우, 효과적인 방식은 흠결된 법망을 손질하거나 새로 마련하는 것인데 삼성에 대한 입법부나 사법부의 태도로 보아 쉽지는 않아 보인다.

사법권력의 정당성과 신뢰

검사는 진실과 정의에 복무해야 한다

검사는 검찰권을 행사하는 국가기관이다. 검사는 범죄 수사로부터 재판 집행에 이르기까지 형사 절차의 모든 단계에 관여해 형사 사법의 정의를 실현하는 데 기여한다. 검사가 행하는 검찰권이 사법권과 밀접한 관련이 있기 때문에 검찰권에 대한 영향은 직접 사법권에 미치게 되며 사법권 독립의 정신은 검사에게도 요구된다. 엄격한 의미에서 검사는 사법기관은 아니지만 오로지 진실과 정의에 따라야 할 의무를 지닌 준사법기관이다.

해방 이후 자유당 정권 시절만 해도 검사는 확고한 수사 지휘권을 갖고, 그 격변기에 국가의 법질서를 공고히 하는 데 이바지했다. 당시 수사 일선에서 활약한 많은 검사들의 이름을 우리는 지금도 기억하고 있다. 호연지기가 있어 이승만 대통령의 지시가 부당하다는 이유로 거부하고 임영신 상공부 장관 등을 구속한 최대교 검사장, 박정희 군사정권 시절 김종필 씨를 증권 파동의 주모자로 구속하려던 강태훈 검사나 인혁당 사건의 수사 조작을 거부한 이용훈 검사, 시국 사범으로 구속된 학생의 기소를 거부하고 사표를 던진 구상진 검사 등을 검찰은 자랑으로 여기고 있다. 그 외에도 널리 이름이 알려지지는 않았지만 권력에 항거하여 소신을 굽히지 않은 검사들, 국민의 인권 보호를 위해 뜨거운 눈물을 흘린 많은 검사들이 있어서 검찰권이 지탱되어왔다.

그런데 언제부터인가 상당수의 검사들이 거대한 권력의 힘을 이기지 못해 그에 순응하거나 아니면 적극적으로 협조하는 방향으로 체질이 바뀌어갔다. 또한 그런 권력 지향적인 사람들이 출세 가도를 달리고, 검찰의 수뇌부를 차지하는 경우도 있었다. 권력에 협조하고 권력이 주는 대가를 나누어 갖는 파행적 형태의 검찰상이 전개되었다. 따라서 중립성을 상실함으로써 검찰은 국민으로부터 불신을 받게 되었다.

군사독재 시절에는 정치권력으로부터의 검찰권 독립이 가장 문제가 됐다. 그러나 민주 정부가 들어선 이후에는 경제 권력인 재벌로부터의 독립이 문제였다. 검찰이 해야 할 본래적 기능은 재벌 등 소위 '힘센' 자의 부정부패 척결과 경찰에 대한 법치국가적 통제를 통해 국민의 자유와 인권을 보장하는 것이다.

검사는 검사라는 직업이 갖는 의미와 중요성에 대한 깊은 성찰과 확신이 있어야 한다. 그리고 검사로서 바람직한 자질을 갖추는 노력도 게을리하지 말아야 한다. 검사는 단순히 존재하는 법의 전문적 해석자에 머무르지 말고, 마땅히 있어야 할 법을 추구하는 '전문적 변증가'로서 정체성을 확립할 필요가 있다. 한국의 검찰은 각고의 노력을 통해 민주주의와 인권을 지키는 보루로서 국민으로부터 신뢰받고 존중받는 검찰이 되어야 한다.

대한민국 검사들 모두 '검사의 기본자세'를 다음과 같이 배우고 있다.

첫째, 공익의 대표자로서 국민 전체에 대한 봉사자임을 명심하여 불편부당한 자세로 직무를 공정, 성실하게 수행해야 한다.

둘째, 강한 정의감으로 부정을 용납하지 아니하고 이를 끝까지 추적하여 척결하는 끈기를 갖추어야 한다.

셋째, 국민이 납득할 수 있게 양식 있고 민주적인 방법으로 검찰권을 행사해야 한다.

넷째, 검사는 항상 형사정책적 고려를 염두에 둠은 물론 교정보호 관계 기관과도 유기적인 협조 체계를 갖추어야 한다.

이를 요약하여 정리하면 '검사의 기본 의무'는 직무상 성실 의무, 정의 실현 의무, 검찰권의 민주적 행사 의무 또 형사정책적 고려 의무라 할 수 있다. 여기서 검사로서 초심으로 돌아가 이런 네 가지 의무를 성실하게 준수했는가 또한 앞으로도 계속 그리할 것인가 자문 자답해보아야 할 것이다.

만일 그렇게 하지 못했다면 그 원인이 어디에 있는지 찾아서 해결해야 한다. 검찰의 역사를 보면 일부 정치 검사가 다수의 법치 검사를 치욕스럽게 만든 사건이 얼마나 많았는가. 지금 정치 검사가 있다면 미련 없이 검찰을 떠나야 한다. 지금도 많은 젊은 검사들은 하루에 서너 시간밖에 못 자고 과중한 직무를 수행하고 있는 것이 현실이다. 이제 이들과 후세대 검사들의 장래를 위해 선배 검사들은 국민과 함께 검찰 개혁에 적극 나서야 한다. 검찰권도 국민으로부터 나오기 때문이다. 우리 자식 세대에게 더 이상 구태의연한 퇴물 같은 구체제를 유산으로 물려줄 수는 없다.

법의 지배 상태로 진입하라

그동안의 민주화 과정에서 사법부가 별다른 역할이나 기여를 하지 못하고 '무임승차'했다는 국민들의 의식이 더해지고 있다. 또 한국의 법률가들은 극소수의 인권 변호사를 제외하고는 사회의 변화와 개혁에 제대로 기여한 적이 없다. 4.19 혁명의 학생들, 5.18 민주화 운동의 시민군, 6.10 민주 항쟁의 학생들과 시민들이 목숨 걸고 쟁취한 열매를 먼저 따 먹었다는 날선 비판에 이렇다 할 반론을 제기하기도 어렵다. 법관도 예외는 아니어서 같은 비판에 역시 별다른 반론을 제기하기 어려운 상황이다. 서양에서 법관들이 누리고 있는 사회적 존경과 특권이 법조 직업의 발전 과정에서 보인 그들만의 독특한 능력에 바탕을 두고 사회에 기여한 봉사와 책임에 따른 대가로 주어졌으며, 그것이 역사적 산물로 받아들여지는 것과 대비된다.

현대사회에서 사법권은 권리 보호와 갈등 해결의 역할을 수행하므로 사법부의 독립은 민주주의의 필수 요소로 간주되어 헌법적 가치로 보장된다. 사법부는 헌법과 법률을 해석하고 적용함으로써 국가의 행정작용이 헌법과 법률의 틀 안에서 이루어지도록 감시하거나 개인의 자유와 권리를 보호함으로써 민주주의 수호자이자 권리 보호자로서의 역할을 수행한다. 그리고 민주주의에서 발생할 수밖에 없는 행위자들 간의 다양한 갈등과 분쟁을 해결하는 갈등 해결자로서 역할하기도 한다.

뿐만 아니라 최근 들어 국가 주요 정책의 최종 결정이 사법부에서 이루어지는 현상이 자주 나타나면서 사법부는 정책 결정자로서의 역할까지 수행하게 되었다. 이런 사법부가 다른 권력의 부당한 영향으로부터 독립해 고유의 권한을 행사하는 것은 민주주의의 안정적 운영에 필수적이다. 사법부가 독립하지 못해 외부적 영향에 취약하다면 국민의 자유와 권리 보장이 어렵고, 갈등을 공정하게 해결할 수 없으며, 국가의 중요한 정책을 객관적인 입장에서 판단하지 못함으로써 사회적 분열과 민주주의의 위기를 가져올 수 있다.

그러나 안타깝게도 사법 개혁은 여전히 미완의 과제다. 물론 한 나라의 사법제도를 개혁하는 것이 쉽지는 않은 일이다. 아직도 사법 개혁이 중요한 과제로서 진행형인 것은 사법에 대한 불신이 여전하다는 반증이며, 지금의 사법으로는 국민의 신뢰를 얻기 힘들다는 뜻이다. 사법에 대한 불신은 높아도 사법이 진실을 밝히고 정의를 실현할 것이라는 믿음이 있기에 갈등과 분쟁이 발생하면 모두 법원으로 달려간다. 분쟁과 갈등의 양적 증가와 질적 다양화는 사법부의 역할과 임무를 증대시키고 있다. 사법의 불신 속에도 사법 과잉과 소송 과잉의 현실은 아이러니하다. 재판은 개인의 권리 구제에 머무르는 것이 아니라 재판의 결과가 우리 공동체와 국가 전체에 영향을 미치기도 한다. 그래서 사법의 권위가 바로 서고 국민의 신뢰를 받아야 한다. 재판이 법과 법관의 양심에 따라 공정하게 진행되고 판결이 내려진다는 믿음이 있어야 한다.

전통적으로 교황이나 군주가 법을 지키지 않는 경우에, 누가 과연 교황이나 군주가 법을 지키지 않는다고 폐위시킬 수 있었는가? 법의 지배가 갖는 우위성을 침해하는 절대적 권력자를 누가 폐위시킬 수 있었는가? 사법부가 법을 통해 지배하기는 하나 법의 지배로부터 후퇴하고 있는 현상은, 정치권력뿐만 아니라 재벌과 같은 경제 권력 집단에게 "법치 상태로 진입하라!"는 명령을 내리지 못할 때, 그리고 그 실효성을 확보하지 못할 때, 아니 실효성을 포기할 때 나타난다. 재벌기업과 같은 잘 조직된 소수의 사회적 연결망들이 정치적 통로를 독점해서 법을 점차로 자신들에게 유용한 수단으로 만들어버릴 때, 법의 지배는 후퇴한다. 또한 잘 조직되지 못하고 정치적 발언권도 없는 계층에 속한 시민(소비자, 노동자들)에게 법이 유용하지 못한 수단이 될 때, 법의 지배는 후퇴하게 된다.

이렇게 제도화된 권력으로서의 사법부가 제도화되지 않은 권력으로서의 재벌기업과 같은 일정한 집단에 대한 사회적 통제권을 갖지 못하고 그들을 길들이지 못할 때 법의 지배는 후퇴한다. 현행 한국 사회의 법의 지배 수준이 그 원형에 근접하지 못하고 점차 멀어져 가는 현상에 대해 어떻게 진단할 것인가? 예를 들어 '삼성 사건'과 관련된 지난 몇 년에 걸친 판례들을 보면, '한국의 사법부는 형식적이고 개념법학적인 접근법으로 일관하면서 법철학의 빈곤을 드러냈다.' 삼성 등 재벌과 관련된 무수한 사례들은 한국의 상법전을 새롭게 구성한다는 진단이 나올 정도다. 법적 불법과 악법이 종래 법철학의 주요한 주제였다면, 이제 재벌과 같은 무소불위의 경제 권력과 사법부의 관계는 실제로 우리 사회 정치체제의 성격을 결정할 만큼 중요한 사안으로 부각되었다.

법의 지배 관점에서 사법부가 민주적 정당성을 가진 정치권력 기관이라면, 재벌권력에 대응해 "법의 지배 상태로 진입하라"는 명령을 실질적으로 내리지 못할 때 사법부 역시 법 준수의 의무를 이행하지 않는 것이 되고, 나아가 국민의 자유와 권리는 자연 상태에서처럼 보호되지 못한다. 재벌기업들이 자연권과 국민주권 사이의 헌법 계약을 위반해 실질적으로 법의 지배 상태로 진입하지 않고 있는 현상은 민주주의까지 훼손시켜 탈민주화를 촉진시킨다. 법이 지배로 진입하는 데 대한 재벌권력의 거부는 결국 한국 사회의 법의 지배를 와해할 수 있고, 일부 국민들의 자유와 권리를 방치하는 상태를 낳는 결과를 가져온다. 결과적으로 법은 재벌권력과 대면해 그 우위성을 주장하지 못하면 '사망 선고'를 당하게 되는 것이다.

＼ 재벌과 언론권력

재벌의 언론 지배

언론의 권력화

군사독재 정권에서 학교와 언론은 철저히 통제된 국가의 '이데올로기 기구'였다. 여론을 주도하던 층인 대학의 학생운동 진영은 1990년대 이후 학내 문제를 둘러싼 갈등으로 '탈정치화'되면서 위력적이었던 사회적 비판과 저항은 약화되고, 학생운동 세력이 주도하던 거리의 여론은 점차 침식되어갔다. 학내에서 학생들은 강의실과 도서관으로 돌아갔다. 대외적으로 거리의 여론은 점차 제도권의 여론으로 이동되고, 언론기관은 학생운동의 여론 주도권을 밀어내고 정책 아젠다와 의제를 설정하는 주요한 주체가 되었다. 따라서 거리의 여론이 여론으로써 직접 표출되기보다는 언론기관의 프리즘으로 간접적으로만 제기되는 등 언론은 여론을 형성하는 거름망의 역할을 하게 되었다.

한편 민주화 운동은 언론의 자유를 진척시켜왔다. 사람들이 정부 정책에 대해 반대하거나 반대되는 정책을 표방하기 위한 단체를 조직해도, 그것으로 인해 불이익을 받을 수 없게 하는 제도적 장치들이 마련되었다. 민주화 이후 정기간행물의 발간은 양적으로 매우 팽창했다. 1980년대 중반 이전에 비해 1987년 6월 항쟁 이후 1990년대 중반에 이르기까지 정기간행물의 등록이 급증했다. 그러나 민주화에 따른 언론의 자유화는 복합적인 모순을 안고 있었다. 억압적 국가기구로부터 해방되려는 것은 일반 국민만이 아니라 자본도 그러하다는 점이 여기서 다시 강조될 수 있다.

삼성의 언론기관인 중앙일보의 존재는 중요하게 봐야 할 지점이다. 독재 정권과 삼성의 이해관계가 일치하지 않는 경우가 발생하면서 삼성은 자신의 이익을 체계적으로 보호하기 위해 〈중앙일보〉를 창간했다. 〈중앙일보〉 창간 당시 삼성그룹 이병철 회장의 회고를 보면 신문사 창립 의도와 이후 언론사의 방향을 파악할 수 있다.

나는 생애에서 단 한 번 정치가가 되려 생각한 적이 있다. 4·19와 5·16 혁명을 거치면서 우리나라 경제가 혼미를 거듭하고 있을 무렵이었다. 경제인의 힘의 미약함과 한계를 통감한 것도 정치가가 되려고 한 동기의 배경이었다. 그러나 1년여를 두고 숙려한 끝에 정치가에의 길은 단념했다. 정치의 목적은 국민을 잘살게 하는 데 있다. 그런 올바른 정치를 권장하

고 나쁜 정치를 못하도록 하며, 정치보다 더 강력한 힘으로 사회 조화와
안정에 기여할 수 있는 방법은 없을까를 생각한 끝에 결국 종합 매스컴
창설을 결심했다. ─《호암자전》

한국에서는 기업인이 국가 정치에 직접 진입한 경우가 드문데, 이
는 일차적으로 정치권력 체계가 경제 권력과 분리되어 폐쇄적으로
구축되어 있기 때문이다. 나아가 재벌이 직접 정치인으로 나서지 않
고 자기 속내를 감춘 채 영향력을 행사할 때 더 효과적이기 때문이
다. 실질적으로 자본은 정치권력의 부침에 따라 새 정권의 보복 정책
으로부터 '정치적 희생양'이었다는 '학습'에 의해 언론을 보유하게 되
었다. '정치보다 더 강력한 힘'을 지니려는 재벌총수의 의지를 토대로
언론 부문에 대한 재벌의 세력화가 진행되었다. 따라서 민주화에 의
해 언론의 자유가 확보됨과 동시에 자본의 이익을 극대화할 수 있는
조건이 마련되었던 것이다.

한편 정치의 민주화는 언론기관에 또 다른 영향을 주었다. 1987년
이후 정치적 족쇄가 풀리면서 신문 산업은 신규 진입자와 기존 사업
자들 사이의 경쟁이 심화되었다. 특히 재벌의 참여가 두드러지며, 비
재벌 언론들도 매출액이 급증하고 이윤이 확보되면서 '언론 재벌화'
및 '언론 기업화'가 진행되는 모습을 보였다. 언론이 이미 기업 체질
을 체득한 지 오래지만 이런 일련의 경과 과정을 통해 1990년대 이
후 메이저 언론사들이 여론을 독점하면서 동시에 친자본 여론을 형
성하는 발판이 되었다. 따라서 기업 입장에서는 언론기관이라는 진

지를 제도적으로 확보하게 되었다.

　이런 언론의 친기업적 토대는 1990년대 들어오면서 자본의 이데올로기를 유포하는 중요한 통로로 활용되는 계기가 되었다. 특히 냉전의 붕괴, 자율화, 개방화 확산 등의 사회경제적 변화는 정부에는 경쟁력 강화라는 차원에서, 언론 기업에는 기업 행위의 자율 보장이라는 차원에서 시장자유주의를 개진하는 명분을 주었다. 독재 정권에서 살아남은 자본 언론은 민주화 이후 언론의 자유와 시장의 자유를 확보하면서 거대 자본을 기반으로 여론을 독점했다. 여전히 신문 구독 시장은 이미 독재 정권에 밀착한 메이저 신문사들에 의해 주도되었다.

　그러나 언론기관들이 독립적인 재정 능력을 확보하지 못하면 언론의 자유는 모호한 것이며 항구적일 수 없다. '언론의 자유'와 '언론기관의 자유'는 동일시될 수 없으며 엄격하게 구분돼야 한다. 권위주의적 정부로부터 언론기관이 독립되었다고 해서 그것이 곧 시민의 공적 요구에 따라 작동될 수 있으리라는 민주주의에 대한 기대는 하나의 가능성에 지나지 않는다. 민주주의란 각종 사회 세력이 경쟁하는 체제에 불과하기 때문이다. 1997년 IMF 외환위기 이래 급격히 추락하게 된 언론기관의 재정적 취약성은 대자본인 재벌이 언론의 시장화를 추진할 수 있는 유리한 조건을 형성하게 되었다. 언론기관이 수익을 확보하기 위해 자본권력인 재벌에 의존하게 된 것이다.

언론과 친기업 담론

1997년 외환위기는 1987년 민주화 이후 재벌에게 가장 큰 정치적·사회적 위기 국면이었다. 하지만 이는 곧 재벌기업의 지배 질서가 민주주의 체제에서 확립되는 전환 국면이기도 했다. 1997년 외환위기는 그 발생 원인을 두고 정치적·사회적 논란을 야기했는데, 근본 원인 제공자로 지목된 재벌은 개혁 대상이 되었다. 김대중 정부에 들어서면서부터는 정부 내에서조차 그동안 사회적으로 불온시되던 '재벌해체론'이 빈번히 언급되었다. 외환위기로 인해 이데올로기 지형이 재벌에게 매우 불리한 상황으로 전개된 것이다. 재벌은 자신에게 공세적인 이데올로기 지형을 바꾸고자 했지만 즉각적으로 대응하는 것은 쉽지 않았다. '피의자' 신분인 재벌이 자신을 옹호하는 담론을 유포하면 역효과를 낼 수 있는 상황이었다. 당시 자본이 취할 수 있는 최선의 방법은 무너지지 않고 버티는 것밖에 없었다.

재벌의 소극적인 대처는 2000년 8월 한국 정부가 IMF와 마지막 정책협의회를 끝내고 나면서 적극적인 대처로 전환되었다. 그러나 이 경우에도 재벌 체제를 옹호하는 세력의 헤게모니적 실천 전략은 재벌 체제의 개혁이나 해체에 대한 직접적인 대응일 수 없었다.

재벌이 대중적으로 유포시킨 담론 중 가장 지속적이고 효과가 높았던 담론은 '기업 하기 좋은 나라'였다. '기업 하기 좋은 나라'는 재벌이라는 한국적 특수어를 기업이라는 일반적 언어로 대체시키는 효과가 있었다. 재벌 입장에서 보면, 재벌 개혁 및 해체라는 지배적인 사회 여론에 대해 반대하는 전략을 사용할 경우, 재벌의 문제점이 노출돼 오히려 자신의 입지를 약화시킬 수 있었다. 오히려 그들이 취한 전략은 수동적 대응이나 직접적 맞대응이 아니라 긍정의 이미지 공세로 역탈출하는 것이었다. 재벌의 헤게모니적 실천 전략은 네거티브 전략이 아닌 포지티브 전략이었다. 자본의 담론 전략은 현실의 헤게모니 위기를 반전시키기 위한 동력을 구축하는 정치 행위였다. 자본 세력과 보수적 분파들은 '기업 하기 좋은 나라'라는 구호를 사회적으로 확장시키기 위해 미디어 전략을 동원했다. 미디어를 통한 '기업 하기 좋은 나라'라는 담론의 유포는 IMF 외환위기가 초래한 재벌의 헤게모니 위기와 관련이 깊다. 이는 IMF 외환 위기부터 변화되어 온 신문 기사상의 담론 변화를 통해 확인해볼 수 있을 것이다.

재벌해체론이 가장 집중적으로 언급된 시기는 1997년 IMF 외환위기 때부터 김대중 정부 초기까지였다. 그러나 재벌해체론과 '기업 하기 좋은 나라'는 경쟁적으로 변해가다가 재벌개혁 정책이 후퇴하던 김대중 정부 말기부터 시작해서 노무현 정부 전 기간을 통해 재벌해체론만 수그러들었다. 특히 노무현 정부에서는 집권 초기부터 재벌해체에 대한 언급이 사라졌다. 반면에 '기업 하기 좋은 나라'라는 담론이 부각되며 자본에 불리한 이데올로기적 지형은 역전되었다. 특이한 점은 대선 시기마다 불거진 재벌개혁 논의도 자취를 감추었다는 점이다. 재벌개혁은 선거 국면에서조차 핵심적인 논쟁으로부터 제외되었다. 반면 '기업 하기 좋은 나라'는 2007년 대선에서 핵심적인 공약으로 전면화되었다. '기업 하기 좋은 나라'는 민주화 이후 국가의 운영 규칙이 되었다. 그 결과 재벌기업은 새로운 정권에서 중요한 행위자가 되었다. 언론에 의해 촉진된 이데올로기 유포는 국가의 수장이 수용함으로써 강력해졌다. 노무현 정부는 출범과 더불어 '기업 하기 좋은 나라'를 국가의 지향점으로 삼았다. 그리고 '기업 하기 좋은'이라는 수식어는 2002년 지방자치단체 선거에서 정당 간 구분 없이 사용되는 공통적인 선거공약으로 활성화되면서 지방정부 차원까지 '기업 하기 좋은 나라'가 전국가적 지향을 갖게 되었다.

언론은 '기업 하기 좋은 나라'의 유포에 이어 '반자본anti-capitalistic'의 주장을 의도적으로 배제시키면서 자본 측의 이데올로기적 실천을 지원했다. 재벌에 대한 비판적 여론을 의도적으로 배제한 것이다. 삼성을 비롯한 재벌에 대해 가장 지속적으로 비판해온 참여연대에 관련된 기사는 몇몇 신문에서는 덜 기사화되었다. 그러나 언론이 '기업 하기 좋은 나라'를 유포하는 것만으로는 자본의 이데올로기가 헤게모니적 지위를 갖는 데에는 한계가 있었다. 사실 '기업 하기 좋은 나라'는 기업 편향성을 드러내는 담론이었다. 이런 편향적 담론이 전략적으로 헤게모니적 성격을 유지하는 경우는 보편적 담론으로 확장된 경우에 한해서다. 따라서 '기업 하기 좋은 나라'라는 기업 편향적 담론은 보편적 담론으로 가공되어야만 했다. 이에 언론 매체들은 담론의 가공 기술을 제공했다. 언론에 종사하는 지식인들은 '기업 하기 좋은 나라'라는 이데올로기를 정교화하고 대중을 교육하며 사회 세력을 조직하고 통합했다. 언론인은 재벌의 이익을 국가의 이익으로 전화시키기 위한 전략적 전환에 적극적으로 개입해 지배 집단의 헤게모니를 보장하게 되었다.

재벌과 언론의 동맹

뉴스와 광고의 은밀한 동거

2013년 1월 발생한 삼성전자 화성 반도체 공장의 불산 가스 누출 사고는 언론사에는 중요한 뉴스였다. 2012년 9월 발생한 경북 구미시 불산 사고에 이은 대형 사고인 데다 한국을 대표하는 삼성전자 공장에서 발생했다는 사실만으로 언론의 주목을 받기에 충분했다. 하지만, 이 사고에 대한 언론 보도는 구미 사고 때와는 다른 모습을 보였다. 일부 언론을 중심으로 보도가 이루어졌으나 그 분량은 많지 않았으며, 보도 기간도 매우 짧았다.

2005년 11월 국회 국정감사를 앞둔 이건희 삼성전자 회장의 갑작스런 출국은 신문, 방송 등 미디어로부터 주목받을 만한 가치를 지닌 뉴스였다. 그럼에도 국정감사 증인으로 채택된 이건희 회장의 출국 배경에 대해 구체적으로 전한 뉴스는 찾아보기 어려웠다. 사회를 떠들썩하게 한 삼성그룹 X-파일 사건도 마찬가지였다. 삼성그룹 총수가 관련된 X-파일 사건은 그 자체만으로 폭발력을 지닌 대형 이슈였지만 대부분 국내 언론 보도는 국민들의 의혹을 풀어주는 데 미흡했으며, 사고 경위에 대한 추가 취재도 이뤄지지 않았다.

위의 세 가지 사안은 재벌기업에 대한 국내 언론의 보도 규범이 어떠한가에 대한 시사점을 보여준다. 뉴스 수용자들은 일반적으로 뉴스 조직이 공익적이고, 객관적이며, 공정할 것으로 기대한다. 하지만 광고주에 대한 보도 내용은 기자 개인의 가치와 규범, 뉴스 제작의 일반 관행, 조직 관행, 사회 제 세력과의 관계, 그리고 이데올로기 문제 등 복합적인 요인에 의해 결정된다. 특히 광고와 판매 등 경제적 요인은 뉴스의 상업화가 심화되면서 다른 어떤 요소보다 뉴스 내용에 결정적인 영향을 미친다.

미디어 조직은 수익을 창출하는 업무를 가장 중요한 목표로 삼는 경제적 조직이다. 미디어의 내용은 그들에게 재정을 지원하는 사람들의 이해와 직접적인 관계를 맺는다. 언론은 광고주 제품의 품질에 대한 정보를 관망하다가 광고비를 협상할 때 해당 정보를 이용한다. 이런 관행에서 보듯이 언론과 기업은 시장 거래적이고, 뉴스와 광고는 은밀하게 거래된다. 대부분의 언론이 광고주 뉴스를 편향적으로 보도하며, 자본의 논리에 따라 뉴스를 생산하며, 광고주 기사를 많이 실으며, 우호적인 관점에서 뉴스를 보도한다.

미국의 경우 1990년대 이후 경영자의 단기 업적을 중시하는 월가의 풍토가 언론계로 파고들면서 공공성을 희생하더라도 수익을 내야 한다는 풍조가 만연하기 시작했다. 1990년대 이전까지만 해도 미디어의 주된 기능은 저널리즘을 통해 공익적 가치를 수행하는 것이었으며, 이윤추구는 부수적인 산물에 지나지 않았다. 하지만 미디어의 시장경쟁이 치열해지면서 신문, 방송 등 공공적 성격의 매체에도 비즈니스논리가 지배하기 시작했다. 이른바 '시장 지향적 저널리즘'의 등장이다. 단기 이윤을 추구하는 자본시장논리가 뉴스룸에 침투해 들어오면서 뉴스는 사고파는 상품으로 바뀌며, 저널리즘의 개념도 '시장에 봉사하는 것'으로 변질되기 시작했다. 달리 말하면, 시장 지향적 저널리즘에서 독자와 시청자는 고객으로, 뉴스는 생산 제품으로, 신문 부수와 시청률 등 미디어 관련 지표들은 기업 성적의 측정 기준으로 바뀌었다.

수익성을 최우선으로 하는 시장 지향적 저널리즘에서 신문 지면은 자연히 광고 수익 증대에 기여하는 방향으로 제작된다. 특히 최근 들어 전 세계적으로 신문 산업이 위축되면서 신문 시장에서 살아남기 위해 뉴스와 광고를 맞바꾸는 '프로모셔널 저널리즘'이 등장하게 된다. 이 같은 극단적 상업주의는 신문 보도의 공정성에 악영향을 끼쳐 저널리즘의 가치를 훼손하고, 독자의 알 권리와 건강한 민주주의를 위협한다.

광고주 기업을 위해 언론은 헤드라인에서는 비판적 묘사를 하지만, 본문에 들어가서는 비판적 표현을 줄이고, 전체적 맥락이 드러나는 프레임 구성에서는 우호적 태도로 기술하는 은밀한 보도 공학을 구사한다. 광고주 기업 관련 뉴스 구성 체계(헤드라인 논조, 본문 논조, 보도 프레임)마다 친기업 성향을 달리하는 것은 신문사들이 광고주와 우호적인 관계를 유지하기 위해 이중적 행태를 보일 가능성을 말해준다. 언론은 어떤 광고주 기업의 비리에 대해 기사를 다루면서 제목에서는 강도 높게 비판하지만, 실제 본문에서는 해당 기업의 해명을 반영해주는 타협적인 논법을 사용한다. 말하자면, 신문사들이 광고주에 대한 보도를 할 때는 우호적인 태도가 교묘하게 감추어 포장되고 있는 것이다. 언론의 이런 양태는 바깥으로는 언론의 공정성을 강조하지만, 안으로는 광고주의 입장을 대변하는 '은밀한 거래'를 염두에 둔 의례적 객관주의 보도 관행의 존재 가능성을 시사한다. 기사가 나간 후 광고주로부터 받을 수 있는 공격(예컨대 광고 취소)을 최대한 방어할 수 있는 명분을 확보하는 동시에 기사 전체를 읽은 독자가 전반적으로 해당 기업에 대해 동정의 여지를 갖도록 고도의 기법을 동원하는 회피 전략을 구사하는 것이다. 적지 않은 현업 종사자들은 이런 관행이 가능한 것은 취재기자─데스크─편집자로 이어지는 게이트 키핑 과정의 폐쇄성 때문이라고 말한다.

재벌의 두 얼굴

미디어 조직은 본질적으로 자신들의 이해관계가 있는 집단에 더 관심을 두거나 주목한다. 미디어는 수익을 제공하는 광고주에 주목하고, 광고주는 미디어의 뉴스 생산에 직간접적으로 영향을 미친다는 뜻이다. 광고주들은 자신의 제품을 홍보하기 위해 언론에 광고를 한다고 한다. 하지만 사실은 자신의 제품에 대한 부정적인 정보를 감추고 경쟁사 제품에 대한 부정적인 정보를 흘리기 위해 언론에 돈(광고)을 지불하는 것이다. 이것이 광고주의 두 얼굴이다. 재벌기업이 신문, 텔레비전 등 각종 매체에 연간 수천억 원의 광고비를 쓰는 이유는 기사의 논조를 관리하고 통제하기 위해서다. 실제로 한 연구는 국내 10개 신문에 실린 4대 그룹 광고량의 추이와 해당 그룹 사주(재벌총수) 관련 기사를 비교 분석한 결과를 통해, 대기업들은 사주가 관련된 사건이 터질 경우 신문 광고량을 대폭 늘려 우호적인 보도를 유도하며, 비판적인 매체에 대해서는 광고량을 조절함으로써 길들이

기를 시도한다고 밝히고 있다. 재벌기업의 광고비 지출과 언론의 뉴스 보도가 서로 상관관계를 갖는 것이다. 광고주는 특정 유형의 시청자와 소비자를 유인할 뿐만 아니라, 제품 품질에 대한 시청자와 소비자의 신뢰에 영향을 주기 위해, 언론 매체의 기사 내용에 영향을 미치기를 원한다.

앞에서 말했듯이 재벌이 언론을 직접 소유하는 것은 언론을 지배·통제할 수 있는 확실한 방법이 되지만, 그것은 부작용도 동반한다. 가장 중요한 문제는 재벌의 언론 소유 그 자체가 재벌이 공격받을 수 있는 빌미가 된다는 사실이다. 여기서 재벌이 언론을 직접 소유하지 않고 통제할 수 있는 방법이 적극 모색된다. 가장 큰 수입원인 광고매체로서의 성격을 강화해가고 있는 오늘날의 자본주의 언론에 대형 광고주의 안정적 확보는 사활을 가름하는 매우 중요한 문제가 아닐 수 없다. 그것은 신문과 텔레비전, 라디오 모두 전체 수입에서 광고비 수입이 70%를 넘게 차지한다는 사실에서도 잘 나타난다. 1975년 국민의 절대적인 성원을 등에 업고서도 '동아일보'는 광고 탄압에 무릎을 꿇고 말았다.

이렇게 광고의 확보가 절실한 상황에서는 재벌기업 등 광고주들의 논리가 구조적으로 신문 지면에 투영될 수밖에 없다. 이는 지면 제작이 광고주의 영향으로 인해 광고 효과가 큰 쪽으로 나아가는 '외길' 밖에 없음을 의미한다. 따라서 신문의 논조는 구매력이 높은 중산계층 이상의 독자를 확보하기 위해 보수적 성향을 유지하게 된다. 또한 독자 수를 늘리고 광고주들이 주요 광고 대상으로 여기는 여성과 젊은 층을 겨냥하기 위해 흥미 위주 오락 매체의 성격이 강해진다. 여기에 덧붙여 광고성 기사가 늘어난다. 대표적인 예가 백화점 관련 기사와 신상품 소개 기사다. 이는 광고 수입에서도 중요한 비중을 차지한다.

미디어는 진실을 감춰서라도 광고주의 이익을 챙긴다. 광고주는 광고, 협찬 외에도 접대를 통해 기업에 영향을 미치는 환경을 철저히 자신의 것으로 만든다. 거대 광고주들은 신문의 경제적 효과가 아닌 정치적 효과를 겨냥하여 광고비를 집행하는 경우가 많다. 재벌총수에 대한 비판적 기사가 나올 기미가 보이면 광고와 협찬이라는 이름의 정치적 보험료를 부담한다. 2014년 재벌의 광고비 흐름을 보아도 그렇다. 삼성그룹, 현대자동차그룹, SK그룹, LG그룹과 같은 4대 재벌이 4대 미디어에 제공한 광고비가 무려 9,462억 원이나 된다. 점유율을 기준으로 하면 삼성이 5.87%로 선두에 있으며, 현대자동차가 4.81%, LG가 4.11%, SK가 3.53%이다. 한편 지상파방송의 경우 4대 재벌 광고 의존도는 KBS 24.15%, MBC 23.14%, SBS 24.42%로 나타났다.('미디어와 불평등의 변증법', 《한국언론정보학보》 통권 제80호)

재벌기업의 홍보실은 크게 광고와 언론 및 사보 담당으로 기능이 나누어져 있다. 그리고 이 중에서도 광고팀과 언론팀은 '한 몸'과 같은 관계를 유지해야 한다. 왜냐하면 이들은 흔히 '소방수'라고 불리는 역할을 수행해야 하기 때문이다. 이들 중에는 통상적으로 그날의 신문을 담당하는 당번이 정해져 있다. 당번들은 6시경에 나오는 조간의 1판을 훑어본 뒤 '별일 없음'을 확인하는 7시 전후가 '공식' 퇴근

시간이다. 이들은 밖에서 일을 보는 부득이한 경우에도 이 시간에는 신문을 사 보는 것이 버릇처럼 되어 있다. 그런데 만약 회사와 관련된 '불미스러운' 기사가 나갈 경우 이들은 신속하게 소방수 역할을 수행한다. 이때는 비상 연락망을 통해 모든 수단이 동원된다. 로비가 성공한 경우에는 1판에 들어갔던 기사가 빠지거나 적어도 단수를 줄이든가 'A그룹' 등의 익명으로 기재하는 식으로 축소된다.

이런 비상사태를 제외한 일상적인 사건의 경우에는 '사전 정지 작업'이 이뤄진다. 만약 어떤 기업의 작업 현장에서 사고가 생겼을 경우 현장 책임자는 가장 먼저 홍보실에 연락해 "누가 어떤 내용을 취재해 갔다"는 내용을 보고하는 게 통례다. 어떤 경우에는 경제 부처 등에 출입하는 기자들 중 특별히 '친밀한' 관계에 있는 이들로부터 '사전 제보'를 받기도 한다. 어떤 방식으로 이루어지든 이런 거래는 아주 은밀하게 진행되기 때문에 극소수의 사례를 제외하고는 알려지지 않는 게 통례다. 그러나 항상 광고주에 의한 통제가 관철되는 것은 아니다. 편집국 기자들에 의해 이들의 '압력'이 물리쳐지기도 한다. 이런 통상 관례에 반기를 들고 광고주와 힘겨운 싸움을 벌이는 신문사도 있다.

신문 기업의 경우 매출액으로 계상할 수 있는 수입원은 크게 보아 70~80%를 차지하는 광고 수입과 20~30%의 신문 판매 수입 및 기타 부대사업 수입으로 이루어진다. 이 중 신문 판매 수입은 통상 신문 용지 값과 무가지 살포 비용 등에 충당된다. 신문사의 운영이 거의 전적으로 광고 수입에 의존하는 이런 현실에서 광고주의 통제로부터 벗어난다는 것은 애초부터 불가능하다. 신문 등 언론 매체가 판매 수입이 아닌 광고 수입에 의존하는 한 결코 '자본의 자유'로부터 해방되어 '언론의 자유'를 지킬 수 없다는 것은 슬픈 현실이다.

언론개혁

언론의 두 얼굴

언론 조직 역시 기자라는 인력을 고용하고, 뉴스라는 상품을 생산해 판매하며, 광고 수익을 통해 운영된다는 점에서 일반 사기업과 크게 다르지 않다. 뉴스를 현장에서 생산하는 기자들조차 그들 본연의 사명인 사회 환경 감시, 정보 전달 기능, 사회적 가치와 문화 전승의 기능이 많이 약화됐다는 점을 시인한다. 이는 결국 뉴스를 생산하는 미디어 조직을 광고나 경제적 요인 관점에서 살펴봐야 한다는 것을 의미한다.

광고는 미디어 산업의 식량이며, 광고주는 미디어의 실질적인 지배자다. 광고 때문에 전전긍긍하는 미디어를 보고 재벌기업 인사가 다음과 같은 말을 했다.

"굶주린 언론처럼 무서운 것도 없다는 얘기가 있다. 사느냐 죽느냐의 생존 문제가 걸리면 위아래 할 것 없이 똘똘 뭉쳐 광고주를 공격한다. 앞으로 상당 기간 전개될 상황이 이럴 것 같아 벌써부터 걱정이다."

2009년 말 이명박 대통령은 평창 동계올림픽 유치 활동에 꼭 필요하다면서 이건희 전 삼성그룹 회장을 특별사면 했다. 이는 이 회장이 조세포탈죄로 징역 3년에 집행유예 5년을 선고받은 뒤 불과 4개월 만에 이루어진 일이었다. 물론 사면이 실행되기에 앞서 우리나라의 일부 신문들은 이건희 회장의 사면을 위해 계속 군불을 땠다. 늘 그래 왔듯이 국가경제 발전을 위해서는 기업 오너의 역량이 필요하다는 재계의 요구는 거셌다. 신문들은 각계의 입장을 전달하는 차원을 넘어 직접 사면을 주문하는 대열에 합류했다.

삼성은 언론의 최대 광고주다. 이들은 각종 칼럼과 사설을 통해 한목소리로 이 전 회장의 스포츠 외교 역량과 리더십의 필요성을 역설하면서도 그 반대 시각을 소개하는 데는 인색했다. 〈경향신문〉과 〈한겨레신문〉을 제외한 거의 모든 신문이 이 전 회장의 사면을 적극 옹호했다.(〈미디어오늘〉 2009. 12. 30) 평소 법치를 강조하던 대통령이 특별사면으로 법치주의를 무너뜨리는데도 이를 비판하는 언론은 별로 없었다.

1990년 무시할 수 없는 광고주 현대그룹의 압력에 굴복해 〈한겨레신문〉을 제외한 모든 일간신문이 《돈皇帝》 광고를 내보내지 못했다. 《돈皇帝》는 당시 현대그룹 종합기획실에 근무했던 백시종 씨의 소설인데, 정주영 회장을 모델로 해서 화제를 모았던 책이다. 그러나 책 판매에 절대적 영향을 미치는 홍보는 결코 쉬운 일이 아니었다. 책을 발행한 실천문학사 측은 신문에 광고를 게재하기도 전에 이미 현대 측 관계자로부터 "신문의 광고는 힘들 거다"라는 통보를 받았다.

그런데 불행히도 이 예측은 적중했다. 《돈皇帝》는 비단 광고뿐만 아니라 기사에서도 탄압을 받았다. 거의 모든 신문에서 취재에 열을 올렸지만 정작 백시종 씨의 인터뷰가 보도된 신문은 단 한 곳도 없었다. 여기에다 실천문학사 측은 광고를 게재하기 위해 접촉하지 않았던 신문사의 광고국 직원들로부터 시달림을 받았다. "광고 내달라는 전화 한 통만이라도 해달라"는 부탁이었다. 물론 광고를 내주겠다는 뜻은 결코 아니었다. 이를 미끼로 현대 측으로부터 계획되지 않은 광고를 따내려고 했던 것이다. 후에 실천문학사 측은 많은 신문사 광고국 직원들로부터 고맙다는 인사를 받았다. 대거래처인 현대그룹의 비위를 상하게 하는 것보다는, 이에 비해 구멍가게라고 할 수 있는 실천문학사에 부도를 내는 게 신문사 측으로 보아서는 당연한 일이었던 것이다.

재벌에 약한 언론의 모습은 IMF 외환위기 이후 나타난 편향된 보도에서 극명하게 나타났다. IMF 위기가 터지자, 국민의 정부는 구조조정 첫 단계로 정리해고와 재벌개혁을 주장하고 나섰다. 이런 정부 정책에 대해 각 언론들은 이중적인 모습을 보였다. 정리해고에 대해서는 냉혹할 정도로 정당성을 강조했다. 그러나 재벌개혁에 대해서는 현실론을 내세웠다. 당시 각 신문의 사설을 살펴보면 편파적 태도가 여실히 드러난다. 신문마다 기업 생존을 위해 그리고 IMF 측과의 약속 이행을 위해 정리해고의 필요성을 강하게 역설했다. 정리해고는 노동자들의 삶의 기반을 무너뜨리는 결과를 가져오는 일이므로 신중하게 다루어야 할 문제였다. 그럼에도 언론은 정리해고에 따른 부작용이나 당사자들의 아픔보다 IMF와의 약속 이행이 더 중요하다며 정리해고 여론을 주도해나갔다. 이들의 논지는 재벌개혁과 관련해서 카멜레온처럼 변했다. 대기업 구조조정이 거론될 때마다 언론은 '현실을 도외시하면 안 된다', 'IMF와의 합의를 조정해야 한다'는 현실론을 들고 나왔다. 한 신문은 대기업이 경제 발전의 엔진 역할을 하고 있다는 엔진논리를 바탕으로, 기업 구조조정에 대한 신중론을 주장했다. 어느 신문은 이른바 '수출 역군' 논리로 IMF와의 합의 사항마저 조정하자는 주장을 했다. 심지어 어느 신문은 재벌해체 요구가 한국 실정에 대한 이해 부족에서 온 것이라고 주장함으로써 사실상 재벌개혁 요구를 일축했다.

뿐만 아니라 언론들은 노동계의 파업이 있을 때마다 위기의 책임을 노동자들에게 전가하는 경향을 보였다. 대기업들의 문어발식 확장과 방만한 경영은 경제위기를 초래하는 주요한 원인으로 작용했다. 한편 노동계의 지나친 임금 인상 요구와 근로조건 개선도 우리 경제의 국제경쟁력을 떨어뜨리는 데 큰 요인으로 작용한 것이 사실이다. 그렇다면 노사 양쪽이 응당한 책임을 지고 개혁을 하도록 공평한 여론을 형성해야 한다. 그러나 언론은 마치 노동계만 정신 차리면 모든 것이 잘될 것이라고 말했다. 합심해서 일해야 할 때 집단 이기주의에 빠져 경제를 망쳤다고 주장했다. 노동의 경직성을 문제 삼는다면 자본의 경직성도 문제 삼아야 했다. 또 노동 인력의 비효율성을 논하기에 앞서 소유의 세습과 경영 실패를 먼저 짚어야 했다.

언론의 자유 회복

신문 저널리즘의 위기, 그중에서도 자율성의 위기는 인터넷과 다양한 뉴미디어의 등장, 신문 산업 자체의 구조적, 내부적 취약 요인 등 신문 산업을 둘러싼 환경 변화와 직간접적으로 맞물려 있다. 특히 과학기술의 발달에 힘입어 새로운 매체가 급속히 성장하면서 종이 신문이 사라질지도 모른다는 비관적인 전망까지 나온 상태다. 대표적인 예로, 아서 설즈버거 주니어Arthur Sulzberger Jr. 뉴욕타임스컴퍼니 회장은 2010년 9월 8일 런던에서 열린 제9차 국제미디어 정상회의에서 "장래 어느 시점에서 종이 신문 발행을 중단할 것"이라고 말했다. 이런 발언은 〈뉴욕타임스New York Times〉 종이 신문의 수익이 비용에 못 미쳐 더 이상 기업으로서 버티기 어려운 경우를 상정하게 한다. 〈뉴욕타임스〉 종이 신문의 수익은 광고 수입과 구독료로 구성되며, 전자의 비중이 후자보다 더 크다. 결국 광고 수입이 종이 신문의 운명까지 결정하게 된 것이다.

그런데 국내 신문의 수익 구조는 〈뉴욕타임스〉 같은 서구 신문보다 더 광고 수입에 편중되어 있다. 국내 신문사는 절대적으로 광고에 의존하는 수익 구조를 갖고 있기 때문에 광고 사정이 악화되면 경영 압박에 시달릴 수밖에 없는 상황이다. 신문사의 경영이 위태로워지면 우선적으로 시장 생존을 위해 광고 수주가 중시되고, 자율성은 뒷전으로 밀려날 가능성이 크다. 언론사들의 심각한 광고주 눈치 보기는 역설적으로 신문 저널리즘의 위기를 앞당길 가능성을 시사한다. 광고주와 신문사 간의 은밀한 거래는 결국 신문에 대한 신뢰성을 떨어뜨리고, 궁극적으로 사회적 공론장으로서 언론 본연의 저널리즘 가치를 훼손할 우려를 제기한다. 신문이 광고주 보도를 함에 있어 사회 공론장으로서의 기능을 벗어나 지나치게 광고주 친화적으로 경도되어 있는 점은 사상의 자유를 위해 바람직하지 않다.

언론은 공적 제도 또는 공기公器로 간주된다. 따라서 소유주의 사익 못지않게 공익을 추구해야 한다. 공익을 제대로 추구하는 언론이야말로 그 상업성도 커질 것이다. 언론이 추구해야 하는 공익은 정치권력이나 재벌의 특수 이익이 아닌 사회 일반의 보편적 이익이다. 보편적 이익을 추구하기 위해 사회 전체 또는 다수의 이익이 걸린 문제에 대해 성역이 없는 보도 자세를 취해야 한다. 또한 언론은 광고주인 재벌에 대해서도 감시와 비판의 자세를 가져야 한다. 언론은 스스로 재벌과 거리를 두고 감시하고 비판해야 한다. 그래야만 힘 있는 재벌의 횡포를 막고 민주주의를 발전시킬 수 있다. 그러지 못하면 진실도 정의도 민주주의도 사망 선고를 받게 된다.

언론은 권위주의 정권 시절 '권력의 시녀'에서 민주화를 거치면서 '선출되지 않은 권력'으로 변신했다. 언론은 우리 사회 최상층의 기득권자이며, 언론 사주는 '선출되지 않은 왕'이 되었다. 언론의 혁신과 민주적 통제가 필요한 대목이다. 우선 언론 시장과 경쟁의 다각화가 필요하다. 언론의 시장논리와 경쟁은 언론의 생존논리로 이어져, 언론의 민주화나 언론의 편집권 독립 주장을 무력화시키는 무기로 악용되어왔다. 언론이 망하면, 언론 민주화나 편집권 독립이 무슨 소용이 있느냐는 논리다. 그러면서 대광고주의 환심을 사고 편집에 간여하는 것을 당연시한다. 이런 언론이 앞으로 조건과 환경의 변화 속에서 진정한 의미의 경쟁력을 보유할 수는 없는 일이다. 다음으로 소유와 경영, 경영과 편집의 분리다. 소유주가 언론의 편집 활동은 말할 것도 없고 경영 활동에도 참여하지 못하도록 하는 것이 필요하다. 소유주는 언론사의 수익을 차지하고, 이사회에서 언론사의 경영진 선출에 관여하는 것에 그쳐야 한다. 그리고 언론사의 경영은 이사회에서 선임된 경영인에게 맡겨야 한다.

오늘날 대기업은 물리적인 공권력보다 더 직접적이고 광범위하게 언론 보도에 영향을 미친다. 이는 자본권력인 기업을 더 엄중한 공적 감시의 대상으로 삼아야 하는 이유이기도 하다. 사회를 비판하고 감시해야 할 언론이 광고에 발목이 잡혀 눈을 감고 침묵한다면, 민주사회의 한쪽 토대가 무너지는 것이다. 신문이 광고주와 타협을 통해 광고 수주를 늘리는 식의 시장 지향적 저널리즘 행위는 단기적으로 재정 사정에 도움이 될 수 있지만, 결국 신문에 대한 독자들의 불신으로 이어져 신문의 위기를 재촉할 수 있다. 무엇보다 신문사들의 기사 구성 체계를 통한 은밀한 광고주 관리 전략은, 지나친 상업주의의 위험은 물론 저널리즘의 불신을 초래하는 요인으로 작용할 수 있다. 광고주의 외압을 차단하고 언론 본연의 독립성을 지키기 위해서 신문사들은 재정 안정성을 높이는 한편 편집과 경영을 분리하는 안팎의 노력이 필요하다. 특히 재정적인 안정은 편집국 내부의 뉴스 제작 환경에도 직접적인 영향을 미치는 만큼 자본으로부터 언론의 독립성을 지키는 선결 조건이다.

＼ 재벌과 대학권력

재벌의 대학 지배

대학의 식민화

군사독재 정권에서 학교는 철저히 통제되어오던 국가의 '이데올로기적 기구'였다. 그러나 대학은 국가의 이데올로기가 일방적으로 재생산되는 영역이 아니라 저항의 공간이기도 했다. 1983년 12월 학원자율화조치 이후 활발해진 학생운동은 1987년 6월 항쟁을 이끌어 내기도 했다. 대학은 독재 정권을 몰아낸 핵심 영역이었다는 점에서 강력한 저항성을 갖고 있었다. 민주화 투쟁의 진전에 따라 학교는 국가 내 독특한 위상을 가졌다. 하지만 학생운동의 저항성은 민주화 이후 점차 위축되었다.

미디어 매체와 더불어 현대사회에서 중요한 이데올로기적 기구는 학교다. 그럼에도 학교, 특히 대학은 구성원들의 민주적 저항에 기초해 권위주의 정권으로부터 자유를 획득해가며 성장한다. 그러나 국가의 퇴각으로 인한 공백은 자본이 차지해 간다. 재벌기업에 기회가 제공된 것이다.

민주화 운동 세력은 민주화 운동의 최대 거점이던 대학을 민주화 이후에도 자유의 공간으로 보장받기를 원했고, 정부를 압박했다. 정부는 군부독재 정권 시기의 권위주의적 요소를 완화시킨다며 '자율화조치'를 천명하는 것으로 대처했다. 정부가 주도한 대학 사회에서의 자유주의는 1988년 9월 3일 문교부의 '대학 등록금 자율화조치'로부터 출발했다.

그러나 '민주화조치'와 '자율화조치'는 구분된다. 민주화조치는 대학 구성원들이 합의를 해서 이루어지는 방식이지만, 자율화조치는 자본을 포함한 모든 세력에 대학을 개방한다는 의미가 담긴 방식이다. 민주화조치의 대표적인 사례는 총장 직선제를 들 수 있다. 이는 학원 내부의 민주화 투쟁으로 정립된 것이다. 하지만 자율화조치는 정부의 지침으로 마련된 것이라는 점에서 주체적인 측면에서 다르다. 한편 민주화조치는 국가의 간섭으로부터 벗어나고자 하는 자유권을 의미하기 때문에 자율화조치와 관련성이 있다. 그러나 민주화조치는 공공성을 확보하기 위한 국가의 개입을 유도하는 '국가에 의한 자유'를 내포하고 있는 반면에, 자율화조치는 오직 국가의 퇴각만을 의미한다. 대학 자율화조치는 겉으로는 자유주의를 내세우면서 지배 블록은 그대로 유지하려는 뜻이 담겨 있기 때문에 민주주의와는 모순된다. 대학 자율화조치의 핵심은 수익자 부담의 원칙을 천명하고 등록금 자율화를 통해서 우수 교원 확보 및 시설 설비 확충 등 교육여건 개선에 대학이 자율적으로 대처하는 것으로 구성되었다. 이는 대학이 학내 구성원의 민주적 참여를 배제하고 자본주의적 경쟁 시장에 내던져지는 것을 의미하는 것이었다.

대학을 경쟁적 시장에 던져놓고 대학에 국고보조금을 충분히 공급하지 않음으로써, 국가는 대학으로부터 정치적으로뿐 아니라 경제적으로도 멀어졌다. 1990년부터 본격화된 대학 재정 국고 지원 사업은 대학별 평가에 근거한 차등 지원 방식이었다. 특히 정부의 대학 재정 지원 방식은 경쟁과 선별성을 강조하는 시장적 지원 방식으로서 교육의 공공성 확보라는 차원과는 거리가 있었다.

대학은 학생들의 등록금에 지속적으로 의존하지 않을 수 없는 구조를 형성하게 되었다. 대학 당국은 등록금 이외의 다른 재원 확보 방안을 모색해야 했다. 일차적으로 등록금 인상에 대한 학생들의 반발이 거세었기 때문에 대학 경영진은 대학 재정의 등록금 의존율을 낮춰야 했다. 또한 학내 구성원들에게 설득력 있게 등록금 인상을 요구하기 위해서라도 등록금 이외 별도의 재원 확보 방안을 마련해야 했다. 그래서 기업의 기부에 의존하는 방식을 선택했다.

국가의 국고보조금이 기업 기부금의 3분의 1 수준에 그친 결과, 국가는 대학 사회에서 영향력이 축소되었지만 기업은 그 반대였다. 대학에서 기업은 비판의 대상이 아니라 영입의 대상으로 변모하기 시작했다. 재계에 이름을 올려놓은 기업치고 대학의 기부금 제안을 받아보지 않은 곳은 거의 없을 정도가 되었다. 재벌기업은 대학 사회를 시장주의적으로 변용하는 데 적극적이었다.

현재 한국에서 이뤄지고 있는 학문 자유에 대한 침해는 국가권력에 못지않게, 아니 사실은 더 심각하게 자본권력에 의해 이뤄지고 있다. 국가권력에 의한 학문 자유 침해가 특정인이나 특정 집단 또는 특정 사안에 대한 학문적 탐구와 그 결과의 진술을 억압하는 것이라면, 자본권력에 의한 학문 자유 침해는 대학 자체를 그리고 학문 자체를 자본권력 도구로 변화시키는 방식으로 구현된다. 자본권력은 국가권력이 학문 자유를 침해하는 방식과 마찬가지로 특정 사안이나 특정 집단에 대한 탐구를 억압하기도 하지만, 교수를 비롯한 대학 구성원들에게 자발적으로 자본 가치를 수용하게 함으로써 학문의 보편성과 공공성을 훼손한다. 국가권력에 의한 학문 자유 침해는 폭력적 수단 사용으로 인해 가시적이다. 하지만 자본권력에 의한 학문 자유 침해는 대학 구성원들이 자발적으로 움직이게 하는 방식을 취하므로 학문 자유가 침해되고 있다는 사실 자체를 인지하지 못하게 한다. 국가권력을 조종하고 통제하는 자본권력은 국가권력을 내세워 대학에 대한 자본의 지배를 용이하게 만들기도 한다.

자본권력에 의한 학문의 자유 침해는 때로는 폭력적 수단을 사용하고 때로는 대학 구성원이 자발적으로 순응하게 하면서, 때로는 자본권력 자체의 역량으로 때로는 국가권력을 동원하면서 대학의 모든 곳에서 그리고 상시적으로 이뤄진다. 대학에서 학문의 자유가 침해될 때 대학은 학문 탐구와 학문 전수라는 정상적 기능을 수행할 수 없다. 대학은 학문 연구라는 공동의 목적을 가진 사람들의 조합체다. 학문의 자유를 바탕으로 이뤄지는 자율적 공동체로서의 위상을 확고하게 가질 때에 비로소 대학은 그 본래의 사명인 학문 탐구를 온전하게 수행할 수 있다. 그러나 현대의 대학은 자본의 이익을 위해 복무하는 기관이 되었다.

영혼을 팔아버린 대학

이제 나의 적들의 이야기를 시작하겠다. 이 또한 나의 적이지만 나만의 적은 아닐 것이다. 이름만 남은 '자격증 장사 브로커'가 된 대학, 그것이 이 시대 대학의 진실임을 마주하고 있다. 대학은 글로벌 자본과 대기업에 가장 효율적으로 '부품'을 공급하는 하청업체가 되어 내 이마에 바코드를 새긴다. 큰 배움도 큰 물음도 없는 '대학' 없는 대학에서, 나는 누구인지, 왜 사는지, 무엇이 진리인지 물을 수 없었다. 우정도 낭만도 사제 간의 믿음도 찾을 수 없었다. 가장 순수한 시절 불의에 대한 저항도 꿈꿀 수 없었다. – 고려대학교 경영학과 3학년 김예슬 대자보 2010. 3. 10

재벌기업과 산업체의 식민지로 전락한 대학에서는 사회의 변화를 조망하고 이끌어나갈 창조적 인재를 배출할 수 있는 역할을 상실해가고 있다. 20세기 대학은, 대학과 자본의 관계에 대해 충분한 성찰이 있기 전, 시대의 흐름과 사회의 변화로 인해 순식간에 자본과의 유착 관계가 결정되어버렸다. 자본의 힘은 대학 내에 제도적 힘으로 자리 잡고 행위 양식으로 내면화되어 개인의 사고와 행동을 제약한다. 김예슬의 말대로 대학은 "글로벌 자본과 대기업에 가장 효율적으로 '부품'을 공급하는 하청업체"로 전락했다. 대학이 진리를 추구하는 곳도 아니고, 정의를 구현하는 꿈도 심어주지 못한다며 대학을 거부한 김예슬의 신랄한 비판에도 정작 대학 사회는 꿈쩍도 하지 않았다. 최소한 교수들과 학생들만이라도 김예슬이 거부할 수밖에 없는 현재의 대학 모습을 반성하고 대학의 참뜻을 되살리려는 노력을 보여주었어야 했다. 대학은 이제 부끄러워할 줄도 모르게 되었다.

재벌권력은 대학을 통해서 자신의 이데올로기를 유포하며 대학 스스로 자본의 계급 지배에 직접적으로 개입하도록 유도한다. 일부 대학교수들이 자본 편향적 선택을 하는 것은 자신들의 존재론적 근거가 민주주의의 가치가 아니라 자본의 경제적 자원에 있기 때문이다. 대학은 본래 학문 연구 공동체임과 동시에 '이데올로기 기구'이기도 하다. 또한 사회 민주화를 위해 대안을 제시해온 비판적 공동체이기도 하다. 대학은 한 사회의 생산관계와 생산조건을 재생산하지만 동시에 그것의 변혁을 가능하게 하는 민주주의 정신을 함양하는 공간이기도 하다. 그러나 재벌에게 대학은 이데올로기 수준에서 기업 홍보 선전 장치이기도 하지만 투자처이자 비자금 운용 장치이기도 하다. 중앙대학교의 두산 재벌, 인하대학교의 한진 재벌 등은 이런 대학 운영 양태를 보여준다. 이에 대해 해당 대학의 내부 주체들은 지속적으로 문제 제기했으나 대체로 무시되어왔다.

대학에 대한 재벌의 보다 중요한 이해관계는 이데올로기적인 측면에 있다. 4.19 혁명 이래 한국의 대학은 독점 재벌에 대해 가장 적대적인 사회 기구이자 비판세력이었다. 특히 인문·사회 과학이 주도하는 재벌 비판은 재벌기업에 있어서 사안별 단기 대응의 차원뿐만 아니라 장기적인 헤게모니 구축에 심각한 장애 요인이었다. 그러므로 신자유주의 20년에도 여전히 잔존하고 있는 비판적 지식인, 비판 지식 생산의 물적 근거를 해체하는 효과를 발생시키는 대학 구조조정과 재벌의 이해는 맞닿아 있다. 삼성 3대 경영권 세습과 삼성전자 백혈병, 현대자동차 불법 파견과 비정규직 확대, 재벌의 시장 지배와 문어발 경영, 재벌총수 일가의 각종 범법 행위와 사회적 물의 등의 논란에 이르기까지 재벌에 대한 사회적 비판의 제도적 진원은 대학과 대학 지식인이었다.

재벌기업 자문 교수들의 역할은 형식적으로는 기업 활동의 자문에 응하는 것이지만, 실질적으로는 기업 측에 비우호적인 여론이 형성됐을 때 우호적인 언론 칼럼을 쓰거나 자신의 학회나 인맥을 이용해 기업에 필요한 우군들을 동원하는 것이다. 모 대기업 연구소의 연구원 김씨는 "회사가 자문 교수들을 관리하는 데 쓰는 돈은 기업 입장에서는 푼돈이지만, 여론을 주도하는 오피니언 리더들을 든든한 우군으로 갖는 것은 기업으로서는 돈으로 환산할 수 없는 큰 자산이며, 정치자금처럼 일종의 보험용"이라고 말한다.

지금 한국 대학은 과거 그 어느 시대보다 어려움에 처해 있다. 우리가 살고 있는 이 시대는 국제적으로는 기업이 국가를 가로질러 질주하는 제국의 시대다. 오늘날 대학은 안과 밖으로 변화를 요구하는 목소리에 지쳐가고 있다. 변화를 요구하는 소리는 갈수록 강력해지고 있지만 무엇을 위해, 어떻게 변화해야 하는지에 대한 논의는 들리지 않는다. 다만 그 자리에 취업률과 대학 평가, 경쟁력 등의 공허한 울림만이 넘쳐 난다.

이 땅의 학문과 대학이 죽어가고 있다. 모두가 그 죽음을 느끼지만 누구도 대놓고 그 사실을 말하지 못한다. 그 누구도 죽음의 병에 빠진 대학의 현실을 아파하기는커녕 병든 사실에 대해서조차 입을 다문다. 그러는 사이 대학의 기업화와 신자유주의적 경쟁, 자본의 창출에 기여해야 한다는 시대적 명제가 인공호흡기처럼 대학의 마지막 명맥을 지탱한다. 자본의 논리만이 '뇌사' 상태에 빠진 대학의 목숨을 연명하고 있다. 그러니 차라리 자본의 논리에 고마움을 표시해야 하지 않을까. 시대의 아픔, 학문이 죽어가는 소리를 듣지도 말하지도 못하는 대학인들 사이로, 자본의 논리만이 대학을 연명하고 있는 이 역설을 어떻게 이해해야 할까. 한 가지 분명한 것은 이 문제를 넘어서지 못할 때 대학에 몸담은 이들은 대학의 몰락과 함께 사라져 갈 것이며, 이 땅의 성찰적 학문 역시 종말을 고하리라는 사실이다.

대학의 기업화

자본의 판돈이 된 대학

박근혜-최순실 국정 농단 사건을 촉발시킨 이화여자대학교의 미래 라이프대학 사태와 정유라의 부정 입학 사건은 한국 대학의 현실을 단적으로 말해준다. 현재 한국의 대학은 본령인 학문과 지식은 실종되고 권력과 자본만이 횡행하는 공간이 되었다. 박근혜─최순실 국정 농단 사태의 특징 중 하나는 연구자이자 교육자인 다수의 교수가 연루되어 있거나 비리의 중심 역할을 했다는 점이다. 이것은 무엇보다 자본권력에 의해 대학과 학문이 사유화되고 종속되어 있는 현실을 새삼 증명한다.

신자유주의가 전면화되면서 한국의 대학이 희망적이었던 적은 단 한 번도 없다. 동물의 왕국처럼 승자만이 살아남는 경쟁 공간에서 학생들에게 선택의 폭은 매우 좁을 수밖에 없다. 이명박의 "대학도 수익 사업을 할 수 있으면 좋을 텐데……. 외국은 대학이 호텔, 슈퍼마켓도 하지 않나?"라는 발언이 오히려 관심을 끄는 시대이기 때문이다. 스펙조차 이윤추구의 수단으로 활용하는 자본의 전략을 이제는 누구나 인식하고 있다. 이제 대학은 인재를 양성하는 곳이 아니라 인재를 두 번 죽이는 공간이 되어버렸다. 정의와 진리를 내팽개치고 세속의 욕망으로 가득한 신자유주의형 인간을 양산하는 곳 말이다.

교수와 학생은 대학이라는 학문 공동체의 주체가 아니다. 그들은 생산성, 효율성, 경제성을 내세우는 대학 경영진의 관리 대상이다. 대학 경영진의 정책 결정과 집행은 모두 돈으로 표준화된다. 대학은 기업이 되었다. 대학이라는 기업이 생산한 상품인 학생들은 다시 더 큰 시장을 주도하는 더 큰 기업의 생산공정 부품이 되기 위해 상품으로 팔려 나간다. 대학은 자본의 요구대로 만든 거푸집에 맞추어 학생들을 공급해내는 주물공장으로 전락해버린 것이다. 표준화된 규격에 맞춘 제품을 생산하여 판매하지 못하는 대학들은 불량 대학으로 낙인찍혀 자본뿐 아니라 정부로부터의 재정적 지원 순위에서도 밀려나게 되어 재정의 어려움을 겪게 되고, 재정이 어려워지면 또다시 좋은 제품을 생산할 수 없게 되는 악순환에 빠지게 된다.

대학은 시대에 적응을 잘 해왔던 기관이다. 오늘날에는 더욱 잘한다. 대학은 예외 없이 기업의 하수인을 자처하고 있다. 대학의 기업화는 상아탑인 대학을 파괴하고 있다. 마치 시대정신과 같다. 파괴했으면 다시 건설해야 하는데, 무엇을 건설하려는 것인지 비전도 없다. 대안 없는 파괴다. 대학교수는 프로젝트 기계들로 변해버렸다. 말 그대로 교수 사회는 붕괴되어 허상이 되었다. 교수들은 연구자로서 정보를 나누거나 토론하지 않는다. 대학의 월급쟁이 직원이자 기업의 알바생이 되어버린 것이다.

우리는 다음 글을 통해 오늘날 대학의 한 단면을 여실히 느낄 수 있다.

지식인의 의미와 대학의 역할이 변한 이유에는 물론 88만 원 세대의 젊은이들이 처해 있는 암울한 현실이 한몫을 하고 있다. 젊은이들은 치열한 경쟁을 통과해야만 취업을 쟁취할 수 있다. 그래서 대학생이라는 틈새 기간은 학문의 전당을 활보하고 만끽할 수 있는 시간이 아니라 기업들이 요구하는 각종 자격들을 준비하는 기간이다. 성적 역시 경쟁력이기 때문에 친구와도 필기 노트는 절대로 공유하지 않으며, 수업에 불참했을 때에는 각종 이유를 적은 결석계를 꼬박꼬박 제출하는 것이 이들의 문화다. 게다가 성적이 공지되면 비관적인 학점으로 인한 미래의 온갖 암울한 전망들을 열거하면서 선처를 구걸하다가, 급기야는 학부모가 나서서 전화를 걸어오기도 한다.

매우 심각한 우려를 하지 않을 수 없다. 대학은 사회에 나가서 바로 사용될 수 있는 레디메이드ready-made된 기성복을 만들어내는 곳이어서는 안 된다. 동일한 규격이 갖춰져 있는 제품과 같은 성격의 학생 양성이 정말 바람직한가에 대해서 진지하게 물음을 제기해봐야 한다. 취업을 한 후에 똑같이 일할 수 있는 사람들을 대학이 공급해야 하는지에 대해서는 대학 내에서도 매우 회의적이다. 그런 면에서 볼 때 사회의 변화, 미래 사회의 변화의 요구에 과연 우리가 부응할 수 있고 거기에 맞춰나갈 수 있을지에 대해서 굉장히 의심스럽다. 왜냐하면 대학에서 사회에 제공해야 할 내용은 현재의 요구에 부응하는 것이 아니라 미래의 요구에 부응하는 것에 대한 대비를 해야 하는 것이기 때문이다.

대학의 기업화는 CEO 총장 혹은 교육부 고위직 관리나 재벌기업 연구소 출신의 영입과 같은 외부적인 요인만이 아니라, 산학 협력이나 취업 지원과 같은 내부적 요인을 통해 관철된다. 국가는 기업이 요구하는 평가 지표를 가지고 대학을 평가하며 고등교육의 경쟁력 강화를 정치적으로 활용한다. 특히 대학 평가의 가장 중요한 지표인 취업률은 기업과 대학의 역할을 혼란스럽게 한다. 일자리는 기업과 국가가 만들어내야만 하는 것인데도 불구하고 마치 대학이 일자리를 만들어야 하는 것처럼 보이기 때문이다. 대학은 일자리를 만드는 기관이 아니라 국가와 기업이 만든 일자리에 자신의 역량을 펼치며 좋은 삶을 살아갈 수 있는 우수한 인재를 양성하는 곳이다. 그러니 취업률은 대학이 아니라 정부기관과 기업을 평가하는 지표가 되어야 한다. 이와 관련된 대학의 평가 지표는 당연히 우수 인재가 갖추어야 할 역량이다.

대학의 죽음

역사적으로 시장과 가장 소원한 조직이었던 대학이 시장에서 이윤을 추구하는 기업과 같은 조직으로 급격히 변모하기 시작한 것은 1980년 미국에서 레이건 행정부가 들어서면서부터다. 신자유주의 정책을 강력히 추진하던 레이건 행정부는 공적인 연구 성과물에 대한 특허권을 대학의 소유로 인정하는 이른바 '바이돌 법Bayh-Dole Act'을 통과시켜, 대학과 기업을 연결하는 '산학 협력 체제'를 구축함으로써 대학의 기업화를 가속화하는 데 결정적인 역할을 했다. 그 후 대학은 기업처럼 본격적으로 이윤을 추구하는 조직으로 변하고, 기업식 경영 기법과 기업식 문화를 수용하기 시작했다. 이 과정에서 기업은 대학에 대한 영향력과 장악력을 높여왔다.

미국에서는 이미 오랜 기간 대학의 기업화가 진행되면서 학문 공동체가 와해되고 대학의 가치가 훼손되어왔다. 대학 교수들이 강의보다 기업의 지원을 받을 수 있는 사적 연구에 몰두하면서 교육의 질이 저하되고, 기초 학문보다는 기업체에서 요구하는 산업 관련 분야만 집중 육성되는 경향이 있다. 이런 미국의 기업화 이데올로기를 한국의 대학이 고스란히 재생산하고 있다. 미국 문화에 예속적인 한국 대학이 미국 대학의 기업화 경향을 마치 선진 기법인 양 받아들여 그 전철을 착실히 밟아가고 있는 것이다.

대학의 기업화는 전통적인 대학의 이념과 외양을 근본적으로 변화시키고 있다. 대학은 상업적 목적으로 연구 및 교육 성과물을 판매하기 시작하고, 캠퍼스는 상업광고와 기업의 상호를 단 건물들로 뒤덮인 장터로 변모한다. 이처럼 대학이 기업화함에 따라 "교수와 학생으로 이뤄진 자유롭고 평등한 학문 공동체"라는 근대 대학의 이념은 급격히 퇴색한다. 이미 1851년에 출판된 《대학교육University Education》에서 헨리 필립 태판Henry Philip Tappan은 미국 학문의 천박성이 상업성에 기인한 것임을 예리하게 지적한 바 있다.

오늘날 미국 대학이 처한 현실을 하버드대학교 총장을 역임한 데릭 복Derek Bok은 '파우스트의 거래'에 비유한다. 대학이 시장의 욕망을 쫓다가 결국 영혼을 팔아버렸다는 것이다.

대학의 기업화는 공적 영역에 파괴적인 영향을 미치지만, 그 폐해는 여기에 그치지 않는다. 장기적 관점에서 보면, 그것은 기업에게도 결코 도움이 되지 않는다. '산업의 부속물에 불과하다면, 과연 대학이 단순한 이윤 창출을 뛰어넘는 혁신적인 아이디어를 내놓으려고 하겠는가?' 또 대학이 기업화되면 '특정 기업에 의해 또한 특정 기업을 위해 사유화된 팔린 기관'이 되어버리기 때문에 다른 모든 기업체들에게도 결코 득이 되지 않는다.

미국에서는 대학의 기업화에 대해 지극히 신랄하게 비판하는 목소리가 대세를 이룬다. 그것은 '악마와의 거래'이고 '범죄행위'이며 '혼을 파는 짓'이고, 그 결과 대학은 '시장의 포로'로 측은하게 영락하거나 혹은 '시장의 포주'로 추악하게 전락했다는 것이다.

그렇다면 대학은 영혼을 판 대가로 과연 자신의 욕망을 충족시켰을까? 별로 그런 것 같지 않다. 대학의 기업화는 '이득보다 비용이 훨씬 더 큰' 거래였다. 영리 목적 벤처 사업으로 이득을 본 대학은 거의 없기 때문이다. 오히려 '대학이 기업의 부속물이 되고, 학문이 상업화되었기' 때문에 '미국의 과학과 혁신 시스템은 이미 경쟁국의 그것에 뒤처지게 되었다'는 우려의 목소리가 크다. 결국 미국 대학은 기업화의 결과로 영혼을 잃고, 그렇다고 욕망도 제대로 충족하지 못하는 참담한 처지에 빠져 있다. 그렇다고 그 대가로 효율성과 경쟁력을 얻는 데도 실패한 것으로 보인다.

대학의 기업화는 신자유주의적 세계화와 이에 따른 시장의 총체적 지배의 산물이다. 2008년 9월 불어닥친 글로벌 금융위기에서 뚜렷이 가시화된 신자유주의의 위기는 기업화된 대학의 위기로 이어지고 있다. 대학이 팔아버린 자신의 영혼을 다시 불러들이지 못하는 한, 그래서 계속 시장의 포획물로 남아 있는 한, 현재의 위기를 벗어날 가능성은 높지 않아 보인다. 미국에서는 1990년대 중반부터 대학의 기업화에 대한 비판적 담론이 활발하게 제기되는 데 반해, 한국에서는 아직도 그런 비판 담론을 찾아보기 어렵다.

야만의 시대와 대학의 안녕

이상적인 미래를 구상하는 곳

1·2차 세계대전 시기 전 세계는 야만과 폭력으로 달려가고 있었다. 이 야만의 시대에 카를 야스퍼스Karl Jaspers는 대학의 이념을 다시금 강조했다. 그는 자신의 철학을 통해 인간의 존재 이유는 물론 학문의 목적과 대학의 이념에 대해 다시금 사유하고 있다. 그가 쓴 《대학의 이념Die Idee der Universität》은 이런 생각을 잘 보여준다. 학문 공동체로서의 대학은 이 야만의 시대에 무엇을 해야 하며, 그들이 달성해야 할 목적은 무엇일까.

이성의 존재인 인간과 그 공동체인 국가가 야만과 폭력으로 치닫는 시대에, 야스퍼스는 이를 극복할 대학의 이념에 대한 자신의 철학을 주창한다. 그는 대학의 존립 근거인 학문과 지적 삶에 대한 자신의 생각과 이를 토대로 대학의 과제와 대학이 존립하기 위한 조건에 대해 말한다. 대학은 진리를 터득하고 교육을 통해 후속 세대를 가르치는 학자와 학생 공동체다. 이것이 대학의 가장 중요한 과제다. 그러기에 대학은 학문과 교육, 연구와 가르침의 자유를 지녀야 한다. 그 자유란 바로 진리를 탐구하기 위한 자유이며, 학문은 이런 자유 없이는 원천적으로 불가능하다는 것이다. 대학은 학문과 교육을 위해 국가와 그 이외의 모든 권력, 정치적이든 경제적이든, 또는 민족적이 것이든 그러한 권력에서 자유로워야 한다.

오늘날 국가 위에 자리한 자본권력은 철저히 현재의 대학을 자신의 논리와 요구에 맞게 재편하려 한다. 교수들은 더 이상 사회의 의제를 설정하거나 규범과 가치 체계에 관계되는 지식을 말하지 않는다. 이제 교수는 더 이상 비판적 지성으로서가 아니라 지식 전문가로서만 존재하며, 그렇게 환원될 뿐이다. 이런 제도화 과정이나 절차의 타당성에도 문제가 있지만, 더 큰 문제는 이로써 창의적 학문이나 비판적 지식인이 자리할 곳이 치명적으로 파괴되었다는 점이다.

학문의 죽음과 지식인의 몰락이라는 문화적 상황에 처한 오늘날, 오직 경제논리만이 그 자리를 메우고 있다. 그 누구도 '경제'를 거스르는 말을 하지 못하는 시대, 물질적 풍요로운 삶만이 가치를 지니는 시대, 학문조차 자신의 죽음을 아파하지 않는 시대가 우리의 대학이 처한 현재다. 과연 우리는 학문이 죽은 뒤에도 의미 있게 살 수 있을까? 부富와 기술만으로도 충분히 행복하게 살 수 있을까? 이제는 우리 학문과 대학이 죽어가고 있는 것이 사실인지 살펴보고, 사실이라면 그 원인은 무엇인지 밝혀야 하지 않을까? 대학의 현실을 성찰하는 작업은 결국 학문에 대한 성찰과 그런 학문의 자리를 지키기 위한 학자적 고뇌로 이어져야 할 것이다.

대학의 자율성은 무엇보다 사회와 학문의 올바른 관계 형성에서 시작된다. 학문의 자율성은 대학 바깥의 다양한 권력의 요구와 명령에 종속되거나 굴복하는 순간 사라진다. 권력은 선도 아니고 악도 아니다. 하지만 권력을 참과 거짓, 옳음과 그름, 좋음과 나쁨을 가르는 기준으로 섬기는 것은 나쁜 것이다. 그런 방식으로 권력이 폭력으로 둔갑하기 때문이다. 현대인의 일상적 삶과 그들의 생활 세계를 지배하는 가장 막강한 힘은 자본권력에 있다. 자본권력은 자신을 통째로 거부하는 입장을 자신의 체계를 공고히 하는 자양분으로 이용하고 활용할 만큼 견고한 틀과 힘을 가지고 있다.

학문은 고통 받는 사람과 공감함으로써 고통의 원인을 인준하는 것이 아니라 고통을 완화할 수 있는 사회적 조건을 바꾸기 위해 증명할 수 없는 것을 증명하고, 논증할 수 없는 것을 논증하고, 상상할 수 없는 것을 상상하고, 소통할 수 없는 것을 소통하는 과정이어야 한다. 그런데 연구비라는 사료를 제공하는 자본권력이 원하는 말만 하는 것은 대학을 동일한 것만을 무절제한 방식으로 증식하는 양식장으로 만들 뿐이다.

학문 공동체로서 대학이 지향하는 공동의 목표란 학문 연구와 교육을 통해 정의, 그리고 아름다움이 꽃피는 세계를 만들어가는 것이다. 학문 공동체의 이념은 다름 아닌 인류 공동체의 실현이다. 대학이 진정한 학문 공동체가 되려면 불평등과 불공정, 빈곤과 차별, 파괴와 폭력, 불통과 무시에 맞서 싸우는 비판 정신과 참하고 편하고 올바르면서도 깨끗하며 좋고 아름다운 사회를 만들어가는 형성의 정신이 살아 있어야 한다.

거리 두기

에드문트 후설Edmund Husserl은 《유럽 학문의 위기Die Krisis der europaischen Wissenschaften》에서 "유럽이라는 환경 세계와 그 세계 위에 형성된 공동체를 지탱하는 정신이 유럽 인간성의 이념이며, 학문의 위기는 인간성의 위기"라고 말했다. 결국 유럽의 위기는 생활 세계를 문제 삼고 해명하려는 학문적 태도의 이탈 현상을 통해 발생한다는 것이다. 후설이 실증주의에 기울어진 학문의 위기를 말했다면, 지금 여기에서는 실용주의에 기울어진 학문의 위기를 말할 수 있다. 학문의 위기는 대학의 위기, 정신의 위기를 가져올 수밖에 없다.

대학의 기업화는 곧 대학의 탈정치화를 의미한다. 따라서 대학의 기업화에 맞서 대학의 자율성을 회복하며 합리적으로 구조 개혁을 하기 위해서는 대학의 정치적 민주화가 선행돼야 한다. 무엇보다 대학 구성원 간의 분리와 분할에 기초한 불평등, 불공정, 불균형을 제거해야 한다. 구성원 사이에 정의가 사라지면 연대가 아니라 야합만 남는다. 따라서 비정규직 교수에 대한 무시와 억압이 정규직 교수의 불만을 잠재우며 불안을 항구화한다는 사실, 대학원생이 실험실의 저임금 노동자로 전락하고 있다는 사실, 또 지도 교수의 이름을 널리 알리는 도구로 활용되는 대학원생들이 교수를 가부장적 권력에 마취된 정신이상자로 만든다는 사실, 부모의 경제력에 저당 잡힌 학생들의 교육 복지 없이는 교수들의 복지도 불가능하다는 사실을 인식해야 한다. 이런 인식으로부터 대학 구성원 모두가 동등하게 참여하는 절차적 민주주의를 구현할 수 있는 학칙을 처음부터 다시 마련해야 한다.

무엇보다 시급한 과제는 자본으로부터 상대적 자율성을 확립하는 과제를 수행해야 한다. 교육의 공공성을 확보하고 교육 주체를 확립해야 한다. 진리의 추구와 지식의 생산은 자본과의 일정한 거리를 전제로 하며, 대학의 자율과 자치는 바로 이 거리를 유지하기 위한 필요조건이다. 또한 대학은 사회와 어느 정도의 거리 두기를 유지해야 한다. 대학이 사회와 너무 밀착되어 있으면, 다시 말해 사회의 요구를 순응하고 받아들인다면, 그리고 그 방향이 쌍방적이 아니라 일방적이라면, 대학이 해야 할 사회의 미래적 방향에 대한 제시 기능이 약해질 수밖에 없다. 적절한 거리 두기를 통해 비판을 하고 또 방향을 제시할 수 있는 본연의 기능을 수행하기 위해서라도 사회로부터의 거리 두기가 요청된다. 그런데 현재 한국의 대학들은 사회의 요구를 너무나 빨리, 쉽게, 그리고 간단하게 받아들이고 거기에 부응하려고 한다. 너무나 쉽게 언급되고 있는 고등교육 시장이라는 말은 이런 거리 두기를 해야 할 필요성을 제기해준다. 대학은 시장이어서는 안 되기 때문이다.

과연 대학은 변화된 시대에 발맞추어 기업화해야 하는 것일까. 자본주의가 전 세계화하는 이 자리에서 대학 역시 자본주의의 논리에 휘둘리고 매몰되어 스스로 자본의 첨병이 되어야 하는 것일까. 지금 우리는 학문과 교육의 자율을 지키기 위한 질문에 대답해야 한다. 무엇을 선택할 것인가. 현재 한국의 대학들이 가지고 있는 문제들을 해결하기 위한 해법은 무엇일까. 우리나라의 교육 문제에 대한 대책 논의에서 자주 언급되는 풍선효과처럼 사실 그 해법을 찾기란 쉽지 않다. 교육 현장에서의 교육 문제 해결을 위해서는 교수의 권위를 다시 살려야 하며, 교수 스스로 자신의 권위를 지켜야 한다. 결국 교수가 교수로서 살아 있어야 한다.

기업화된 대학이 넘쳐 나는 미국의 많은 교수들은 시대의 문화를 창출하지 못하고 기업의 흐름에 좇아가는 대중과 다를 바 없어졌다. 교수 대중은 소수 자본권력의 이익을 위해 '참여적이고 능동적인', '쓸 만한 바보'가 되어버린 것이다. 미국의 대학생들은 자신들을 비참하게 만든 다국적기업에는 지극한 애정을 보내면서, 현재의 참상을 개선해보려는 사람들에게는 미움의 화살을 돌린다. 그리고 자신의 어두운 미래와 저항 정신이 그에 맞물려 다국적기업의 마케팅에 수동적으로 끌려가기만 한다. 진정한 참상이다. 미국 대학의 이런 참상이 한국에서도 일어나지 말라는 법은 없다.

한국은 세계사의 약자였음에도 불구하고 늘 강자의 말을 따르기만 하며 살아왔다. 특히 미국의 고급문화는 물론 저급문화까지도 남김없이 모방하면서 살고 있다. 미국에서 권장하면 곧바로 한국에서 시행되며, 그곳의 터부는 이곳에서도 터부다. 이런 무모한 사대주의는 어디서도 찾기 어려울 것이다. 하지만 미국의 대학 모델이 제 기능을 잃은 오늘날, 더 이상 사대를 하다가는 미국 대학 이상의 참상을 한국 대학 곳곳에서 겪지 말라는 법은 없다.

개
혁

"재벌 갑질 청산하라! 재벌 갑질 청산하라!"

2018년 상반기를 가로지르는 대표적인 화두의 하나가

바로 '갑질'이었다. 갑질의 중심에는 '회장님'을 비롯한

재벌총수 일가가 있었다. 우리 시대 재벌기업은 여전히

일감몰아주기의 백화점을 보는 것 같다.

계열사 내부거래도 모자라 친족 기업과 이른바

'가신 기업'을 통한 사익 편취가 만연하고 있다.

심지어 위장 계열사까지 등장한다. 법망을 아무리

촘촘하게 좁혀도 요리조리 피해왔던 재벌기업들.

그리고 그 중심에는 '회장님'이 있었다.

이사회도 주주총회도 '회장님'께 반기를 들지 않았다.

오히려 '회장님' 체제를 지켜주는 방패막이였다.

('KBS 뉴스' 2018. 7. 24)

＼ 재벌개혁과 경제민주화

부정의를 시정하라

'동물의 왕국'을 보면 '자연의 질서는 약육강식의 운명에서 벗어날 수 없는가?'라는 의문이 든다. 초식동물은 '슬프다.' 포식자 사자가 사슴을 덮치면 배경음악은 한껏 비장해진다. 내레이터는 "자, 보라, 힘없는 자들의 운명을" 하고 읊조린다. 자연의 질서에 따르면 포식자의 본성은 약자를 삼키는 것이다. 포식자 역시 사냥할 힘이 없어지면 당연히 무리에서 쫓겨나 '비참한' 최후를 맞이한다. '비참하다'는 것은 인간의 주관적 판단이다. 이런 판단에 근거해 이 프로그램은 동물의 왕국은 약육강식의 먹이사슬이 지배하지만, 인간의 문명은 사회적 약자에게 시혜적이라고 위로한다.

사회적 약자를 보호하는 것. 그것이 인간의 문명과 동물의 왕국을 구분하는 척도다. '적어도' 근대화된 세계에서 국가는 사회적 약자를 보호해줄 장치들을 마련해왔기 때문이다. 국가는 약자가 기댈 수 있는 마지막 언덕이다. 사회적 약자가 강자의 폭력에 억울하게 당하지 않도록, 국가가 개인을 대신해 법적인 정의를 실현해줄 것이라고 사람들은 믿는다. 그래서 주먹은 가깝고 법은 멂에도 불구하고 가까이 있는 주먹에 의존하지 않고 법에 호소하려고 한다.

재벌은 다수 국민들에게 돌아갈 몫을 소수 재벌에게 집중시키는 규모의 경제를 통해 탄생됐다. 일반 국민들의 재벌에 대한 정서에는 국민들의 세금과 희생으로 탄생한 재벌이 자발적으로 그들의 이익 중 상당 부분을 사회에 환원할 것이라는 기대가 있다. 그러나 재벌은 이익을 사회에 환원하기보다는 비자금을 조성해 불법적인 정치자금을 지원하는 등 국민의 이해와 상반된 행동을 통해 자신의 이익을 실현하는 데 치중해왔다. 점차적으로 국민들은 재벌이 그렇게 생산적이지 않으며 국가 발전에도 큰 도움이 되지 않는다고 생각하게 되었다. 1997년 IMF 구제금융 이후 많은 국민들이 정권 교체를 통해 새롭게 탄생한 김대중 정부에, 경제 실패에 대한 책임을 물어 재벌을 해체하고 새로운 경제질서를 창출해주길 기대한 것은 당연한 귀결이었다.

한국 재벌은 도덕적 정당성을 결여하고 경제력에 걸맞은 책임을 다하지 못함으로써, 막강한 경제적 힘을 갖고 있으면서도 사회적 헤게모니를 확보하는 데까지는 나아가지 못하고 있다. 헤게모니는 복잡하고 불확실한 과정을 거쳐, 특히 지배 집단의 이익이 사회 내 다른 부문의 이익과 일치될 때 확보된다. 이데올로기적 헤게모니의 확보를 위해서는 '자신이 속한 그룹들의 협소한 이해관계가 아니라 전체 국민, 민족의 이해관계가 얽힌 정책들을 이따금씩 추구하는 것'이 필요하다. 이 점에서 한국 재벌은 바로 한국 자본주의 발전 과정에서 일정한 진보적 역할을 다하지 못했다는 것이 최대 약점이다.

서구의 경우 자본가들은 국가의 부를 창출하는 데 있어서뿐만 아니라 경제적 자유, 정치적 자유라는 혁명적 가치를 주창함에 있어서 역사적 역할을 다했다. 그러나 한국의 자본가들은 1960년대 초부터 지금까지 저임금 노동을 보장해주는 데 유용한 한 권위주의 정부와 친화력을 보여주었다. 유신정권 때는 말할 것도 없고 그 이후 일련의 민주화 운동 등 정치적 변혁 과정에서 기업 엘리트들에 의해 변화의 추동력이 제기된 경우는 거의 없다. 오히려 일반 국민들의 희생과 노력으로 이루어진 부분적인 자유화조치 속에서 기업가들은 금융 자율화와 같은, 기업에 대한 국가 간섭을 줄이는 혜택을 누리고자 무임승차하는 데만 관심을 기울였다.

더구나 재벌에의 부의 편재가 심화되는 데 대한 일반 국민의 정서적 불만이 팽배해 있는 가운데, 재벌의 축재가 정상적인 경제활동보다는 부동산 투기 등 다른 요인에 의해 이루어지고 있다는 데에 대한 일반 국민의 비판은 더욱 커지고 있다. 이런 비판을 무마하기 위한 일부 재벌의 부의 사회 환원 작업도 면세가 되는 의료, 장학, 문화 사업 등과 같은 일부 사회복지사업에 한정되고 있을 뿐만 아니라,

그나마도 이런 사회사업을 재벌이 통제, 장악하고 있어 실제로 합법적인 탈세에 불과하다는 반론도 제기된다.

한국 재벌은 금융 지원과 노동 통제 등에 있어 정치권력에 크게 의존하고 있기 때문에 국가권력에 대한 기업의 상대적 자율성이 취약하다. 서구와 비교해볼 때 그 취약성은 더욱 명확하게 나타난다. 일찍이 부르주아혁명을 통해 자본가계급의 간접 지배와 사회적 헤게모니가 확보되어 있는 서구의 경우, 자본가들은 안정된 자본주의 체제를 유지하기 위해 기업의 단기적인 경제적·정치적 이익의 일부를 희생시킬 수 있는 여유를 갖고 있다. 그러나 부르주아혁명을 거치지 않은 한국의 경우, 국가권력과의 결탁을 통해 성장해온 재벌들은 임금 인상이라든가 노동조건의 개선 또는 노동자의 단결권·단체교섭권·단체행동권을 인정해줄 수 있을 만큼의 자신감과 사회적 헤게모니를 갖추지 못하고 있다.

헌법과 경제정의

우리 헌법은 사회국가원리를 명문으로 규정하고 있지는 않지만, 헌법의 전문, 사회적 기본권의 보장, 경제 영역에서 적극적으로 계획하고 유도하고 재분배하여야 할 국가의 의무를 규정하는 경제에 관한 조항 등과 같이 사회국가원리의 구체화된 여러 표현을 통하여 사회국가원리를 수용하였다. 사회국가란 한마디로, 사회정의의 이념을 헌법에 수용한 국가,

사회현상에 대하여 방관적인 국가가 아니라, 경제·사회·문화의 모든 영역에서 정의로운 사회질서의 형성을 위하여 사회현상에 관여하고 간섭하고 분배하고 조정하는 국가이며, 궁극적으로는 국민 각자가 실제로 자유를 행사할 수 있는 그 실질적 조건을 마련해줄 의무가 있는 국가다.

－ 헌재 2002. 12. 18 자 2002헌마52 결정

우리 헌법이 자유시장경제질서를 기본으로 하면서 사회국가원리를 수용하여 실질적인 자유와 평등을 아울러 달성하려는 것을 근본이념으로 하고 있다. …… 헌법이 보호하는 경제상의 자유란 어떠한 경우에도 제한을 받지 않는 자유방임을 의미하는 것이 아니다. 어떤 분야의 경제활동을 사인私人 간의 사적자치에 완전히 맡길 경우 심각한 사회적 폐해가 예상되는데도 국가가 아무런 관여를 하지 않는다면, 오히려 공정한 경쟁질서가 깨어지고 경제주체 간의 부조화가 일어나게 되어 헌법상의 경제질서에 반하는 결과가 초래될 것이다.

－ 헌재 2003. 2. 27 자 2002헌바4 결정

우리 헌법상의 경제질서는 사유재산제를 바탕으로 하고 자유경쟁을 존중하는 자유시장경제질서를 기본으로 하면서도, 이에 수반되는 갖가지 모순을 제거하고 사회복지·사회정의를 실현하기 위하여 국가적 규제와 조정을 용인하는 사회적 시장경제질서로서의 성격을 띠고 있다. 즉, 절대적 개인주의·자유주의를 근간으로 하는 자본주의사회에 있어서는 계약자유의 미명 아래, '있는 자, 가진 자'의 착취에 의하여 경제적인 지배—종

속 관계가 성립하고 경쟁이 왜곡되게 되어 결국에는 빈부의 격차가 현격해지고, 사회계층 간의 분화와 대립 갈등이 첨예화하는 사태에 이르게 됨에 따라, 이를 대폭 수정하여 실질적인 자유와 공정을 확보함으로써 인간의 존엄과 가치를 보장하도록 하였다.

– 헌재 2000. 6. 1 자 99헌마553 결정

헌법상 경제질서의 구성 요소로서 시장경제는 그 자체의 유지·존속을 위해서도 일정한 통제가 필요하고, 나아가 사회적 요소에 의한 보충을 요하는 불완전한 존재다. 우리나라는 '사회적'이라는 수식어를 사용하기에 앞서, 시장경제 자체가 제대로 작동하기 어려운 구조로 변하고 있다. 또한 "신분에서 계약으로"라는 근대의 법이념이 제대로 자리 잡기도 전에, 다시 '계약에서 신분으로' 퇴행하는 모습을 보이고 있다. 경제력이 신분화하고 있는 것이다.

이런 전근대적인 체제 속에서 시장경제의 건전한 발전은 물론이고 자유와 공정이라는 가치의 공존은 기대하기 어렵다. 흔히 '갑질'로 표현되는 불공정거래는 경제사회 전반의 양극화와 무관하지 않다. 그리고 양극화는 비단 소득 측면에서의 빈부 격차에 국한되지 않고, 대·중소기업, 서울·지방, 심지어 재벌 내에서도 5대 그룹과 나머지 그룹 등으로 계속 확대·심화되고 있다. 여기서 불공정의 문제는 단순히 윤리적 차원에 그치는 것이 아니라, 부패와 결부되어 시장경제의 핵심 원리인 경쟁과 바람직한 경제질서를 위태롭게 하는 규범적 문제라는 점을 간과해서는 안 된다. 특히 헌법 제119조는 개인의 경제적 자유를 보장하면서 '사회정의를 실현하는 경제질서'를 '경제헌법의 지도 원칙'으로 표명함으로써 국가가 개인의 경제적 자유를 존중하여야 할 의무와 더불어 국민경제의 전반적인 현상에 대하여 포괄적인 책임을 지고 있다는 것을 규정하고 있다.

> 우리 헌법은 헌법 제119조 이하의 경제에 관한 장에서 균형 있는 국민경제의 성장과 안정, 적정한 소득의 분배, 시장의 지배와 경제력 남용의 방지, 경제주체 간의 조화를 통한 경제의 민주화, 균형 있는 지역 경제의 육성, 중소기업의 보호 육성, 소비자 보호 등의 '경제 영역에서의 국가 목표를 명시적으로 언급'함으로써 국가가 경제정책을 통하여 달성하여야 할 '공익'을 구체화하고, 동시에 헌법 제37조 제2항의 기본권 제한을 위한 법률 유보에서의 '공공복리'를 구체화하고 있다. 따라서 헌법 제119조 제2항에 규정된 "경제주체 간의 조화를 통한 경제의 민주화"의 이념도 경제 영역에서 정의로운 사회질서를 형성하기 위하여 추구할 수 있는 국가목표로서 개인의 기본권을 제한하는 국가 행위를 정당화하는 헌법 규범이다. - 헌재 2004. 10. 28 자 99헌바91 결정

따라서 '사회정의를 실현하는 경제질서' 또는 '경제 영역에서 정의로운 사회질서'를 헌법이 규정하는 '경제정의'라고 할 수 있다.

'갑'의 경제력 남용과 이를 통한 '을'에 대한 지배의 문제를 해소하기 위해서는 경제적 약자를 보호하는 입법, 기업지배구조를 개선하는 입법, 재벌과 대기업의 경제력집중을 완화하는 법과 제도의 개선

이 절실하다. 이런 문제를 해결하는 것은 경제헌법의 지도 원칙인 경제정의의 관점에서 다루어져야 한다.

경제주체 간의 조화를 통한 경제민주화

자유민주적 기본질서에 바탕을 둔, 균형 잡힌 국민경제 구조의 유지와 최적의 분배를 실현하기 위한 경제철학의 헌법적 결단이다. 그 결단에 따라 국가가 주도하는 경제 규제와 조정은 다음과 같은 네 가지 방법을 통해 입법 목적을 실현하기로 한 것이다.

첫째, 균형 있는 국민경제의 성장 및 안정.
둘째, 적정한 소득분배.
셋째, 시장의 지배와 경제력의 남용 방지.
넷째, 경제주체 간의 조화.

경제민주화는 규모가 큰 단위의 자본권력이 그보다 작은 단위의 경제주체들을 자본의 힘으로 쉽사리 제압하지 못하도록 '민주화된 경제'를 희구하는 국민이 만든 견제 장치다. 경제민주화는 경제적 강자인 재벌기업과 약자 간의 힘의 불균형을 해소할 필요가 있다는 사실로부터 시작되어야 한다.

정치 민주화는 "대한민국의 주권은 국민에게 있고, 모든 권력은 국민으로부터 나온다."(헌법 제1조 제2항)는 국민주권론에서 비롯되었다. 국민주권의 선거권과 관련하여 국민 '1인1표주의'처럼 경제에서도 '1원1표주의' 내지 '1주1표주의'를 그대로 적용할 수는 없다. 국민 '1인1표주의'와 달리 경제민주화를 위한 사회 안정과 경제정의를 충분히 실현할 수 없기 때문이다. 국민주권으로부터 경제 주권이 파생된다. 정치 민주화를 위해서 국민의 역할이 중요하듯이 경제민주화를 실천하기 위해서는 '경제주체 간의 조화'가 중요하다. 경제민주화 입법은 경제주체 간의 조화와 공존을 위한 질서를 구축하는 것이다.

경제민주화는 특정 사회의 어느 한 집단이 시장을 지배하여 다른 집단이나 개인의 자유와 권리를 침해할 수 있다는 가정과 판단 아래서 출발한다. 여기서 시장을 지배하는 주체는 재벌이며, 지배의 근거는 총수 일가가 적은 지분으로 다수의 의결권을 행사할 수 있게 하는 소유 지배구조다. 반면 지배당하는 사람이나 집단은 소수주주, 중소기업, 소상공인, 자영업자, 협력업체, 소비자, 비정규직 노동자들이며, 또 다른 사회 취약 계층이 될 수도 있다. 이런 점에서 경제민주화는 재벌과 같은 경제 권력으로부터 시장의 공정성을 지키고, 개별 경제주체의 자유와 권리를 보장하기 위한 장치인 셈이다.

재벌개혁은 경제민주화의 전부가 아니라 출발점이다. 재벌개혁의 목표는 우리 사회의 가장 강력한 기득권 세력인 재벌이 우리 사회의 전체 이익에 역행하는 방식으로 행동하는 것을 막고, 재벌이 사회 전체의 협력 틀로 들어오도록 만드는 것이다. 경제민주화는 재벌의 경제력집중의 억제를 통해 그 폐해를 막고, 기업 수준에서, 기업

간 관계에서, 그리고 시장경제 수준에서 모든 경제주체의 권리를 확보하는 것이어야 한다. 이를 위해서는 무엇보다도 총수 일가의 지배력을 약화시키고, 이를 바탕으로 경제력집중을 억제하는 것이 우선되어야 한다. 총수 일가 중심의 소유 지배구조는 노동권을 약화시키고, 다양한 이해관계자들의 참여나 감시를 불가능하게 하며, 특히 노동자들의 헌신을 유인하지 못하는 기업 시스템을 고착화하고, 기업 간 장기 협력 관계 형성을 방해한다.

지난 몇 년 동안 대한민국 헌법 제119조 제2항이 명시적으로 규정하고 있는 "경제주체 간의 조화를 통한 경제의 민주화"는 1987년 개헌 이후 경제 관련 정책 결정에 중요한 개념으로 받아들여져 왔다. 그런데 이 과정에서 '경제의 민주화'는 재벌 중심의 신자유주의적 '경제의 자유화'로 축소·왜곡되어왔다. '경제의 민주화' 조항은 참여와 공정성을 내세운 정치권의 메아리 없는 선전 도구가 되어온 것이다. 특히 2012년 대선에서 두 거대 정당이 '경제민주화'를 경쟁적으로 선전에 이용했지만, 선거 이후 소리 소문 없이 사라지면서 조롱의 대상으로 전락했다. 하지만 '경제민주화' 조항이 정치 선전의 도구로 이용되는 것에 대해 냉소로 일관할 필요는 없다. 오히려 정치 선전의 도구로서 효용성이 있다는 것은 그만큼 경제민주주의에 대한 국민적 열망이 크다는 것을 의미한다.

헌법 제119조 제2항의 경제의 민주화는 경제의 자유화와 함께 경제민주주의를 형성한다. 신자유주의가 전 지구적으로 범람하면서 경제민주주의는 다시 낡은 이데올로기로 치부되면서 사그라들었다.

그럼에도 불구하고 헌법 제119조 제2항에서 '경제의 민주화'라는 조항이 명문화되면서 경제민주주의 담론은 다양한 방식으로 생명력을 유지해왔다. 그러다가 미국발 경제위기가 닥치고 신자유주의에 대한 근본적인 의심이 확산되면서, 2008년 이후 경제민주주의 담론은 복지국가 의제와 함께 재점화되었다.

2012년 총선과 18대 대선을 거치면서 경제민주주의는 정책 대결의 핵심 개념으로 등장했고, 특히 경제민주화를 전면에 내세운 박근혜 정부가 탄생하면서 관련 담론에 큰 활력이 불어넣어졌다. 무엇보다 이 시기 경제민주주의에 대한 시민사회의 요구는, 독재 정부의 경제 개입에 맞서 국가개입을 줄이고 시장 기능을 키우는 경제 자유화에 전향되었던 이전과 달리, 경제의 민주화와 사회화를 향했다.

이런 요구는 경제민주화를 전면에 내세운 박근혜 정부가 탄생하면서 더욱 강화되었다. 하지만 2014년 7월 초 경제민주화 관련 입법을 마무리한다는 정부의 입장 표명이 있은 후 관련 담론은 예상보다 빠른 시간에 풀이 죽었다. 하지만 관념적이기는 하지만 보수 정부조차 여전히 경제민주화를 창조경제의 제도적 토대로 간주하고 있었다는 점을 보더라도 경제민주주의 담론은 정치적으로 쉽게 제거될 수 있는 임의적 수사가 아니다. 경제민주주의란 독재적 자본 통제 대신 공동체가 통제하고, 이해당사자들이 협의하며, 양보와 타협이 의사 결정의 주요 수단이 되어야 한다.

경제민주주의는 '경제주체들 사이에서 민주적으로 형성된 공동의 의지와 의견으로 경제질서를 형성하고 규율하는 법체계'를 지향한다. 나아가 경제정의의 최대화를 달성하려는 규범이다. 경제민주주의는 자본주의를 반대하거나 극복하기 위한 프레임이 아니라 더 나은 자본주의를 실현하기 위한 가능성의 조건이다. 경제민주주의는 경제를 억압의 대상으로 간주하는 프레임이 아니라 더 나은 경제 활성화와 지속적 경제 발전을 위한 가능성의 조건이다. 헌법 체계 안 팎에서 정당화될 수 있는 경제민주주의는, 그 나라 헌법이 보장하는 기본권인 자유권과 사회권의 긴장 위에서 시민의 참정권인 공적 자율성의 최대화를 통해 실현될 수 있다. 경제민주주의가 지향하는 것은 자본주의경제 체계를 민주화하고 합리화하는 것이다. 경제민주주의는 사회적 질병을 고쳐가기 위한 사회적 진단과 치유를 시민에게 되돌리려는 기획이다. 따라서 경제민주주의는 경제를, 목적이 아니라 인간에게 복무해야 할 수단으로 자리매김하는 데서 출발해야 한다.

헌법 제119조에 규정되어 있는 경제민주화는 시행 30년이 넘은 현재에도 입법 당시의 제정 취지가 표방하는 이념적 지향과는 상당한 괴리를 보이고 있다. 규모가 크건 작건 경제주체 간의 조화를 이루기 위해 경제적 강자가 시장을 지배하거나 경제력을 남용하지 못하게 함으로써, 균형 있는 국민경제의 성장과 안정을 모색하고 적정한 소득분배 구조를 안착시키려고 만든 것이 경제민주화 헌법 규정이다. 그렇지만 현실에서는 불평등의 골이 끝을 모르고 깊어가고 있다. 국민경제는 1997년 IMF 구제금융 이후 지속적으로 균형을 잃었고, 2008년 글로벌 금융위기 이후에는 저성장의 경제 기조가 이어지고 있다. 기업 규모와는 무관하게 경제활동 단위의 수가 축소되고 있고, 기업의 소득분은 재벌기업에 편중되고 있다. 이런 분배구조의 불균형이 낳은 괴리 현상은 재벌기업으로의 자산 집중 현상으로 이어졌고, 그 결과 시장에서의 우월적 지위와 경제력 남용 사례가 이미 통제 수위를 넘어섰다. 경제주체 간의 조화도 설득력을 잃은 지 오래되었다. 대한민국 경제는 경제민주화라는 궤도에 진입하지 못하는 한 궤도 이탈의 악순환과 그 파생 효과가 누적되면서 파국으로 치닫게 될 것이다.

＼ 지배구조의 민주화

지배구조와 소유구조의 비민주성

우리나라의 기업지배구조는 대주주와 소주주를 아우르는 주주민주주의가 실현된 지배구조가 아니라 지배주주의 전횡이 나타나는 비합리적이고 기형적인 지배구조다.

'망하지 않는다'는 한국 재벌의 신화는 1997년 외환위기로 무너져 내렸다. 재벌 체제의 구조적 문제점이 드러나기 시작한 것이었다. 재벌기업의 부실은 금융기관의 부실로 이어져 1997년 11월 외환위기의 주요한 원인이 되었다. 한국 재벌의 경영 부실 배후에는 이를 구조적으로 뒷받침했던 기업지배구조의 여러 문제점들이 내재하고 있다. 이에 따라 구제금융과 함께 IMF는 한국의 재벌 문제를 해결하라는 압력을 행사했다.

한국 재벌의 지배구조는 특정 대주주 및 그 친족의 소유 집중에 기초한, 직접적이고 전일적인 지배 체제이자 소유, 지배, 경영의 전적인 일치라는 특징을 갖는다. 전문성이 부족한 재벌총수의 폐쇄적, 독단적 의사결정이나 기업의 수익성과 효율성 저하를 낳게 한 무분별한 사업 확장이 가능했던 것은, 내부의 통제장치와 자본시장이나 금융시장의 작동에 기초한 외부적 감시가 모두 부재했기 때문이다.

기업지배구조에서 견제와 감시의 기능을 수행하는 내부적 장치로는 주주총회, 이사회, 감사(감사위원회)가 있다. 한국 재벌의 경우 적어도 법적으로는 이상의 장치를 갖추고 있다. 그러나 그 기능과 역할은 형식화·유명무실화되어 최고 경영진에 대한 감시, 감독, 통제라는 고유의 기능을 제대로 수행하지 못하고 있다.

최고 의사결정 기구로서 이사·감사의 선임·해임 권한을 갖는 주주총회에는 일반주주들 참석률이 매우 낮다. 중요한 의사결정인 이사나 감사 선임에 대한 의결조차 형식적으로 이루어진다. 주주총회에서 선임된 이사들은 재벌기업 총수의 결정을 뒷받침하는 '거수기' 역할을 수행하는 경우가 매우 흔하다. 이사회를 구성하는 이사는 지배주주인 재벌총수에 의해 사실상 선임·해임된다. 서구와 달리 재벌기업의 이사회는 내부 이사가 다수로, 경영 정책을 결정하는 기능과 집행하는 기능을 동시에 수행한다. 이때 대부분의 핵심 전략 결정은 지배주주인 재벌총수가 한다. 또한 대개 지배주주의 친족인 특수관계인이나 지인들로 구성된 감사(감사위원회)는 사실상 대표이사를 정점으로 하는 경영진에 편입되어 있어 독자적인 감사 업무를 수행할 수 없는 경우가 대부분이다. 법적 근거도 없는 그룹 회장이나 비서실 또는 기획실 등과 같은 실세 지배 기구가 그룹의 주요 사안을 대부분 결정한다. 이처럼 형식화된 법적 지배구조 뒤에는 재벌총수의 이해를 충실히 반영하는 실세 기구가 자리 잡고 있거나, 지배주주 또는 그 친인척이 경영에 참여하고 있는 것이 일반적이다.

재벌기업의 지배구조가 취약한 근본적인 원인으로는, 왜곡된 방식으로 총수에 집중되어 있는 한국 재벌 특유의 소유구조와 이런 소유구조에 기반하고 있는 총수 중심의 소유 경영 체제를 지적할 수 있다. 소유구조 면에서 한국 재벌은 내부 지분율이 매우 높다. 재벌총수의 주식 지분만을 고려한다면 그 비중이 그리 높지는 않다. 그러나 재벌총수는 가족, 친지 등 특수관계인의 지분과 계열기업 간 순환출자라는 수단을 이용해, 소수의 지분만으로도 계열기업 전반에 대한 실질적인 지배권과 통제력을 행사한다. 즉 재벌기업은 총수가 소수 핵심 기업의 주식 보유를 통해 지배권을 확보하고, 이들 기업이 계열기업에 출자함으로써 총수의 지배권이 확장되는 소유구조다.

순환출자는 재벌총수의 실질적인 지배력 행사의 핵심적 수단이다. 동시에 순환출자를 통한 자본의 가공적 확장은 자기자본 비율에 따라 결정되는 은행 대출에 대한 접근을 용이하게 함으로써 경제력집중을 심화시킨다. 이런 소유구조는 기업 소유자 간의 지배권 점유의 형평성과 민주성 측면에서 심각한 문제를 야기한다. 재벌총수 이외에 지분을 공동 소유하고 있는 소수주주 및 기관투자자 등 다수의 외부 주주들의 지분은 전혀 지배권에 반영되지 않는다. 한국 재벌의 취약한 기업지배구조의 이면에는 이렇게 왜곡·집중되어 있는 재벌의 소유구조가 자리 잡고 있다. 소유와 경영을 모두 담당하는 재벌총수에 대한 실질적 견제는 현실적으로 어려워, 결국 취약한 기업지배구조가 고착화되었다. 즉 이사회와 감사(감사위원회), 소수주주 등은 압도적인 지배주주이며 경영을 총괄하는 재벌총수의 영향력을 전혀 견제할 수 없고, 자본시장을 통한 외부적 감시도 집중된 소유로 인해 불가능하다.

오늘날 회사 법학(상법)의 중요한 과제 중 하나는 거대화된 지배주주의 지배권을 어떻게 견제하느냐의 문제다. 상법이 지배주주의 다수결 남용에 대하여 소수주주권(회계장부열람 청구권, 총회소집 청구권, 대표소송 제기권) 등을 인정하고 있지만 주주총회의 허구화, 감사(감사위원회)의 무력화, 이사회 제도의 유명무실화 등으로 인해 그 기능을 발휘하지 못한다. 지배주주는 상대적으로 높은 비율의 주식을 갖고 주식 다수결의 원리를 통하여 이사 및 감사의 선임·해임 등 회사 경영에 있어서 중요 사항에 대한 결정권을 갖는 주주총회의 결의를 자기가 원하는 방향대로 조정할 수 있어, 회사의 운명에 결정적인 영향을 줄 수 있다. 소수주주도 형식적으로는 기업의 소유자이지만, 실질적으로는 기업 소유의 중요한 요소인 기업 경영, 지배에의 참여 권한을 상실하게 되고 단순히 기업의 수익, 이윤의 분배만을 받으므로, 그 지위는 기업 소유자에서 금전 채권자로 전락하였다. 지배주주인 재벌총수는 소수주주가 잃은 지배권을 자기 수중에 두고 회사를 완전히 지배하는 것이다.

포용적 성장과 경제민주화

'경제민주화를 통한 포용적 성장'은 2016년 상법 개정안에서 처음 사용되었다. '포용적 성장inclusive growth'은 2008년 글로벌 금융위기 이후 활발히 사용되고 있는 개념으로서, 경제성장에 따른 기회가 각 계각층의 국민에게 주어지며, 늘어난 부가 사회 전체에 공정하게 분배되어 빈부 격차와 사회 양극화를 해소하도록 한 것이다. 따라서 '경제민주화를 통한 포용적 성장'은 헌법에 경제질서에 관한 기본원칙을 정한 헌법 제119조 제2항과 일맥상통하는 의미다.

OECD는 '포용적 성장'을, '경제성장에 따른 기회가 국민 각계각 층에게 주어지며 늘어난 부가 사회 전체에 공정하게 분배되는 것'으로 정의하고 있다. OECD에 의하면 사회적 가치는 자본보다 사람 중시, 구성원들의 자율성과 개방성 강조, 구성원들 간 민주적 통제, 보편적 이익 추구, 사회적 연대와 책임, 지속가능한 발전, 사회적 목적과 공익 활동 추구, 실업 문제 해결 등을 강조하고 있다. 이는 과거 사회적 가치를 사회적 약자 보호라는 측면에 국한해 해석하던 것과는 달리, 사회 구성원 모두의 성장, 사회적 연대, 공동체주의, 지역사회 구축 등을 강조하는 개념으로 해석하는 것이다. 2008년 글로벌 금융위기 이후 논의가 확산되면서 전 세계적으로 문제가 되고 있는 소득 격차 심화, 상대적 빈곤 악화, 일자리 기회 불평등 등 경제·사회적 불평등 문제에 대한 해결책으로서 '포용적 성장'이 제시되고 있다. '포용적 성장'의 핵심 요소는 '일자리 창출, 기회의 평등, 신뢰의 구축JET : jobs, equality, trust'으로, 단지 소득 또는 부의 이전에 관한 것만이 아니라 교육 등 사회적 측면을 포함하는 광범위한 개념이다. 성장의 과실을 특정 계층이 독차지하는 배타적 성장은 장기적으로 지속되기 어렵다.

포용성은 성장을 저해하는 것이 아니라 경쟁력 제고와 지속가능한 성장을 위해 불가결한 것이며 상호 영향을 미치는 선순환 구조라는 전제하에 조세정책, 재정 정책, 금융정책, 노동정책, 복지 정책, 경쟁 정책 등의 다양한 정책 수단들을 종합적으로 검토하는 것이 바로 '포용적 성장'이 가지는 정책적 함의다.

헌법적 근거를 갖는 '경제민주화를 통한 포용적 성장'이 회사법 상으로는 어떠한 의미를 갖는가? 한 나라 경제에서 기업을 건전하게 육성하고 발전시키는 것이 상법의 이념 중 하나라고 볼 수 있기 때문에 상법의 일부분인 회사법도 이런 맥락에서 파악할 수 있다. 시장경제에서 정부 이상의 막강한 영향력을 행사하고 있는 대기업을 규율 대상으로 하는 회사법을 선진화하며, 올바른 법집행과 기업의 건전한 운용과 발전을 위한 제도적 틀을 마련해주는 것이 회사법의 지상 과제인 것이다.

그런데 회사법은 경제와 회사를 바라보는 시각, 이념, 경제정의 또는 공정에 관한 입장에 따라 다르게 구축될 수 있다. 종전까지는 회사법을 주주 중심으로 파악했으나, 최근 미국을 비롯한 선진국에서는 회사법을 나라의 경제를 개혁하는 데 중요한 메커니즘으로서 작동하게 하자는 주장이 힘을 얻고 있다. 기업사회책임CSR : Corporate

Social Responsibility의 활발한 논의와 더불어 지속가능한 회사 제도의 개혁이 논의되고 있다. 회사법의 목적을 '사회 전체 이익의 증진'으로 보고, 사회 전체의 이익에는 주주, 노동자, 공급자, 소비자뿐만 아니라 지역공동체와 자연환경의 수혜자 같은 회사 활동의 영향을 받는 모든 이의 총체적 복지를 포함하는 입장도 속한다. 이는 경제학에서 말하는 사회 전체의 효율성 추구에 대응하는 것이다.

 "회사법을 통하여 세상을 변화시키자saving the world with corporate law"는 표현이 시사하는 바와 같이 회사(기업)와 이를 규제하는 법 모두 힘을 갖고 있기 때문에 회사법은 회사를 둘러싼 이해관계를 합리적으로 조정하는 역할을 할 수 있다. 보스턴대학교 로스쿨 교수인 켄트 그린필드Kent Greenfield는 회사법에 의한 사회 변화의 역할을 강조하면서 구체적으로는 주주와 경영자 중심의 지배구조를 벗어나 이 사회의 이원적 구성과 다양한 이해관계자의 경영 참여로 주주의 이익 증대는 물론 사회 전체의 복지도 증진시킬 수 있다고 말한다.

 2016년 상법 개정안은 "이해관계자자본주의(이해관계자중심주의 또는 이해관계자모델)를 강화하는 측면에서 사외이사 선출에 근로자와 소수주주의 경영 감시·감독권을 보장하여 근로자 우리사주조합 및 소수주주의 사외이사 추천·선출권을 도입"한다고 제안 이유를 명시적으로 밝히고 있다. 이해관계자모델은 기업지배구조를 변화시켜 회사의 부 창출 능력을 증진시키는 동시에 부의 공정한 분배와 회사의 행동 변화를 통한 사회경제적 문제의 해결을 강조한다. 따라서 2016년 상법 개정안은 종전과 달리 주주자본주의(주주중심주의 또는 주주모델)에서 벗어나 '경제민주화를 통한 포용적 성장'과 소수 주주, 노동자 등 회사 이해관계자의 지위를 강화하는 입장에서 상법 개정의 문제를 다루고 있다.

지배구조 개혁

이해관계자의 견제 및 보호 장치 강화

기업지배구조의 투명성과 합리적 경영 판단에 있어서 결정적 역할을 할 수 있는 상법(회사법) 개정이 필요하다. 다중 대표소송제, 다중 장부열람권, 주주 대표소송제 개선, 집중투표제, 전자투표제 및 서면투표제는 소수주주권의 활성화를 통해 기업 내부의 경영 의사결정의 합리화 및 지배주주의 사익 추구를 견제하기 위한 제도라는 측면에서 도입되어야 할 과제들이다.

이와 관련된 보다 구체적인 제도 개선은 다음과 같다.

(1) 다중 대표소송제 도입

비상장회사에 대한 회사법적 규율을 확보하기 위해 다중 대표소송제를 도입해야 한다. 다중 대표소송제 도입에 있어 모·자회사의 지분 요건이 중요한 바, 회사법상 통상 30% 이상의 지분을 보유할 경우 지배 관계가 형성되는 것으로 보고 있으며, 독점규제법 제2조 제2호가 규정한 기업집단에 소속된 회사의 경우 '지배적 영향력'을 행사하는 기준도 30% 기준인바, 30% 이상 출자 관계로 규정하는 것이 바람직하다.

(2) 주주 대표소송을 위한 필요 지분율 완화

대표소송은 소송의 이익이 회사에 귀속되는 공익적 성격의 소송이므로 소 제기 요건을 현행 소수주주권에서 단독주주권(6개월 이상 보유)으로 변경하는 것이 필요하다.

(3) 이사의 책임 감면 조항 삭제

상법 개정으로 도입된 이사의 책임 한도 제한 규정은 '책임 과중에 따른 기업 활동의 위축'이라는 본연의 취지와는 달리, 방만한 회사 경영에도 불구하고 책임을 회피할 수 있는 유인 구조를 형성하여 이사들의 도덕적 해이moral hazard를 부추길 우려가 크다. 또한 이사의 책임 감면 조항은 책임 감면을 결정할 주체가 따로 규정되어 있지 않으므로 논란의 소지도 있다. 이사의 책임 감면은 정관 변경을 통한 임의의 감면이 아닌 총주주의 동의나 법원 판결로 이루어져야 한다.

(4) 증거 편중 시정을 위한 입증 책임 전환

어떤 이사가 임무를 위배하여 회사에 손해를 끼쳤다고 생각하면 소를 제기한 측에서 그 이사의 이해상충을 입증하고, 당해 이사의 생각이 다르다면 자신의 행위가 이해관계의 상충이 아니며 공정한 판단이었다는 것을 스스로 증명하도록 하는 입증 책임 전환을 도입할 필요가 있다. 입증 책임의 전환이 어렵다면 최소한 정보 개시권을 적극적으로 인정하여, 불법행위 존재에 대한 중대한 의심이 있는 경우, 법원으로 하여금 검사인을 지정하여 정보를 개시할 수 있도록 하는 검사인 선임청구권 도입이 필요하다.

또한 주주의 정보 접근성 확보가 필요하다.

(1) 회계장부 열람권의 대상 확대

회계장부 열람권의 명칭을 '회계자료 등 경영정보 열람권'으로 변경하고, 열람 가능한 서류의 범위를 확대 지정해야 한다.

(2) 이중(다중)장부 열람권 도입

열람 대상 회사 범위를 해당 회사뿐만 아니라 회사가 일정 지분(예컨대 30%)을 보유하고 있는 피투자 회사로까지 확대할 필요가 있다.

(3) 주주명부 열람권 강화

회사가 불응하는 경우 회사뿐만 아니라 명의개서 대리인에게도 주주명부를 청구할 수 있도록 할 필요가 있다.

(4) 주주들에게 조회공시요구권 부여

일정 요건(지분율 등)을 갖춘 주주들이 한국거래소에 조회공시를 요구할 수 있는 권한을 부여하고, 한국거래소는 특별한 사정이 없는 한 회사에 동일한 내용의 조회공시를 요구하도록 한다. 조회공시 요구 여부 및 요구 대상 회사의 범위 등을 정하는 데 있어서 구체적인 기준과 절차를 만들어 투명성을 제고함과 동시에 한국거래소가 재량권을 남용하지 못하게 할 필요가 있다.

이사회 독립성 강화

첫째, 이사 등 선임 방법의 개선이다.

⑴ 감사위원 선임 시 분리 선출 방식 적용

감사위원인 이사와 감사위원이 아닌 이사를 구분 선임하여 감사위원인 이사 선임 시 최대주주의 의결권을 제한하도록 한다. 2015년 제정된 '금융회사의 지배구조에 관한 법률'은 감사위원인 사외이사 1인 이상에 대해 분리 선출 방식에 따라 선임할 것을 의무화하고 있다.

⑵ 사외이사인 감사위원 선임 시 3% 이상 보유 주주의 의결권 제한 강화

사내이사인 감사위원과 사외이사인 감사위원 간에 요구되는 '독립성' 수준이 크게 다르지 않음을 감안할 때, 대주주의 의결권 제한도 동일하게 규율되어야 한다. 즉 사외이사인 감사위원 선임 시에도 최대주주 및 특수관계인의 의결권 합계가 3%를 초과하지 않도록 의결권을 제한할 필요가 있다.

⑶ 집중투표제의 의무화 또는 집중투표 도입 및 배제를 위한 정관 변경 시 3% 이상 주주에 대한 의결권 제한 강화

상법 개정을 통해 집중투표제를 의무 조항으로 전환하고, 의무 조항 전환이 이루어지지 않을 경우, 모든 상장회사에 대해 집중투표제 도입을 위한 정관 변경(안) 승인 시 최대주주 및 특수관계인의 의결권 합계를 3%로 제한할 필요가 있다.

⑷ 집중투표실시 청구권의 지분율 하향 조정

집중투표 요청에 필요한 지분 요건(자산총액 2조 원 미만인 경우 3%, 2조 원 이상인 경우 1%)을 주주 제안 요청에 필요한 지분 요건(자본금 1,000억 원 미만인 경우 1% , 자본금 1,000억 원 이상인 경우 0.5%) 수준으로 낮추는 것이 필요하다.

둘째, 이사회 권한 강화다.

⑴ 일정 규모 이상 상장회사에 경영 승계 시스템 마련 의무화

CEO 승계 계획 수립 및 집행을 이사회 소관으로 규정하고, 이사회는 승계 계획에 따라 CEO를 선임하고 그 결과를 공시하도록 해야한다. 이사회는 일차적으로 기존 CEO에 대한 성과 평가와 이를 토대로 연임 여부를 결정하고, 기존 CEO를 연임시키지 않기로 결정한경우 또는 CEO 부재 시에는 CEO 승계 계획에 따라 CEO 후보군중에서 신임 CEO를 선임하여 경영 공백을 최소화할 필요가 있다.

⑵ 이사회 내의 하부 위원회가 이사에 대한 성과 평가 및 보수 결정

총수 일가 및 CEO가 임원 보수를 독단적으로 결정할 수 없도록, 상법을 개정하여 임원의 성과 평가와 보상 및 인사를 이사회의 권한으로 명확히 규정한다. 일정 규모 이상의 회사에 대해 이사회 내 관련 위원회 설치를 의무화하여 전문성과 절차적 투명성을 확보하도록한다. 위원회는 사외이사 3분의 2 이상으로 구성하도록 하고, 임원에 대한 성과 평가 및 보수의 결정, 회사의 보수 정책(퇴직금 등 모든성격의 대가를 포함함) 등을 결정하도록 한다.

셋째, 이사회, 이사 및 감사의 독립성 확보다.

⑴ 사외이사의 자격 요건 강화

사외이사의 경우 다음의 결격사유를 추가할 필요가 있다.

① 회사 및 계열회사의 5년 이내 전직 임직원

② 회사와 거래 관계 등 중요한 이해관계에 있는 법인 판단 기준

확대

③ 지배주주 등과 자문 계약 관계에 있는 자

④ 회사 및 계열회사에 9년 이상 사외이사로 재직한 자

(2) 일정 규모 이상의 상장법인은 소수주주 추천 사외이사 1인 선임 의무화

사외이사의 독립성 확보를 위해 이사 중에 1명 이상은 소수주주들이 추천하는 인사로 구성하는 것이 필요하다.

(3) 감사의 자격 요건 강화

감사의 경우에도 사외이사에 준하는 자격 요건을 요구할 필요가 있다.

(4) 등기 임원의 자격 요건 강화

회사의 업무와 관련된 범죄로 상법·자본시장법·외부감사법 등을 위반하여 금고 이상의 형이 확정된 자에 대하여 형 확정과 동시에 이사 및 감사의 자격을 박탈하고, 당해 회사뿐만 아니라 다른 회사 (상장 및 비상장 포함)에 대해서도 형 집행이 종료된 후 5년간 이사, 감사 등의 임원이 될 수 없도록 한다.

(5) 대형 상장법인 기준 하향 조정

대형 상장법인의 기준을 현행 자산총액 2조 원 이상에서 1조 원 이상으로 하향 조정하여 상장회사의 투명성을 제고할 필요가 있다.

대주주에 대한 행위규제 강화

일감몰아주기 내지 부당 지원 행위 등은 결코 공정하지 못한 경

쟁구조를 초래하는 것으로 혁신적인 기업가의 시장 진입을 억제하는 등의 근본적인 부작용을 야기하고 있으며, 특정한 재벌기업으로의 경제력집중의 요인이 되기도 하는 것으로 판단된다. 그간 내부거래는 시장이 충분히 발달하지 않을 경우의 자금과 원재료 등의 원활한 조달에 필요한 안정적인 내부 시장으로서의 역할을 해온 측면도 있으나, 그렇다고 한다면 외부 시장이 충분히 발달한 현재와 같은 경우에는 이런 행위가 응당 해소되는 것이 합당한 것이라 할 수 있다. 일감몰아주기에 대해서는 상법, 독점규제법, 상속증여세법 등의 개정이 동시에 완성되어야만 그 효과가 크다. 여기서는 상법에 규정되어 있지만 유명무실화된 규정을 실효성 있게 하기 위한 방안을 살펴본다.

(1) 이사의 충실의무 규정에 대한 전면적인 재편

충실의무 규정 도입 취지에 맞게 법 조항에 '이사와 회사의 이해가 상충되는 경우, 이사는 회사 이익을 위해서 행동해야 함'을 명확히 규정한다. 이사는 이해상충이 발생할 때 이를 회사에 알리고(개시 의무), 이사회 승인을 통해 절차적·실체적 공정성을 확보하도록 해야 한다. 이사회의 승인이 있을 경우 이를 즉시 공시하도록 한다. 현재 상법에서는 최대주주 및 특수관계인 등과의 거래의 경우 이사회 승인을 받도록 하고 주주총회에서 보고하도록 하고 있으나, 공시 의무는 따로 부과하고 있지 않다. 절차적·실체적 공정성이 확보되지 못한 경우 이사에게 원상회복 책임 및 손해배상책임을 부담하도록 한다. 회사와 이사의 이해상충 문제에서 외부 주주는 거래의 공정성과 관련된 정보를 얻기 어려우므로, 회사 내부에 있는 이사가 이를 입증하도록 한다. 회사의 등기이사는 아니지만 지배주주 등 실제 회사 경영에 영향력을 행사하는 자들이 자기거래를 하는 경우 '사실상의 이사'로 추정하는 조항을 도입한다. 이사의 충실의무 조항이 적용되는 구체적인 행위에 대하여 기존의 행위별 조항을 재편한다.

⑵ 상법에 회사의 자산 유용에 대한 내용 추가

제397조의2 제1항의 법문을 명확히 하고 개정 취지에 부합하도록 '회사의 자산 유용'에 대한 내용을 추가하여야 한다.

⑶ 개입권의 광범위한 인정

상법 제397조의 겸업 금지 규정 위반 외에, 회사기회유용 및 자산의 유용, 자기거래 금지 규정을 위반하는 경우에도 회사 또는 주주는 이사에게 원상회복을 청구할 수 있도록 한다.

위와 같은 개정이 이루어진다면 이사 및 지배주주의 사익 추구 행위를 통한 기업가치 훼손을 방지하고, 소수주주의 이익을 보호하고, 손해 발생 시 원상회복 및 손해배상을 통해서 기업가치를 회복하도록 하며, 지배주주의 사익 추구 행위에 대한 이사회의 감시 기능을 강화함으로써 소수주주의 이익을 보호하고 부당한 부의 이전을 억제하고 공정한 경쟁질서를 확립하는 데 기여할 것이다.

＼ 경제질서의 민주화

경제질서의 비민주성

한 나라의 실제 경제 운용의 모습을 보여주는 경제질서는 나라와 시대에 따라 다양한 특징을 드러낸다. 경제질서를 총체적으로 표현하기 위해 자유시장경제라거나 사회적 시장경제와 같은 용어가 사용된다. 그런데 경제법이란 헌법상 바람직한 경제질서를 형성하기 위해 사업자를 규율하는 법규범이라고 이해할 때, 해방 이후 대한민국 시장경제의 발전 과정에서 경제법이 어떤 역할을 수행해왔는지를 파악하기 위해서는 헌법상 경제질서를 살펴볼 필요가 있다. 규범적으로 바람직한 경제질서란 다시 말해서 헌법이 추구하는 경제질서에 다름 아니다. 독일에서 경제법은 중간에 나치 전시경제의 수행을 위한 통제법의 성격을 갖기도 하였으나, 패전 이후 이념적으로는 질서자유주의의 전통 속에서 바람직한 경제질서의 형성을 위하여 국가가 경제활동에 개입하는 법규범으로 자리 잡았다.

1987년 개정된 우리나라 현행 헌법은 경제질서에 관한 장에서 자유시장경제를 원칙으로 하되, 시장의 지배와 경제력의 남용을 방지하고 경제주체 간의 조화를 통한 경제민주화를 위하여 국가가 시장에 개입할 것을 정당화하고 있다. 경제민주화의 핵심적인 가치 내용에 대해서는 이미 헌법이 여러 곳에서 '사회적 시장경제'를 구체화하는 방식으로 규정하고 있다. 그 하나의 예가 바로 헌법 제123조다. 그에 따르면 국가는 중소기업을 보호·육성하여야 할 책무를 지고, 이를 위해 중소기업의 자조自助 조직을 육성하여야 한다. 지역 간 균형 있는 발전을 위하여 국가가 지역 경제를 육성할 의무를 진다는 제2항 또한 지역 경제의 중추가 바로 중소기업이라는 점에 비추어 중소기업 보호와 직접 관련된 조항으로 해석된다.

우리나라의 경제질서는 자유와 창의뿐만 아니라 분권화된 시장경제를 지향하고 있으며, 이를 위한 수단으로서 공정하고 자유로운 경쟁과 경제적 힘의 균형은, 시장경제의 기초이자 경제민주화의 핵심요소를 이루는 '질서 정책'에 해당한다는 점에서 헌법적 정당성을 가진다. 이런 경제법의 과제는 대기업의 과도한 시장 집중을 억제함과 아울러 대기업이 중소기업에 대하여 경제력을 남용하지 못하도록 방지하는 데에서 출발한다. 특히 우리나라의 정치·경제·사회 및 문화 전반에 지배적 영향력을 갖고 있는 재벌 중심의 경제 시스템에 대한 패러다임에 근본적인 변화를 요구한다. 이런 점에서 '재벌정책은 가장 기본적인 경쟁 정책'이라고 할 수 있다. 이런 의미에서 '재벌'을 빼놓고 대한민국의 경제질서를 논할 수 없고, 재벌 체제에 대한 문제의식과 대안 모색이 되어야 경제법이 핵심 역할을 한다. 시장경제의 핵심 요소인 공정하고 자유로운 경쟁을 촉진하면서 힘의 균형을 유지하는 과제는 무엇보다 재벌 체제의 적절한 규제를 통해 실현될 수 있기 때문이다.

해방과 6·25 전쟁을 겪으면서 본격 탄생하기 시작한 우리나라의 시장경제는 처음부터 그 본질이 매우 왜곡된 위태한 모습이었다. 1960년대 이후 우리나라는 대기업 주도, 수출 중심의 불균형 경제성장을 추진해왔다. 당시의 경제성장 전략이 결과적으로 성공적인 모델로 언급될 만큼 놀라운 성과를 가져왔음에도 불구하고, 우리나라의 시장경제는 재벌에 의한 경제력집중과 독과점의 고착화, 불공정 문화의 만연과 정경유착 등 고질적인 병폐를 잉태하고 있었다. 우리나라에서 경제법이 태동하기 시작한 1960~1970년대에는 재벌에 대한 문제 제기보다는 독과점에 대한 적절한 감시와 이를 통한 물가관리가 관심의 초점이었고, 본연의 경쟁 정책이나 재벌정책은 제대로 논의조차 되지 못했다.

시장경제가 심화하면서 일찍이 재벌과 독과점, 불공정거래 등의 폐해가 사회적으로 문제되었음에도 불구하고 우리나라에서 경제법이 이에 대응하기까지는 많은 시간이 소요되었다. 이미 1960년대 중반부터 독과점의 폐해가 지적되었으나, 정부의 핵심적인 정책 목표인 성장제일주의와 전경련을 중심으로 한 재계의 집요한 반대로

1980년 급작스레 독점규제법이 제정되기까지 많은 세월이 걸릴 수밖에 없었다. 법 제정 이후에도 독과점의 남용에 대한 규제가 미미하고, 경제학에 대한 과도한 의존으로 인해 불공정 문제가 사실상 도외시되면서 공정하고 자유로운 경쟁은 여전히 미흡한 상황이다.

경제법의 과제

경제력집중의 해소

국민경제 차원에서 극소수의 대기업 집단 내지 재벌로 경제력이 과도하게 집중되는 것을 막는 것은 개별·독립 기업 형태의 중소·중견 기업이 대등하게 경쟁하고 성장하기 위한 기본 환경을 제공한다. 중소·중견 기업이 자신의 잠재력을 충분히 발휘하기 위해서는 무엇보다 자본, 기술, 인력 등의 측면에서 균등한 기회를 누릴 수 있어야 한다. 재벌 체제의 고착화는 더 이상 시장의 자율 조정 능력으로 문제를 해결할 수 없게 하고, 시장경제의 본질인 성과에 기반한 경쟁 자체를 곤란하게 하기 때문이다.

견제받지 않는 권력은 정치권력이든 경제 권력이든 필연적으로 자유민주주의와 경제민주주의를 위태롭게 한다는 점에서, 경제력집중 문제 해결은 이른바 경제헌법의 관점에서 다루어져야 한다. 그런데 과거 무엇보다 경제력집중의 개념과 규제 목적이 모호한 측면이 있었고, 정권의 성격이나 이해관계에 따라 정책 방향과 수단이 부침을 거듭했으며, 정부 내에서도 부처 간 일관성이 부족해 경제력집중 억제 시책이 별다른 실효성을 거두지 못했다.

향후 과도한 경제력집중을 해소하기 위해서는 독점규제법에 도입되어 있는 (신규) 순환출자의 금지, 금산 분리의 유지 또는 강화, 지주회사 규제의 재정비가 이루어질 필요가 있으며, 계열사 간 일감몰아주기나 재벌의 편법 승계 등을 보다 효과적으로 규제할 수 있도록 법집행을 강화해야 한다. 규제 대상을 대폭 축소하는 전제 아래 일반 집중을 억제한다는 차원에서 출자 총액 제한을 일부 부활시키는 방안도 신중히 고려해야 한다. 아울러 재벌 문제는 조세정책, 산업정책, 금융정책 등과도 밀접한 관련을 맺고 있다는 점에서, 이들 법·정책과 독점규제법상 경제력집중 억제 시책이 조화롭고도 일관되게 추진되어야 한다. 따라서 향후 일반 집중의 규제 필요성에 대한 사회적 공감대가 형성되는 것을 전제로, 각 부처의 경제력집중 관련 시책을 일관되게 추진할 수 있는 법제와 기구를 검토할 필요가 있다.

경쟁 보호의 실효성 강화

독점규제법은 일차적으로 공정하고 자유로운 경쟁의 촉진을 목적으로 하고, 이를 위해서 시장 지배적 지위 남용, 경쟁 제한적 M&A, 카르텔, 불공정거래 행위 등을 규제하고 있다. 이때 규제 목적과 금지 행위를 일대일 관계로, 즉 기계적으로 해석하기는 곤란하며, 자유와 공정의 관계가 그러하듯 이 네 가지의 금지 행위는 직간접적으로 모두 자유경쟁 및 공정 경쟁과 관련을 맺고 있다.

그런데 경쟁 보호의 실효성을 기대하기 위해서는 먼저 '경쟁'이란 무엇인지, 그리고 경쟁이 어떻게 작동하여야 하는지에 관한 사회적 콘센서스consensus가 매우 중요하다. 이를테면 독점규제법상 시장 지배적 지위 남용 여부와 관련하여 경쟁 제한 효과를 해석하고자 할 때 경쟁의 자유냐 경제적 효율성의 감소(가격 인상 또는 산출량 감소)냐에 따라 위법성 판단이 달리 내려질 수 있기 때문이다.

또한 독과점 사업자가 대부분 재벌의 계열회사인 점을 감안할 때 양자의 상관관계에도 주목해야 한다. 재벌기업의 경영이 합리적으로 이루어질수록 효율성에 기반하지 않은 독과점 체제는 오랫동안 유지되지 못할 것이며, 혁신적인 사업자의 신규 진입을 통한 경쟁 촉진이 용이해질 것이기 때문이다. 아울러 독점규제법상 남용 규제에 있어서 종국적으로 실효적인 시정조치의 강구 및 이행 감시가 관건이라는 점을 고려하여, 독과점의 구조적 폐해에 걸맞은 별도의 시정조치 부과 기준을 마련할 필요가 있다. 그러지 않을 경우 독과점의 폐해는 구조적으로 반복될 가능성이 매우 크기 때문이다.

대기업이 자신의 지배력을 이용하여 중소기업의 자유롭고 혁신적인 기업 활동을 저해하는 행위로 나아갈 위험을 제거함으로써, 최소한의 공정한 경쟁 여건을 마련하는 것이 바로 분권화된 시장경제의 기초를 다지는 일이다. 프랑스나 독일, 이탈리아에서 불공정거래 내지 불공정 경쟁에 대한 규율은 민법상 불법행위의 하나로 피해자에게 일정한 요건하에 손해배상청구권을 부여하는 데에서 출발했다. 역사적으로 불공정거래 행위 법제는 민사법과 밀접한 관계에 있으나, 그렇다고 하여 이를 경쟁법의 범주에서 제외하고 당사자의 자율에만 맡겨야 한다는 식의 주장은 외국에서도 찾아보기 힘들다.

시장경제의 지속가능한 발전을 위해서라도 그간 학문적으로나 실무상 소외되어왔던 공정의 문제와 경제 윤리의 가치를 재조명하는 작업이 절실히 요구된다. 시장경제의 지속가능한 발전에 긴요한 윤리적 가치로는 책임 윤리가 무엇보다 중요하고, 대·중소 기업의 공생 발전은 이처럼 건전한 윤리적 기초 위에서 실현될 수 있으므로, 이를 규범화 내지 법리화하는 작업과 더불어 대기업 및 재벌(총수)의 윤리 회복을 위한 다양한 정책적 수단을 강구하지 않으면 안 된다.

절차 및 제재법의 재검토

독점규제법 위반 행위에 대하여 이해관계를 갖는 제3자에게 분쟁조정 외에 법원이나 검찰을 통해 그 해결을 구할 수 있는 방법을 마련할 필요가 있다. 그렇다면 먼저 입법론으로서, 피해를 입었거나 입을 우려가 있는 자가 직접 법원에 법 위반 행위의 금지청구injunction를 할 수 있도록 할 필요가 있다. 금지청구의 도입은 사실상 독점규제법의 집행에 법원이 적극 관여하는 것을 의미한다. 또한 일부 법위반 행위에 대해서는 누구라도 검찰에 고발하여 검찰이 기소 여부를 판단할 수 있도록 전속고발권을 일부 완화하는 방안을 긍정적으로 고려할 여지가 있다.

전속고발권의 완화·폐지는 몇 가지 점에서 나름 긍정적인 효과를 기대할 수 있다. 첫째는 독점규제법이 시행된 지 30여 년이 지나는 상황에서 공정거래위원회의 집행 독점을 다소 완화하여, 규제 당국 간의 경쟁 체제를 가져올 수 있다는 점이다. 둘째, 한국의 시장경제를 실질적으로 좌우하고 있는 재벌이 창의와 혁신으로 공정하고 자유로운 경쟁을 선도해야 한다는 점에서 재벌의 법 위반 행위에 대해서 자연인인 총수 일가에게 책임을 묻는 것만큼 효과적인 수단은 없다는 점이다. 셋째, 다양한 공익단체가 법 위반 행위를 적극 고발함으로써 법집행 과정에 참여할 수 있게 되고, 이런 변화는 공정거래위원회 사건 처리 절차의 공정성과 투명성을 제고하는 데에도 긍정적으로 작용할 것으로 판단된다.

경제력집중 억제

지주회사의 행위규제 강화

경제민주화 정책의 핵심적 과제로 인식된 재벌개혁은 경제력집중 억제와 이를 위한 소유구조의 개혁 및 지배구조의 개혁이다. 이를 위해 그간 독점규제법 개정 등을 시도해왔고, 일부 성과도 있었다고 볼 수 있으나 전체적으로는 매우 미흡한 수준에 머물고 있다. 경제력집중 억제의 일환으로 볼 수 있는 독점규제법상의 기존 순환출자 해소와 지주회사의 행위규제 강화, 계열 공익법인 악용에 대한 통제는 중요한 이슈로 판단된다. 물론 기존 순환출자 해소는 3년의 경과 규정을 두어 시행해볼 수 있을 것이다. 이와 관련하여 기업분할명령제 도입과 계열 분리 제도의 실질화 등을 적극적으로 검토해볼 필요가 있다. 경제력집중 문제는 해소되지 않고 있으며, 오히려 심화되어 이로부터 야기되는 경쟁 저해 및 불공정 행위가 반복되고 있음을 충분히 감안할 필요가 있다. 따라서 기업 분할 명령의 구체적인 요건을 제시하고, 그런 요건이 충족된 업종 및 기업에 대해서는 보다 원천적인 방법을 동원할 필요가 있다.

지주회사제도는 엄격한 행위 제한을 조건으로 1999년 허용되었다. 그러나 그동안 세 차례(2004. 12, 2007. 4, 2007. 8)에 걸쳐서 행위 제한이 대폭 완화되어, 이제는 오히려 재벌의 경제력집중을 조장하는 수단으로 전락했으며 사실상 지주회사제도의 엄격한 행위 제한은 형해화되었다. 지주회사제도는 피라미드식 출자를 통해 계열사를 자유롭게 확장하거나 지배할 수 있는 구조로서, 근본적으로 경제력집중을 조장할 수 있기 때문에 역사적으로 그 설립과 허용을 통제해왔다는 점을 인식할 필요가 있다.

그런데 현행 규제의 허점 중 하나는 지주회사가 지배하는 두 개의 자회사가 하나의 손자회사를 동시에 보유하는 것이 가능하다는 것이다. 예를 들면, CJ그룹의 CJ제일제당(자회사)과 KX홀딩스(자회사)는 CJ대한통운(손자회사)에 대해 각각 20.08%의 지분을 보유하고 있다. 이는 원래 외국법인과 같은 독립적 제3자 또는 50 대 50 합작법인joint venture 등을 설립하는 경우를 대비하여 둔 규정이다. 그러나 입법 취지와는 달리 국내 계열사들이 이를 악용하여 지주회사의 소유관계가 오히려 복잡해졌다.

따라서 다음과 같은 독점규제법 개정이 필요하다.

⑴ 지주회사의 자회사 및 손자회사 요건 강화

① 자회사 지분율 하한 요건 강화: 50% 초과(상장 및 비상장 구분 없음)

② 손자회사 요건 강화: 50% 초과 보유＋사업 연관성 있을 것

③ 증손자회사 이하 요건 강화: 100% 보유＋사업 연관성이 있을 것

⑵ 지주회사 내 두 개의 자회사가 하나의 손자회사 동시 보유 금지

현행 독점규제법에서는 두 개의 자회사가 동일한 비율로 하나의 손자회사를 보유하는 것이 허용되는데 이는 입법 미비다. 따라서 두 개의 자회사가 하나의 손자회사를 공동보유하는 것을 명시적으로 금지해야 할 것이다.

⑶ 지주회사의 판단 요건 강화

주된 사업요건의 판단 기준을 자회사의 주식가치 합계액이 아니라 보유하고 있는 계열사 주식가치의 합계액으로 변경하고, 계열사 주식가치의 평가 기준을 별도 재무제표의 가액이 아니라 유가증권의 공정가치로 변경할 필요가 있다.

대주주에 대한 행위규제 강화

총수 일가가 회사에 이익이 될 수 있는 사업 기회를 자신이 소유하고 있는 회사로 하여금 대신 수행하도록 하는 회사기회유용, 기업집단 내 계열사들이 총수 일가 지분을 많이 보유한 특정 계열사에

일감을 몰아주는 사례가 매우 빈번히 나타나고 있다.

회사기회유용 및 일감몰아주기 거래는 결과적으로 첫째, 소수주주의 부를 총수 일가에 이전시키고, 둘째, 중소기업과의 공정한 경쟁을 저해하고, 셋째, 세금 없는 편법적인 상속을 가능하게 한다. 이런 문제 인식에 따라 상법, 독점규제법 그리고 상속증여세법에 여러 가지 규제를 마련하였으나 여전히 충분하지 않다.

현행 독점규제법상의 일감몰아주기 규제는 동일한 기업집단 소속 회사 간의 거래에 한정하고 있어 친족 기업, 계열 분리된 그룹 소속 회사와의 거래에는 적용되지 않는다. 현행 독점규제법은 거래 의존도가 매우 높은 회사라 하더라도 독립 경영 요건(주식 소유 비율, 임원 겸임, 자금 대차 등)이 만족되면 계열 분리가 가능하다. 계열 분리된 회사 또는 친족 기업이 기업집단 소속 회사들의 일감몰아주기로 수혜를 입고 있으나, 계열회사가 아니므로 규제 대상이 되지 않는다. 규제 요건(지분 요건 및 내부거래 요건)이 충족되지 않도록 지분율 및 내부거래 비중을 낮추는 합병, 영업양수도 등으로 규제를 회피하고 있다. 지배주주의 지분율이 낮은 회사와 합병을 통해서 지배주주 지분율을 20%(또는 상장회사 30%) 미만으로 낮추거나, 영업적 관련성이 없는 회사 또는 적자 회사와 합병, 영업양수도 등으로 내부거래 비중을 낮추거나 이익을 축소하는 방법 등을 사용하여 규제를 회피하고 있다.

일감몰아주기 방지

따라서 다음과 같은 개정을 통해 일감몰아주기를 방지하여 소수 주주를 보호하고, 대기업의 시장경쟁 침해를 막아 중소기업이 공정한 시장에서 경쟁할 수 있도록 해야 할 것이다.

⑴ 독점규제법상 일감몰아주기 규제의 실효성 제고

일감몰아주기 규제가 독점규제법 제5장에 있을 경우 '경쟁 제한성' 요건의 충족 여부가 논란이 될 수 있으므로 "특수관계인에 대한 부당한 이익 제공 등 금지" 규제를 독점규제법 제3장(경제력집중 억제)으로 이관시켜 실효성을 제고할 필요가 있다.

⑵ 독점규제법상 일감몰아주기 규제 대상 확대

기준 지분율을 조정하여 상장과 비상장을 구분하지 않고 지배주주 등의 지분이 20% 이상인 경우 규제 대상으로 변경한다. 현재는 직접 지분만 규제 대상으로 하고 있으나 이를 간접 지분까지 확대(상속증여세법상의 일감몰아주기 과세의 경우에는 간접 지분까지도 고려)하고, 예외 사유인 "긴급성, 보안성, 효율성" 기준을 삭제해야 한다.

⑶ 친족 기업에 대한 일감몰아주기도 규제 대상에 포함

현행 독점규제법에 의하면 거래 의존도가 매우 높은 회사라 하더라도 독립 경영 요건(주식 소유 비율, 임원 겸임, 자금 대차 등)이 충족되면 계열 분리가 가능하며, 계열 분리 후에는 독점규제법상의 일감몰아주기 규제를 받지 않게 되는 문제가 있다. 따라서 계열 분리된 그룹(또는 친족 그룹) 간의 거래에 대해서도 일감몰아주기의 규제를 적용하도록 해야 한다. 예컨대, 계열 분리 후 10년간은 일감몰아주

기 규제의 대상으로 지정한다. 또는, 계열 분리 요건에 거래 의존도
를 부활하여 계열 분리를 엄격하게 한다.

불법행위를 저지른 경영진에 대한 규제 강화

'특정경제범죄 가중처벌 등에 관한 법률'(이하 특경가법) 제3조(특정
재산 범죄의 가중처벌)는 특정재산 범죄의 이득액이 5억 원 이상일 경
우 가중처벌한다. 이득액이 5억 원 이상 50억 원 미만일 때 3년 이상
의 징역형, 이득액이 50억 원 이상일 때 무기 또는 5년 이상의 징역
형으로 가중처벌하도록 각각 규정한다. 이득액이 50억 원 이상인 대
형 경제범죄에서도 법관이 형의 감경과 동시에 작량감경하게 될 경
우 집행유예가 가능한바, 법관의 자의적 판단에 따라 형이 선고되어
유전무죄의 사법 불신 심화 및 재벌 범죄의 재발 방지 효과도 기대하
기 어렵다.

특경가법에 따르면 유죄가 확정된 범죄자에 대한 임원 자격 내지
취업을 제한하고 있다. 특경가법의 취업 제한 규정은 주로 '공범' 및
'범죄행위로 재산상 이득을 얻은 제3자'를 기준으로 범죄행위와 밀접
한 관련이 있는 기업체의 범위를 정하고 있다. 반면, 재벌총수 일가
와 같이 본인이 출자한 기업체 또는 그 기업체를 이용해 영향력을 행
사하는 기업체 등에 대한 취업 제한은 이루어지지 않고 있다.

불법행위를 저지른 재벌총수 등 기업 경영인에 대한 처벌과 양형
이, 다른 범죄자들에 비해 매우 불공평한 것으로 알려져 있다. 대법
원은 2007년 법원조직법을 개정해 양형위원회를 설치하도록 하였

고, 횡령 및 배임 범죄에 대한 양형기준은 2009년 마련되어 각 재판부에 제시하고 있다. 그러나 대기업 집단 등 재벌 관련 형사소송에 있어 허위의 양형 자료들이 재판부에 제출되거나 피고인의 영향력으로 인해 조작되는 등 법원을 기망하는 사례까지 생기고 있으나, 법원이나 검찰이 이런 행위에 대해 전혀 통제를 하지 못하고 있다. 법원이 불법행위를 자행한 기업 경영자들이 지배하는 회사나 이해관계자가 제출한 양형 자료만 믿고 양형에 참고한다면 '유전무죄, 무전유죄'의 사법 불신을 심화시키는 것이 되며, 불법행위 책임자에 대한 정당한 사법 심판이 이루어지지 않는 것이다.

2009년 12월 31일과 2010년 8월 15일 대통령 특별사면·복권 대상자 중 대기업 관련자들의 사면 결과를 분석한 자료에 따르면, 적용된 죄목은 특경가법상 배임, 업무상 배임, 특가법(특정범죄 가중처벌 등에 관한 법률)상 조세 포탈 등 9개였으며, 이들의 범죄 금액 총계는 6,381억 원, 1인당 평균 범죄 금액은 425억 원이었다. 분석 대상 기업인들이 형 확정일로부터 사면까지 걸린 기간은 평균 438.3일로 1년 2개월여에 불과했다. 불법행위에 연루된 기업인들에 대한 대통령의 사면권이 '공정하게' 행사되지 못하는 것으로 비판받는 것은 대통령뿐 아니라 사면의 객관성과 공정성을 담보해야 할 사면심사위원회의 책임이 크다. 대통령 특별사면은 사면심사위원회의 사전 심의·의결을 거쳐 국무회의에서 확정되는데, 당시 사면심사위원회는 독립적인 판단을 하기보다 대통령과 법무부의 거수기 역할밖에 하지 못한 것이라고 볼 수 있다.

따라서 다음과 같은 조치가 필요하다.

(1) 특경가법상 특정재산 범죄 가중처벌 시 이득액 규모 기준 50억 원 이상의 경우 보다 세분하여 양형 강화

특경가법상 특정재산 범죄 가중처벌 시 이득액 규모가 수백억 원에서 수천억 원에 이르는 등 천문학적 규모의 경제 범죄가 빈번히 발생하는 것이 현실이다. 그러므로 특정재산 범죄의 이득액이 100억 원 이상의 경우에 형의 하한을 7년 이상으로 강화하여 법원의 집행유예 선고가 불가능하도록 해야 한다.

(2) 특경가법상의 취업 제한 대상자 확대

현행 특경가법에서는 취업 금지 대상을 공범 또는 이득을 얻은 자에 한정하고 있다. 이들 외에 불법행위 당사자도 포함하여 재벌총수 일가와 같은 특수한 경우에도 적용 가능하도록 해야 한다. 현재 형해화된 법무부 장관의 취업 금지 대상자 통보 및 관리와 관련하여 공시하도록 하고 그 사유에 대해서도 적시하도록 해야 한다. 특경가법 외에도 경제 범죄로 유죄판결을 받은 자에 대해 일정 기간 동안 기업체의 임원을 맡을 수 없도록 상법에 이사의 자격 요건을 강화해야 한다.

(3) 불법 경영진의 사면 제한

사면심사위원회의 역할 강화를 위해 현재 법무부에 부여되어 있는 외부 위원 추천권을 사법부, 국회 등에도 부여해 위원회의 독립성을 확보해야 한다. 심의서뿐만 아니라 사면심사위원회 회의록도 공개하여 심사의 적정성을 검증받도록 해야 한다. 현재 회의록은 정보

공개 청구를 하는 경우에 한해 5년 이후에 공개하도록 하고 있으나, 3년이 경과한 시점에 의무적으로 공개하도록 해야 한다. 일정 비율 이상 형기를 채우지 않은 자(예컨대, 형기의 3분의 2 미만) 또는 집행유예 기간 중에 있는 자 또는 벌금(추징금) 미납자 등에 대한 특별사면을 제한하거나, 주요 범죄행위에 대한 특별사면 적용을 배제할 필요가 있다.

(4) 징벌적 손해배상제도 도입

독점규제법 위반에 대한 징벌적 손해배상제도를 도입하되 '보복조치'에 대해서는 3배 손해배상제가 아닌 더 높은 수위의 배상제(예컨대 5배 또는 10배)를 도입함으로써 공정한 시장경제의 기틀을 다질 필요가 있다.

조세정의 구현

경제민주화와 조세정의

조세평등주의(조세 평등의 원칙)는 헌법 제11조 제1항이 규정하는 평등 원칙이 세법 영역에서 구현된 것으로, 조세의 부과와 징수는 납세자의 담세 능력에 상응하여 공정하고 평등하게 이루어져야 하고 합리적 이유 없이 특정의 납세 의무자를 불리하게 차별하거나 우대하는 것은 허용되지 아니한다는 원칙이다. － 헌재 1996. 8. 29. 95헌바41 결정

조세평등주의가 요구하는 이러한 담세 능력에 따른 과세의 원칙(또는 응능應能 부담의 원칙)은 한편으로 동일한 소득은 원칙적으로 동일하게 과세될 것을 요청하며(이른바 '수평적 조세정의'), 다른 한편으로 소득이 다른 사람들 간의 공평한 조세부담의 배분을 요청한다(이른바 '수직적 조세정

의').

그러나 이러한 담세 능력에 따른 과세의 원칙이라 하여 예외 없이 절대적으로 관철되어야 한다고 할 수 없고, 합리적 이유가 있는 경우라면 납세자 간의 차별 취급도 예외적으로 허용된다 할 것이다. 세법의 내용을 어떻게 정할 것인가에 관하여 입법자에게는 광범위한 형성의 자유가 인정되며, 더욱이 오늘날 조세 입법자는 조세의 부과를 통하여 재정수입의 확보라는 목적 이외에도 국민경제적, 재정 정책적, 사회정책적 목적 달성을 위하여 여러 가지 관점을 고려할 수 있기 때문이다.

— 헌재 1999. 11. 25 자 98헌마55 결정

조세평등주의는 헌법 제11조 제1항에 의한 평등의 원칙 또는 차별 금지의 원칙의 조세법적 표현이라고 할 수 있다. 그리하여 조세평등주의는 정의의 이념에 따라 '평등한 것은 평등하게', 그리고 '불평등한 것은 불평등하게' 취급함으로써 조세법의 입법 과정이나 집행 과정에서 조세정의를 실현하려는 원칙이라고 할 수 있다. 다만, 조세평등주의는 국민에 대하여 절대적인 평등을 보장하는 것이 아니라, 합리적인 이유 없이 차별하는 것을 금지하는 취지이므로, 규율하고자 하는 대상의 본질적 차이에 상응하여 법적으로 차별하는 것은 그 차별이 합리성을 가지는 한 조세평등주의에 위반된다고 볼 수 없다. 또한 오늘날 조세는 국가의 재정 수요를 충족시킨다고 하는 본래의 기능 외에도 소득의 재분배, 자원의 적정배분, 경기의 조정 등 여러 가지 기능을 가지고 있으므로, 국민의 조세부담을 정함에 있어서 재정·경제·사회 정책 등 국정 전반에 걸친 종합적인 정책 판단을 필요로 할 뿐만 아니라, 과세 요건을 정함에 있어서 극히 전문 기술적인 판단을 필요로 한다. 따라서 조세 법규를 어떠한 내용으로 규정할 것인지에 관하여는 입법자가 국가재정, 사회경제, 국민소득, 국민 생활 등의 실태에 관하여 정확한 자료를 기초로 하여 정책적, 기술적인 판단에 의하여 정하여야 하는 문제이므로, 이는 입법자의 입법 형성적 재량에 기초한 정책적·기술적 판단에 맡겨져 있다고 할 수 있다.

– 헌재 2007. 1. 17 자 2005헌바75 결정

재벌기업은 금융 및 세제상의 특혜를 받아 성장했지만, 성장의 결실은 사회 구성원에게 공정하게 배분되지 못했다. 더욱이 선진국의 문턱에 다가선 오늘날에도 여전히 재벌기업은 세제 혜택과 변칙적인 증여 및 상속을 통해 부를 증식하고 있다. 그 결과 재벌 그룹이 국민 경제에서 차지하는 비중은 지속적으로 확대되었다.

2017년 GDP 대비 10대 재벌 그룹의 매출액 비율은 6,778억 달러로 GDP(1조 5,308억 달러)의 44.3%를 차지, 2015년 41.5%보다 2.8% 포인트 상승했다. 같은 기간 미국은 11.8%로 동일했고 일본은 25.1%에서 24.6%로 소폭 줄었다. 한국의 GDP 규모가 미국의 10분의 1, 일본의 3분의 1 수준에 그친다는 점을 감안하면, 한국 경제의 재벌기업 편중도는 심각할 정도로 높다는 의미다. 반면에 재벌기업이 납부하는 세금은 소득 규모에 비해 낮은 수준이고, 세제 혜택으로 증대된 여유 자금이 투자 확대로 이어지지 않아 사내유보금은 큰 폭으로 증가했다. 재벌기업의 이윤 대비 세 부담 수준이 낮은 이유는 경

제력집중이 심화되면서 이들에게 각종 세제 혜택이 집중되었기 때문이다. 더욱이 재벌총수 일가는 다양한 방식의 변칙적인 상속 및 증여를 통해 부의 이전에 따른 합당한 상속세와 증여세를 납부하지 않으면서 지배구조를 한층 강화해오고 있다. 이런 행위는 상속을 통한 부의 세습과 집중을 완화해 국민의 조세 평등을 도모한다는 상속세의 사회경제적 목적에도 위배된다.

재벌기업에 집중된 세제 혜택과 변칙적인 증여 및 상속은 우리 사회의 조세정의는 물론 기회 평등의 원칙을 훼손하여, 시민들의 납세 협력을 악화시킬 뿐만 아니라 분배구조를 악화시켜 국민경제의 건전한 발전을 저해한다. 이는 자유시장경제에 수반되는 모순을 제거하고, 경제민주화를 실현한다는 대한민국의 헌법 이념에도 정면으로 배치된다. 따라서 재벌기업은 국가로부터의 각종 지원과 세제 혜택에 상응하는 기업사회책임을 다해야 한다. 정부는 능력에 따른 과세와 변칙적인 증여 및 상속 행위에 대한 처벌을 강화해야 한다. 대기업과 중소기업 간 격차가 커지면서 낙수효과가 나타나지 않는 양극화 시대에 경제성장과 복지국가의 발전을 위해서도 조세정의의 실현은 반드시 필요하다. 경제민주화의 관점에서 볼 때 조세정의는 시장에서의 불평등한 분배구조를 시정하려는 보다 적극적인 조세정책을 요구하게 된다.

재벌 대기업에 집중된 세제 혜택

우리나라의 법인세

우리나라의 법인세법은 1949년에 제정되었고, 1980년대 중반 이후 법인세율이 추세적으로 낮아지고 있다. 1982년 법인세 최고세율은 38%, 지방세와 방위세를 합한 실제의 명목 법인세 최고세율은 50.35%를 기록했다. 이후 1991년 법인세율을 4% 인상했지만, 법인세액에 부가되던 방위세의 폐지로 인해 지방세를 합한 최고세율은 36.55%로 낮아졌다. 특히 2008년 이후 네 차례의 법인세법 개정을 통해 법인세율이 낮아져 2014년 현재 과세표준 2억 원 이하에 대해서는 10%, 2억 원 초과 200억 원 이하에 대해서는 20%, 200억 원 초과 금액에 대해서는 22%를 적용하고 있다.

법인세 최고세율은 22%(지방세 포함 24.2%)로 OECD 주요 국가에 비해 낮은 수준이며, 법인세 유효 세율 역시 선진국과 개도국에 비해 낮은 수준이다. 최고 과세표준 구간에 적용하는 명목 법인세와 관련된 세율 합계는 1982년 50.35%에서 2014년 24.2%로 무려 26.15% 떨어졌다. 법인세율의 인하 추세는 1980년대 신자유주의 경제 사조와 함께 나타난 현상으로 '넓은 세원과 낮은 세율'이라는 세제 개편의 원칙을 반영하고 있다.

한편 고용주 부담의 사회보장 기여금을 포함할 경우 우리나라 기업들의 조세부담은 낮은 수준으로 평가된다. 2013년 현재 명목 법인세 최고세율(지방세 포함)은 24.2%로 OECD 회원국 평균에 비해 약간 낮지만 일본(37%)과 미국(39.1%) 등에 비해서는 크게 낮은 수준이다. 또한 2012년 기준으로 기업들이 실제로 부담하는 실효 법인세율은 34개 OECD 회원국 중 열여섯 번째로 낮지만, 고용주의 사회보장세 부담이 낮아 기업의 실질적인 총 조세부담률은 이윤 대비 27.9%로 여섯 번째로 낮은 수준을 기록했다. 스웨덴의 경우 우리나라보다 법인세율은 낮지만, 고용주가 부담하는 사회보장세의 비중이 크기 때문에 기업의 총 조세부담률은 52.0%로 높은 수준이다.

재벌 대기업의 법인세 납부 현황

우리나라의 법인세 부담액은 상위 1% 대기업에 집중되어 있지만, 대기업의 이윤 대비 조세부담율은 매우 낮다. 2012년 현재 상위 1%의 기업집단은 전체 매출액의 70.8%를 차지하며, 전체 법인세수의 79.7%를 부담하고 있다. 이들 기업집단의 실효 법인세율은 17.6%이다. 상위 10% 기업집단의 매출액과 법인세 비중은 각각 88.6%와 93.4%이며, 이들의 실효 법인세율은 17.2%를 기록하고 있다. 상위 20~70% 기업집단의 실효 법인세율은 약 10% 정도로 낮은 수준이고, 하위 집단에서는 중간 집단에 비해 오히려 실효 법인세율이 더 높은 수준을 기록하고 있지만, 상위 20% 이하 집단의 매출액 및 법인세 비중은 매우 낮다.

반면에 매출액 기준 상위 10대 기업의 실효 법인세율은 중소기업보다 낮은 수준을 기록하고 있다. 2012년 매출액 상위 10대 기업의 실효 법인세율은 13.0%로 대기업 평균(17.3%)은 물론 중소기업 평균

(13.3%)보다 낮은 수준이다. 특히 2010년 이후 상위 10대 기업의 실효 법인세율은 최저한 세율보다 낮다. 이와 같이 2008년 이후 실효 법인세율이 낮아진 것은 법인세 최고세율은 낮아졌지만, 기업에 제공되는 각종 세액 공제 및 감면 등이 줄어들지 않고 오히려 확대되었기 때문이다. 이는 이명박 정부에서 추진된 세제개혁의 기본원칙인 '넓은 세원 낮은 세율'조차 지켜지지 않은 채 대기업 위주의 감세 정책이 추진되었음을 반증하는 것이다.

기업 회계 자료를 이용해 산출한 4대 재벌 집단의 실효 법인세율을 보면, 삼성그룹의 경우 타 재벌 그룹에 비해 실효 법인세율이 낮은 수준이다. 2002년부터 2012년의 기간 삼성그룹의 실효 법인세율은 연평균 15.6%로 현대자동차그룹(21.2%), SK그룹(21.4%), LG그룹(16.6%)에 비해 낮다. 특히 2008년과 2010년 삼성그룹의 실효 법인세율은 과세표준 1,000억 원 이상 기업에 적용하는 세법상 최저한세율(14%)에도 미치지 못하고 있다.

대기업의 실효 법인세율이 법정 최고세율에 비해 낮은 이유는 대기업들이 다양한 비과세 감면 혜택을 받을 뿐만 아니라 최저한세율을 적용받지 않는 공제 감면액의 규모가 크기 때문이다. 2012년에 기업에 제공된 세액 공제 및 감면액 9조 4,917억 원 중 47.6%에 달하는 4조 5,172억 원이 최저한세율의 적용을 받지 않았다. 더욱이 법인세 공제 감면액의 74.9%는 대기업에 귀속되었으며, 이 중 47.3%에 대해서는 최저한세율이 적용되지 않았다.

특히 법인세 공제 감면은 상위 대기업에 집중되어 상위 10대 기업의 법인세 공제 감면 비율은 중소기업 평균을 크게 상회했다. 2008~2012년에 전체 기업에 제공된 40조 718억 원의 공제 감면액 중 상위 10대와 100대 기업이 각각 23.6%와 43.2%를 차지했다. 또한 이들 기업집단의 법인세 공제 감면액이 공제 전 법인세액에서 차지하는 비율은 2012년에 각각 41.1%와 20.4%에 달해 전체 기업 평균보다 높았고 상위 10대 기업의 법인세 공제 비율은 중소기업을 크게 상회했다.

이와 같이 재벌 대기업에 세제 혜택이 집중되고 있지만, 증대된 여유 자금은 투자 확대로 이어지지 않아 사내유보금은 큰 폭으로 증가했다. 2012년 3월 말 현재 상호출자제한 기업집단의 사내유보금은 총 313조 원이고, 이중 58.5%인 183조 원을 10대 재벌이 차지하고 있다. 특히 삼성그룹의 사내유보금은 101조 6,512억 원으로 상호출자제한 기업집단 사내유보금 총액의 32.5%를 차지했다.

재벌의 변칙적인 상속 및 증여

상속세 및 증여세의 목적

우리나라에서는 상속세와 증여세에 대해 찬성론과 반대론이 맞서고 있지만, 대부분의 국가에서는 상속 및 증여 행위에 대해 과세를 하고 있다. 부의 세습과 집중을 완화하여 국민의 경제적 균등을 도모한다는 상속세와 증여세의 일반적 논리에 기초하여 우리나라도

1950년부터 상속세와 증여세 제도를 도입했다.

> 상속세 제도는 국가 재정수입의 확보라는 일차적인 목적 이외에도 자유
> 시장경제에 수반되는 모순을 제거하고 사회정의와 경제민주화를 실현하
> 기 위하여 국가적 규제와 조정 들을 광범위하게 인정하는 사회적 시장경
> 제질서의 헌법 이념에 따라 재산상속을 통한 부의 영원한 세습과 집중을
> 완화하여 국민의 경제적 균등을 도모하려는 데 그 목적이 있다.
> – 헌재 1997. 12. 24. 96헌가19 결정.

미국 기업의 기부 문화가 활성화된 것은 사실 세금을 피하기 위한
편법에서 유래되었다. 프랭클린 루스벨트Franklin Roosevelt의 세금인
상조치가 잇따르자 거부들은 재단을 만들어서 상속세를 피해나갔
다. 록펠러재단 등 미국에 기업 재단이 유독 많은 이유다. 당시 상속
세를 부과해야 한다고 가장 설득력 있게 주장한 사람은 경제학자가
아니라 오히려 철강왕 앤드루 카네기Andrew Carnegie였다.

카네기는 《부의 복음The Gospel of wealth》이라는 책에서 "부는 그것
이 유래한 공동체로 되돌아가야 하며 상속은 자식들을 게으르게 만
들고 부패시킬 것"이라고 말한다. 그 뒤 상속세는 사람들 사이의 기
회 균등을 보장하는 장치라는 생각이 자리 잡게 된다. 나아가 워런
버핏Warren Buffett은 상속세가 폐지된다면 미국 정치경제 권력이 불
과 0.1% 가문에 집중되어 미국은 부를 장악한 몇 명의 귀족들이 지
배하는 사회가 될 것이며, 억만장자의 2세들은 '재능'이 아니라 '유산'

에 의지해 국가의 부를 좌우할 능력을 얻게 될 것이라고 말한다.

상속세와 증여세의 본질은 소득세와 마찬가지로 공평 이념에 기초한다. 역사가 말해주듯 이 공평 이념은, 생활 형편이 같은 사람은 같은 세금을, 생활 형편이 나은 사람은 그만큼 더 많은 세금을 내야 한다는 것을 의미한다. 이런 면에서 본다면 상속세는 소득세보다 한결 확고한 기반을 갖고 있다. 상대적으로 소득세는 결과적 평등을 지향하는 반면 상속세는 출발점의 평등을 지향하는 것이기 때문이다.

내 주장은 건강하고 어른이 된 자에 대한 상속을 없애자는 것이다. 타고난 능력은 어찌할 수 없다. 나아가 가족제도를 유지하는 한, 기회의 균등이라는 것도 아주 기초적인 부분에서나 가능할 뿐이다. 그러나 운 가운데 한 가지는 통제할 수 있고 또 통제해야 마땅하다. 부모를 잘 만나 잘 크고 교양을 물려받고 좋은 교육까지 받은 자식들에게 부모의 재산을 물려받는다는 또 다른 행운까지 주어야 할 이유는 없다. — 마크 애셔Mark L. Ascher

상속세는 상속인이 피상속인으로부터 무상으로 취득한 재산에 대해 부과하는 세금이다. 피상속인의 상속재산 전체를 기준으로 상속세 세율을 적용하는 유산세 과세 방식에 따라 계산된다. 상속인은 상속재산 중 각자가 받았거나 받을 재산을 기준으로 계산한 비율에 따라 상속세를 납부할 의무가 있다.

증여란 그 행위 또는 거래의 명칭·형식·목적 등과 관계없이 경제적 가치를 계산할 수 있는 유형·무형의 재산을 직접 또는 간접적인 방법으로 타인에게 무상으로 이전하거나 현저히 저렴한 대가를 받고 이전하는 것 또는 기여에 의해 타인의 재산적 가치를 증가시키는 것을 말한다. 증여를 받은 자(수증자)는 증여세를 납부할 의무가 있다. 다만, 수증자受贈者가 영리법인인 경우에는 그 영리법인이 납부할 증여세가 면제되지만, 명의신탁과 관련하여 영리법인이 면제를 받은 경우에는 실제 소유자가 증여세를 납부할 의무를 진다.

우리나라의 상속증여세법에 따르면, 제3자를 통한 간접적인 방법이나 둘 이상의 행위 또는 거래를 거치는 방법으로 상속세나 증여세를 부당하게 감소시킨 것으로 인정되는 경우에는, 그 행위 또는 거래의 명칭이나 형식에 관계없이 그 경제적 실질 내용에 따라 당사자가 직접 거래한 것으로 보거나 연속된 하나의 행위 또는 거래로 보아 이 법에서 정하는 바에 따라 상속세나 증여세를 부과한다.

변칙적 증여 및 상속과 완전포괄주의

상속세의 본질을 부의 세습과 집중을 완화하여 국민의 경제적 균등을 도모하는 것으로 이해할 경우 상속세는 필연적으로 증여세 제도를 포함하며, 상속증여세법의 입법 취지를 제대로 실현하기 위해서는 '완전포괄주의'가 필요하다. 그러나 우리나라의 상속세법은 1950년 제정 당시부터 1979년까지 포괄주의 과세 원칙을 유지하다가, 1979년 12월 28일의 상속세법 개정을 통해 간접 증여에도 포괄적으로 증여세를 부과하던 조문이 사라지게 된다. 그 결과 1990년까지 현물출자, 불균등 감자減資, 신주인수권의 배정이 없는 증자, 합병, 저가 매매에 뒤이은 상장 등 다양한 방식의 변칙 증여를 통한 조세 회피가 발생했다. 예를 들면, 다음과 같다.

이병철 삼성 창업주는 생전에 공익재단에 주식을 출연하고, 공익재단이 이를 다시 후계자로 지명된 이건희 당시 부회장에게 되파는 방법을 동원한 것으로 알려졌다. 이건희 회장이 1987년 자산 7조 원짜리 삼성그룹의 경영권을 세습하면서 낸 상속세는 176억 원에 불과했다. 또한 정주영 현대 창업주는 비상장 계열사 주식을 2세들에게 헐값에 넘기는 이른바 '물타기 증자'를 애용했다. 이후 계열사가 상장을 하면 주식가치가 급등하고, 2세들은 가만히 앉아서 엄청난 시세 차익을 거두었다.

ㅡ 〈한겨레 21〉 2013. 7. 2

이에 정부는 변칙 상속 및 증여를 방지하기 위해 1990년 12월 31일 상속세법 개정을 통해 합병과 증자 및 감자에 대한 증여의제 조문을 도입했지만, 이후에도 합병이나 증자 및 감자 이외의 방식을 통해 변칙 증여가 계속되었다. 한 가지 사례는 다음과 같다.

1994년부터 1995년까지 삼성그룹 대주주의 아들 이재용 씨는 아버지로부터 현금 60억 8,000만 원을 증여받고, 이에 대하여 16억 원의 증여세를 납부한 다음, 남은 44억 원 중 23억 원으로 1995년 말 중앙개발(주)(현 에버랜드)로부터 (주)에스원 주식 121,880주를 매입하였다. 이재용 씨가 에스원 주식을 산 직후인 1996년 1월 30일 에스원은 주당 공모가 1만

5,000원으로 상장되었고, 그 뒤 에스원의 주가는 가파르게 상승하여 6개월이 경과된 후에는 30만 원대를 상회하게 되었다. 이때부터 이재용 씨는 주식을 처분하기 시작하여 총 375억 원의 차익을 얻었다. 또 1995년 말 이재용 씨는 당시 비상장 회사인 삼성엔지니어링(주)의 주식 47만 주를 19억 원에 매입하였고, 삼성엔지니어링이 상장된 후 다시 이를 처분하기 시작하여 총 230억 원의 차익을 얻었다. 뒤이어 1996년 3월 22일 이재용 씨는 제일기획이 발행한 사모전환사채 18억 원어치를 주당 1만 원에 주식으로 전환할 수 있는 조건으로 인수했다. 그 뒤 제일기획은 1998년 3월 3일 상장되었고, 이재용 씨는 상장 직전 전환사채를 주식으로 전환하여 주식 299,375주(지분율 20.79%)를 보유하는 최대주주가 되었다. 상장 후 제일기획의 주식은 연속 13일 동안 상한가를 기록하는 진기록을 달성했고, 이재용 씨는 보유 주식을 처분하여 130억 원의 시세 차익을 얻었다. - '삼성 3세 이재용' 〈오마이뉴스〉

2009년 5월 29일 대법원이 '에버랜드 전환사채 헐값 발행 사건'에 대해 최종 무죄판결을 내림으로써, 삼성의 이재용은 16억 원의 세금을 내고 200조 원(2009년 9월 16일 기준) 이상에 달하는 삼성그룹 지배구조의 정점에 있는 에버랜드를 물려받았다. 에버랜드는 '이재용→ 삼성에버랜드→ 삼성생명→ 삼성전자→ 삼성카드→ 삼성에버랜드로 이어지는 순환출자 구조의 핵심고리다. 당시 이재용이 아버지에게 받은 61억 원 중 16억 원을 증여세로 납부했으니 단지 45억 원으로 에버랜드를 장악한 셈이다. 이에 1996년 12월 30일 상속세법을 상속증여세법으로 전면 개정하고 유형별 포괄주의를 도입하였다. 그러나 법조문이 예상하지 못한 맹점을 이용한 변칙 증여가 계속되었다. 한 가지 사례는 다음과 같다.

전환사채를 통한 변칙 증여의 증여의제 대상자인 특수관계자의 범위에 '전환사채를 인수 또는 취득한 자'가 들어 있을 뿐이고 전환사채를 발행한 자는 들어 있지 않음을 이용하여, 삼성전자(주)는 1997년 사모전환사채 600억 원어치를 발행하면서 그 가운데 450억 원어치를 액면 이자율 7%로 이재용 씨에게 인수시키고 나머지 150억 원어치는 삼성물산(주)에 인수시켰다. 이 전환사채의 가격은 5만 원이었는데, 이 전환가격은 공시일 당시 삼성전자의 주가 5만 6,700원보다 저가였을 뿐만 아니라 1997년 6월 해외시장에 발행한 전환 가격 12만 3,635원 액면 이자율 0%의 전환사채와 비교할 때 현저히 저가였던 것으로 평가된다. ─〈한국일보〉1997. 10. 1

이에 1998년 12월 28일 분할 합병을 악용한 변칙 증여에 관한 조문을 상속증여세법에 신설했고, 2002년 12월 18일에는 유형별 포괄주의 적용 대상이 되는 유형을 14개로 확대했다. 2003년 1월 1일부터는 열거주의 과세 방식으로 운용하던 여덟 가지 유형의 증여의제 규정에 대하여도 예시된 과세 방법을 준용하여 증여세를 과세할 수 있는 유형별 포괄주의를 도입했다. 그러나 14개 유형 이외에는 재산무상 이전이나 가치 상승분에 대해 증여세를 과세하지 못하는 문제가 남아 있었다. 마침내 2003년 12월 30일 상속증여세법 개정을 통해 2004년 1월 1일부터 완전포괄주의 증여세 과세 방식을 도입했다.

그럼에도 불구하고 재벌기업은 다양한 방식으로 변칙적인 증여를 계속했고, 최근에는 회사기회유용과 지원성 거래를 통한 일감몰아주기가 재벌총수 일가의 자식과 후손들에게 부를 이전하는 방편으로 이용되고 있다. 2006년 9월 이후 2010년 말 현재까지 29개 기업집단 지배주주 일가 192명의 회사기회유용과 지원성 거래를 통해 얻은 부의 증식 규모는 총 9조 9,588억 원에 이르고 있다. 이들이 처음에 투입한 금액이 1조 3,195억 원이므로 증가된 부의 규모는 8조 6,393억 원으로 평가된다. 정의선 현대자동차 부회장이 2조 1,837억 원, 최태원 SK그룹 회장이 2조 439억 원의 이익을 얻은 것으로 파악되었다. 또한 10대 재벌 그룹의 회사기회유용 등을 통한 부의 증가액을 보면, 같은 기간에 현대자동차그룹과 SK그룹의 경우 각각 38.18%(3조 8,021억 원)와 25.26%(2조 5,154억 원)를 차지했다. 반면에 삼성의 경우는 694억 원으로 전체 증가액의 0.86%에 불과했다.

이에 2011년 12월 31일 상속증여세법에 제45조의 3(특수 관계 법인과의 거래를 통한 이익의 증여의제)을 도입하고, 2012년에 이루어진 기업 일감몰아주기 행위에 대해 2013년 7월에 첫 과세가 이루어졌다.

증여의제 이익은 다음의 계산식을 통해 산출하며, 조문 도입 당시 정상거래비율과 한계보유비율은 각각 30%와 3%였다.

증여의제 이익 = 세후 영업이익×(특수 관계 법인과의 거래 비율 - 정상거래 비율)×(주식 보유 비율 - 한계보유비율)

2013년 1월 1일에는 상속증여세법 개정으로 2013년도 거래분에 대해서는 정상거래비율의 2분의 1만을 차감하도록 했다. 그러나 2014년 1월 1일 법 개정으로 중소기업 간 일감몰아주기 행위에 대해서는 과세하지 않고, 2014년 2월 21일 법 개정을 통해서는 중소기업 또는 중견 기업에 적용하는 정상거래비율과 한계보유비율을 각각 50%와 10%로 높여 일감몰아주기 과세를 완화하였다.

일감몰아주기에 대한 증여세 현황

국세청에 따르면 2013년 7월 일감몰아주기 증여세 과세제도의 신고 대상자 1만 658명 중 96.9%인 1만 324명이 1,859억 원의 증여세를 자진 신고했다. 법인 유형별로 보면 상호출자제한 기업집단의 주주는 전체 신고자의 1.5%인 154명이며, 납부세액은 801억 원으로 전체 납부 세액의 43.1%를 차지했다. 공기업 등을 제외한 42개 기업집단 중 83.3%인 35개 기업집단이 증여세를 신고했고, 42개 기업집단 소속 기업 1,500개 중 11.8%인 177개 법인의 주주가 증여세를 신고했다. 일반 법인의 주주는 전체 신고자의 22.6%인 2,332명이며, 776억 원을 납부해 전체 납부 세액의 41.7%를 차지했다. 중소기업 법인의 주주는 전체 신고자의 75.9%인 7,838명이며, 282억 원을 납부해 전체 납부 세액의 15.2%를 차지했다.

한편 일감몰아주기에 대해 부과된 증여세의 실제 실효세율은 세무상 실효세율보다 크게 낮은 것으로 평가된다. 실제의 실효세율은 일감몰아주기로부터 발생한 실제의 증여 이익에 대한 과세액 비율이다. 세무상의 실효세율이 실제의 실효세율보다 큰 것은 실제의 증여 이익에서 공제 항목이 적용되어 세무상의 과세표준이 작아지기 때문이다. 다시 말하면, 일감몰아주기를 통한 증여의제 이익의 산출식에서 보듯이 특수 관계 법인과의 거래 비율과 주식 보유 비율에서 각각 정상거래비율(30%)과 한계보유비율(3%)이 공제되어 증여의제 이익이 낮아진다. 만약 정상거래비율과 한계보유비율을 공제하지 않을 경우 실제의 증여 이익은 '세후 영업이익×특수 관계 법인과의 거래 비율×주식 보유 비율'에 의해 산출되기 때문에 더 커지고, 이를 적용하여 계산한 실제의 실효세율은 세무상 실효세율보다 작아진다.

재벌 그룹의 경우 실제의 실효세율은 15.85%로 세무상의 실효세율보다 17.24% 작고, 그 차이는 일반 기업 및 중소기업보다 크다. 일감몰아주기로부터 발생한 증여 이익의 세무상 실효세율에 비해 실제의 실효세율이 낮은 것은 증여 이익에 대한 일종의 과세 특혜로 볼 수 있다.

합리적인 세제개혁

경제민주화의 관점에서 볼 때 재벌 대기업에 집중된 세제 혜택과 변칙적인 상속 및 증여는 공평하지 않을 뿐만 아니라 효율적이지도 못하다. 우리나라 재벌기업들은 우수한 인적 자본의 활용, 대규모의 연구 개발 지원금, 외평채(외국환평형기금채권)를 이용한 환율 방어

등을 통해 정부의 재정지출로부터 막대한 이득을 얻고 있지만, 실질적인 조세부담률은 매우 낮은 수준에 머물러 있다.

이런 조세 및 재정지출 구조는 수직적 차원은 물론 수평적 차원에서도 공평하지 못하다. 더욱이 대기업과 중소기업 간 격차가 확대되면서 낙수효과는 나타나지 않고 법인세 인하의 투자 및 고용 효과도 찾아보기 힘들다. 따라서 경제성장과 복지국가의 발전을 위해서는 재벌기업에 대한 과세를 정상화하는 조치가 필요하다. 따라서 재벌기업의 실질적인 조세부담을 높여야 한다. 이를 위해서는 최저한세의 적용을 받지 않는 공제 감면액을 축소 또는 폐지하고, 재벌기업에 적용하는 최저한세율을 올려야 한다.

한편 일감몰아주기에 대한 증여세 과세제도는 변칙적인 증여 행위에 대해 지배주주 일가 개인에게 과세하는 것이고, 이는 2004년에 도입된 '증여세 완전포괄주의'에도 부합하는 것이다. 그럼에도 불구하고 증여의제 이익을 계산함에 있어서 30%의 2분의 1을 정상 거래 명목으로 특수관계인과의 거래 비율에서 공제하고, 3%의 한계보유비율을 주식 보유 비율에서 빼주고 있다. 더욱이 2014년 이후 상속증여세법 개정을 통해 일감몰아주기 과세를 완화하고 있다. 그 결과 세무상 실효세율과 실제의 실효세율은 큰 차이를 보이고 있다. 그 차이는 재벌 그룹 소속 기업에서 더 크게 나타나고 있다. 증여의제 이익의 산출에서 정상거래비율과 한계보유비율을 기본공제율로 적용하는 것은 "소득 있는 곳에 세금 있다"는 원칙에 비추어 그 존치 여부를 면밀히 검토할 필요가 있다.

일감몰아주기에 대해 상속증여세법에서는 일감몰아주기로 인해 지배주주 등이 얻은 이익에 대해 다음과 같이 증여세를 과세하고 있다. 그러나 현행 산식은 정상거래비율, 한계보유비율 차감으로 인하여 실효세율(2013년 15.61%, 2014년 22.28%)이 매우 낮아 일감몰아주기 억제 효과가 없다.

증여의제 이익 = 세후 영업이익 × (특수 관계 법인과의 거래 비율 − 정상거래 비율 1/2) × (주식 보유 비율 − 한계보유비율)

- 정상거래비율: 30%(중소·중견 기업은 50%, 1/2을 곱하지 않음)
- 한계보유비율: 3%(중소·중견 기업은 10%)

내부거래 금액 기준이 없어 내부거래 비율 30%에만 미달하면 일감몰아주기 과세의 회피가 가능하다. 이에 따라 합병, 영업양수도 등을 통해 내부거래 비율을 30%로 낮추어 일감몰아주기를 회피하는 사례가 다수 발생했다. 내부거래의 주체를 해외 계열사로 변경하여 내부거래 비율을 낮추는 경우도 있다. 2015년 세법 개정으로 회사기회유용에 대해서도 증여세 과세가 도입되어 2016년부터 과세하고 있다. 회사기회유용이 한 번 발생한 경우, 지배주주 등은 계속적으로 이익을 얻음에도 불구하고, 3년만 과세하는 것은 공정 과세를 포기하는 것이다.

따라서 다음과 같은 제도의 개선이 필요하다.

⑴ 일감몰아주기 증여세 과세 요건 및 계산 방식 개선

증여의제 이익을 계산하는 과정에서 정상거래비율(30% 1/2)과 한계보유비율(3%)을 차감하지 말아야 한다. 또한 독점규제법과 같이 내부거래 비율 요건뿐만 아니라 내부거래 금액 요건을 동시에 적용하여 과세를 회피할 수 없도록 해야 한다. 또 수혜 회사가 지주회사인 경우, 자회사나 손자회사에 대한 매출을 내부거래에서 제외하는 것은 지주회사 주주인 총수 일가에게 일감몰아주기 이익을 허용하는 것이므로, 지주회사에 대한 예외를 두지 말아야 한다. 국외에 소재하는 특수 관계 법인에 대한 매출을 내부거래에서 제외하는 것은 해외 계열사를 활용한 편법을 허용하는 것이므로, 해외 계열사에 대한 내부거래를 제외하지 말아야 할 것이다.

⑵ 회사기회유용 증여세 과세 방식 개선

일감몰아주기와 동일하게 매년 과세하도록 해야 한다. 일감몰아주기는 지분율 3%를 초과하면 과세하는데, 회사기회유용은 지분율 요건이 30%로 과세 효과가 미흡할 것이므로 최소한 20%로 낮추어야 할 것이다. 이런 제도가 도입된다면 지배주주 일가의 편법적인 부의 상속에 대하여 과세의 실효성을 제고하여 조세 형평성을 확보하고, 일감몰아주기를 방지할 것으로 기대된다.

책 임 **자 본 주 의**

기업은 주주에게만 책임을 져서는 안 된다.

– 엘리자베스 워런

자본주의는 역사 속에서 살아가는 인간 집단들이 만들어낸 제도다.
그것은 역사 속에서 끊임없이 변화한다. 스스로의 고유한 구조와 논
리를 갖고 있지만 사회적 힘들에 의해 계속 변화하고 있다. 자본주의
안에서의 다양한 조직, 특히 기업들도 계속 변화하고 있다. 우리는 이
것들의 역동성을 포착해내야 한다. 이 역동성을 포착함으로써 시대
와 장소에 따라 서로 다른 형태를 발견해나가야 한다.

2008년 9월 초. 세계경제의 심장부인 미국 뉴욕 월스트리트에서 '대지진'이 일어났다. 160년 전통의 세계 4위 투자은행 리먼브라더스가 결국 파산 신청을 내고 무대 뒤로 사라졌다. 전 세계를 집어삼킨 금융위기의 신호탄이었다. 위기의 불씨는 실물 부문으로 빠르게 옮겨붙었다. 얼마 뒤 미국 정부는 8,000억 달러(당시 환율로 약 1,200조 원) 규모의 구제금융 계획을 서둘러 내놓아야 했다. 리먼브라더스의 파산은 2007년 시작된 글로벌 금융위기의 상징과도 같은 사건이다. 리먼브라더스는 우리 돈으로 약 767조 원의 자산을 보유하고 있던 회사다. 2009년 삼성그룹 전체 자산이 193조 원이었던 점을 감안하면 얼마나 많은 자산을 소유한 회사였는지 짐작할 수 있을 것이다. 미국에서는 2008년 한 해 동안 25개의 은행이 도산했고 2009년에는 140개의 은행이 도산했다. 이는 2002년에서 2007년 사이에 11개의 은행이 도산한 것과는 비교가 되지 않을 정도로 많은 숫자다. 베어스턴스와 메릴린치는 정부의 개입으로 각각 JP모건체이스와 BofA에 인수되었고 씨티그룹과 AIG는 정부의 구제금융을 통해 사실상 '국유화'되었다.

그로부터 10년 뒤인 2018년, 여론조사 전문 기관인 갤럽이 미국에서 실시한 조사 결과는 흥미롭다. 18세에서 29세 사이의 이른바 밀레니얼 세대에서 자본주의에 대한 '긍정적' 평가는 절반을 밑돌았다 (45%). 금융위기의 여진이 남아 있던 2010년(68%)보다도 낮은 수치다.

사회주의에 대한 긍정적 평가는 51%였다. 과연 자본주의는 매력을 잃어버리고 만 것일까?

미국 민주당의 유력 정치인인 엘리자베스 워런 매사추세츠주 상원의원이 2018년 8월 15일 발의한 '책임자본주의법'은 대수술을 통해 상처 난 자본주의를 되살려내자는 근본 처방이다. 미국 기업들이 이해관계자 중심으로 사고하고, 사회에 기여하며 공유 가치를 만들었던 시기로 돌아가야 한다는 것이다. 책임자본주의법(안)을 관통하는 문제의식은 일방적으로 기업(자본)에 유리하게끔 기울어진 힘의 균형추를 1980년대 이전 시기, 즉 '자본주의 황금시대'의 모습에 최대한 가깝게 되돌리자는 것이다. 이는 곧 대기업에 만연된 주주중심주의(주주모델)의 지배구조를 이해관계자중심주의(이해관계자모델)의 지배구조로 재편하자는 것이며, 기업의 존재 의의와 목표를 '주주가치 극대화'에서 '이해관계자와의 상생'으로 뜯어고치자는 것이다. 그리고 주주가치 극대화 이데올로기가 부추겨온 기업 경영의 단기주의를 극복하고, 경영진에 대한 지나친 보상 폐해를 막자는 것이다.

신자유주의로의 역사적 진행 과정은 18세기 근대자본주의의 발흥과 함께 '보이지 않는 손'이 완전경쟁시장을 유도하고 자원배분의 최적화를 이끌 것이라는 자유방임주의가 확산되면서 시작된다. 그러나 세계 대공황을 전후해 시장의 신화는 맥없이 허물어지고 시장실패의 대안으로서 국가주의 패러다임이 형성되기 시작한다. '보이지 않는 손'이 '보이는 손'으로 대체된 것이다. 1930년대 이후 1970년대 중반까지는 시장 배제적이냐, 시장 포용적이냐의 차이가 존재했을 뿐 국가의 역할이 강조되었다.

그러나 1970년대 중반을 거치면서 케인스주의적 국가개입의 논리가 비효율과 함께 국가의 실패를 보여주는 증후가 노정되었다. 이에 대한 반작용으로 시장근본주의적 신자유주의의 물결이 세계화와 함께 진행되었다. 특히, 외환위기를 동반한 경제위기를 경험하게 되는 개도국들로 신자유주의의 정책적 투사력이 확대되었다. 그런데 2008년 글로벌 금융위기 이후 다시금 새로운 해결책의 과제를 국가에 부여하고 있다. 2008년 글로벌 금융위기는 국가의 역할을 강조하는 방식으로 수습이 진행되었고, 조기에 조치를 취한 미국 정부를 비롯한 각국 정부의 결정에 따른 대규모 공적 자금 투입으로 해결의 실마리를 찾아나갔다. 문제된 부채를 상환하여 은행을 정상화시키는 등, 비용을 줄이고 경제에 대한 충격을 최소화하려는 조치를 취했다. 이제 신자유주의가 퇴조하고 주식회사의 피고용자를 중심으로 한 이해관계자들의 이해가 부각되는 이해관계자모델이 귀환한 것이다. 이와 함께 정부의 역할이 강조되는 신중상주의나 국가자본주의도 등장하고 있다.

1997년 외환위기 이후 한국의 발전모델은 제도의 성격에서 중요한 변화가 이루어지기는 했으나, 제도 간 연계와 보완성이 약할 뿐 아니라 이해관계자들 간의 갈등으로 제도적 변화가 왜곡되어왔다. 그러므로 부분적인 제도의 변화를 넘어 종합적이고 근본적인 모델 개혁이 필요한 시점이다. 중요한 것은 경제성장, 복지, 형평성 등의 가치를 실질적으로 구현할 수 있는 모델이어야 한다는 점이다. '새로운' 모델이라는 것은 변화 또는 개혁을 통해 발전된 모델을 의미하는 것이지, 현재와 완전히 다른 별개의 모델을 의미하는 것이 아니다.

사실상 우리에게 필요한 작업은 21세기 전 지구화된 자본주의사회에서 '인간이 함께 지구상에서 생존한다'라는 문제를 근본적으로 검토할 수 있는 접근 방식이다. 이는 우리에게 코페르니쿠스적 전환에 버금가는 인식론적 전환을 요구한다. 바로 '따뜻한 자본주의(경쟁은 필요하지만, 필요 이상의 탐욕은 내지 않는 것)를 만들자'는 요구다. 따라서 주주중심주의라는 협소한 시각을 벗어나 대한민국의 역사와 미래, 그리고 지금 우리의 현재를 통째로 사유할 수 있는 틀이 필요하다.

한국은 지금 시대착오적인 재벌 체제를 개혁하고 새로운 유형의 정치경제체제를 도입해야 하는 기로에 서 있다. 무엇보다 재벌의 전횡을 제어하고 기업 경영의 투명성을 제고하면서 신자유주의도 아시아적 연고주의도 아닌 이해관계자 개념을 도입할 수 있을까 하는 문제가 재벌개혁의 핵심적 관건이다. 한국의 기업이 이해관계자의 제도적 유산이나 강력한 노동운동의 전통도 가지고 있지 않은 것은 사실이다. 그러나 소유 경영자가 주주뿐 아니라 은행이나 종업원 등 어떤 이해관계자로부터도 상당한 자율성을 향유해왔다는 점은 한국의 선택이 반드시 주주모델에 경도될 필요는 없다는 것을 말해준다.

이제 문제는 권력 자원의 균형에 의거한 구매력의 재분배가 아니라 권력의 행사 자체를 민주적으로 규율하는 제도적 틀의 정립이다. 이 점이야말로 자본주의의 또 한 유형으로서 이해관계자모델 개념이 거론될 수 있는 맥락이다. 이해관계자모델은 체제 모색의 전환기에 있는 한국적 상황을 고려할 때 민주적 공동체를 조직하는 한 방식으로 활용될 수 있다.

한국적 실정과 관련하여 이해관계자모델은 다음을 시사한다. 개혁은 국가의 민주화에서 시작되어야 한다. 정치적 민주화가 시장민주주의를 위한 최소한의 전제가 되는 이유는, 정치적 민주화만이 국가의 개입을 윤리적으로 정당화시키는 길이며, 복지 개혁을 포함한 국가개입의 방향과 내용도 민주화의 정도에 따라 심대하게 영향을 받기 때문이다. 그때 비로소 국가는 '시장을 형성하는 시장의 대리인'이 아닌 '시장을 교정하는 국민의 대리인'이 될 수 있다.

물론 경쟁의 강화를 위해 유연성 추구가 시대적 담론으로 회자되는 상황에서 이해관계자 개념은, 적어도 단기적으로, 시대를 역행하는 발상이라는 부담을 줄 수 있다. 그러나 체제 변화는 기본적으로 경로 의존적이며, 따라서 세계 체제가 주주모델로 수렴되는 것은 결코 쉬운 일이 아니다. 어차피 제도화란 오랜 시행착오를 거친 후에 정착되는 장기적 기획이며, 만일 인류가 즉각적으로 해결할 수 없는 문제를 지속적으로 제기하지 않았다면, 모든 의미 있는 개혁은 아마 불가능했을 것이다.

＼ 신자유주의 체제

신자유주의 체제의 등장

국가권력의 퇴각과 시장 권력의 등장

신자유주의는 20세기 초의 지배적인 사상 체계인 케인스의 국가개입주의와 유럽의 사회민주주의의 복지국가주의에 반대하고, 자유주의의 고전적 이념으로 회귀하고자 하는 일련의 정치경제적 이념 체계다. 신자유주의는 자유시장과 규제 완화, 재산권을 중시하는 논리다. 국가권력의 시장개입을 최소화함으로써 시장경쟁을 유도하고 이로써 경제의 효율성을 높인다는 것을 이론의 기반으로 삼는다. 이런 주장은 완전고용, 복지국가 등을 주창하는 수정자본주의에 대한 반론으로 제기됐다.

시기적으로 1970년대 이후 세계적인 불황이 오면서 도래한 장기적인 스태그플레이션은 '케인스이론에 기반한 경제정책이 실패한 결과'라는 신자유주의자들의 주장이 힘을 얻게 되었다. 따라서 신자유주의가 주장하는 소극적인 통화정책, 완전고용이 아닌 유연한 고용제, 국제금융의 자유화, 자유무역, 국제적 분업, 시장개방 등의 정책이 닉슨 행정부의 경제정책에 반영되었다. 이어 레이건 정권에 이르러 신자유주의는 '레이거노믹스'라는 신조어를 만들어내며 미국 경제 및 세계경제를 이끄는 신조류로 자리 잡았다.

이런 신자유주의적 동조화는 전 세계에 걸쳐 세계화에 따른 자본주의의 확산 과정을 통해 착근되었다. 이를 통해 이데올로기나 가치 체계의 측면에서 신자유주의가 지배적인 이념이 될 수 있도록 정치 문화적인 변화가 초래되었다. 이것은 국가 간의 자유경쟁이 세계시장 차원에서 전개될 수 있도록 자본과 시장의 역할을 확대시켰으며, 반면에 국가와 정부 권력에 의한 통제의 역할을 축소시키는 결과를 가져오게 되었다.

한국의 경우, 1960년대부터 본격적인 정부 주도의 성장 전략을 추진하면서 전 세계가 주목하는 경제성장과 사회 발전을 이루었다. 경제개발 초기 단계에서 광범위하게 존재하는 시장실패를 치유하기 위해 정부는 상품시장과 요소 시장에 적극적으로 개입했다. 이후 1980년대에는 적극적 시장개입에서 점차 벗어나기 시작하고 실질적 시장개방을 추진하게 되었다. 1980년대 이래 세계자본주의의 구조적 위기와 이에 대한 정책적 대안으로 신자유주의가 등장했다. 그리고 한국에서의 신자유주의적 경제정책의 변화는 1997년에 발생한 외환위기 속에서 이런 추세를 가속화시켰다. 물론 이런 정책 기조의 변화는 IMF로부터 구제금융을 받는 과정에서 작용한 외압에 의해 이루어진 측면이 크지만, 또 한편으로는 그동안 한국의 경제 규모가 커지고 상품, 금융, 노동 등 각 부문의 시장이 심화됨에 따라 정부가 시장에 개입해 통제하는 일이 근본적으로 어려워진 이유도 있었을 것이다.

세계적 차원에서의 불황 극복의 방안으로 구체화되었든, 아니면 일국적 차원에서의 경제위기 탈출 해법으로 제시되었든 신자유주의는 피할 수 없는 시대적 조류로 등장했다. 그런데, 미국에서 시작된 서브프라임 모기지sub−prime mortgage로 촉발된 2008년 글로벌 금융위기가 미국을 뛰어넘어 세계경제 지형에 막대한 파급효과를 현재까지 미치고 있다. 이런 경제위기 상황은 신자유주의적 글로벌 자본주의 시대의 금융 주도 축적 체제에 심각한 의문을 제기하고 있다. 신자유주의는 역사적 흐름 속에서 태동하고 성장하고 있다. 말하자면 신자유주의의 등장은 여러 가지 역사적 상황 아래서 작용−반작용식으로 만들어진 것이다. 결국 작금의 세계경제 위기 상황은 신자유주의적 세계화 패러다임의 문제점이 다시 결정적으로 부각된 중요한 계기인 것으로 보인다.

신자유주의의 원리

신자유주의는 기본적으로 고전적 자유주의의 원리를 토대로 출발하고 있으며 수정 자유주의 이전의 고전적 자유주의 이념으로 회귀를 강조하고 있다. 여기서는 신자유주의의 기본 원리를 방법론적 개인주의, 시장을 통한 자원배분, 정부의 실패와 최소국가의 세 가지 영역으로 나누어 살펴본다.

신자유주의의 출발은 고전적 자유주의자들과 마찬가지로 방법론적 개인주의다. 자유주의는 개인적 자유, 개개인의 가치와 존엄을 가장 중요한 가치로 여긴다. 따라서 자유주의는 사적 소유, 개인의 인권 존중, 보이지 않는 손의 역할 등을 강조한다. 여기서 개인은 효용의 극대화를 추구하는 합리적 이윤추구자로 간주된다. 즉 인간은 경제인으로서 개인의 효용과 만족의 극대화를 추구하는 합리적 선택 행위의 주체다. 이런 합리적 선택 행위는 개인뿐만 아니라 집단을 통해서도 이루어진다. 이런 집단 행위도 효용의 합을 극대화하는 방향으로 이루어진다는 것이다.

신자유주의의 두 번째 원리는 시장을 통한 자원배분이다. 자유주의는 국가의 간섭을 최소화하고 시장의 자율적 배분 원리를 중시한다. 시장의 보이지 않는 손과 자유경쟁의 원리에 의해 최적의 자원배분이 이루어질 수 있다고 본다. 개인적 이익 추구의 보장, 사적 소유권의 배타적 옹호, 자유경쟁, 자기 책임 등의 원리에 따라 운영되는 시장의 질서는 처분 가능한 자원과 재화를 가장 효율적으로 투입할 수 있도록 유인하며 시장 참여자들의 경제행위를 효율적으로 조정할 수 있다. 대표적 신자유주의자인 하이에크는 시장에서 자유로운 경쟁의 허용과 정부의 불간섭이 사회조직의 기본적인 원리라고 평가한다.

신자유주의의 세 번째 원리는 정부의 실패와 최소국가다. 초기 자유주의자들과 마찬가지로 신자유주의자들도 국가개입의 축소를 기본적으로 요구한다. 밀턴 프리드먼Milton Friedman(자유주의 경제학자)은 자유 사회에서 정부는 시장의 '게임의 규칙'을 만드는 규칙 제정자rule maker와 규칙을 파괴하는 자를 관리하고 통제하는 심판이라는 최소한의 역할만을 수행해야 한다고 설명한다. 시장적 자유와 정치적 자유는 상호 밀접한 연관성을 지니고 있다. 경제활동의 자유를 기반으로 다수의 시민들의 합리적 이윤추구 과정에 따라 성장한 시민 계층은 사회적 연결망을 통한 자율적 동력을 갖추게 된다. 이런 사회 관리 능력의 자율성은 통치자를 전제적 지배와 권력 남용을 통제할 수 있는 능력을 갖추게 할 수 있다.

시장 또는 시민사회를 발명하고 그것을 국가와 구분했던 자유주의와 달리, 신자유주의는 시장이나 경제외적인 것으로 생각되던 모든 영역을 시장과 경제의 영역으로 간주한다. 즉 신자유주의는 개인, 가족, 집단, 공동체, 정부기관 등 모든 사회적 행위자들은 기업가정신을 가지고 자신의 삶과 사회적 관계 및 활동을 수요와 공급 또는 투자 비용 대비 편익 계산 같은 경제적 형태에 입각해 조직하고 경영하며 그 결과에 책임을 지는 기업으로 간주한다. 경제학, 경영학, 여기서 파생되어 나온 다양한 학문들로 이루어진 일련의 지식 체제들과 테크놀로지들 속에서 노동자는 고용자와 거래하는 기업가로, 주부는 재테크를 통해 한 가계를 경영하는 최고경영자로, 정부기관의 활동은 국민을 고객으로 삼는 일종의 경영 활동으로 변형된다. 인간의 지식, 기술, 재능은 노동력이라는 말 대신 인적 자본으로, 신뢰, 규범, 인간관계 등은 사회자본이라는 용어로 재정의된다.

신자유주의는 2008년 글로벌 금융위기로 커다란 위기에 봉착하게 된다. 사실상 이 위기 이전부터 꾸준히 신자유주의에서의 경제성장이나 발전이 개인의 삶과는 전혀 무관한 수치 놀음에 불과하며 탐욕스러운 금융권과 다국적기업, 재벌 등 소수에게 부가 집중되어 세계가 황폐화되어간다는 지적이 끊임없이 이루어졌다. 자연 생태계의 파괴뿐만 아니라 개인 삶의 사회적 질 저하, 양극화 등의 문제들이 제기되면서 성장이나 이익이 아닌, 수치나 통계로 드러나지 않는 인간 삶의 행복으로서의 경제문제에 대한 고민들이 제기되었다.

심숀 비클러Shimshon Bichler와 조너선 니찬Jonathan Nitzan은 정치학과 경제학을 갈라놓는 바람에 맨 먼저 희생된 것은 자본에 대한 이론이라며 다음과 같이 말한다.

"학문 세계에서의 분과 학문의 분리로 인해 자본이론은 완전히 경제학자들의 손아귀에 들어가고, 정치학자·사회학자·인류학자 들은 사실상 발언권을 빼앗기고 말았다. 그 결과 자본의 물질적 측면의 고찰만 너무 강조되고, 권력의 측면은 거의 전적으로 무시되는 사태가 벌어지고 말았다."

그러나 2008년 금융위기와 함께 사회과학에 대한 성찰 역시 이루어졌다. 그동안 경제학은 인간이라는 주체의, 사회 구성원 개개인의, 그리고 국가의 한 국민으로서의 입장을 망각하고 생산량이나 산출량이라는 지표로 드러나는 자본이라는 물리적 결과물만을 자신의 연구 대상으로 한 것에 대해 반성하기 시작했다. 즉 더 이상 사회공학으로서의 사회과학, 그 핵심으로 경제학과 경영학이라는 분과 학문이 사회과학을 대표할 수 없다는 것이다.

원래 경제학은 고전경제학, 즉 정치경제학에서 출발한다. 그러나 고전적인 정치경제학은 카를 마르크스Karl Marx의 《자본론Das Kapital》에 이르게 되자 자본주의사회의 해부학으로서의 정치경제학에 그 자리를 넘겨주게 된다. 이에 라이어널 로빈스Lionel Robbins가 규정하는 "'목적과 희소한 수단과의 관계'로서의 인간 행위를 연구하는 과학"이 경제학으로 불리면서 수학적 공리를 중심으로, 희소성 아래에서 개인들의 선택의 문제를 분석하는 사회공학적인 기술의 경제학이 되었다. 이리하여 사회주의권의 몰락과 그에 따른 마르크시즘의 퇴조와 더불어 등장한 신자유주의는 비판적 파트너를 상실한 채 브레이크 없는 질주를 하게 되었다.

신자유주의와 금융자본주의

워싱턴 콘센서스

신자유주의는 이른바 '워싱턴 콘센서스Washington consensus'에 기반한다. '워싱턴 콘센서스'란 미국의 정치경제학자 존 윌리엄슨John Williamson이 1989년 자신의 중남미 연구 보고서에서 제시한 중남미 등 개발도상국에 대한 개혁 처방을 일컬은 것으로, 미국과 국제금융

자본이 미국식 시장경제 체제를 개발도상국 발전모델로 삼도록 결정한 합의다. 미국 정부와 IMF, 세계은행World Bank 등 워싱턴의 정책 결정자들은 '위기에 처한 국가' 또는 '체제 이행 중인 국가'에 대해 미국식 시장경제를 이식시키자는 모종의 합의를 한 것이다.

워싱턴 콘센서스는 ① 사유재산권 보호 ② 정부 규제 축소 ③ 국가 기간산업 민영화 ④ 외국자본에 대한 제한 철폐 ⑤ 무역자유화와 시장개방 ⑥ 경쟁력 있는 환율제도의 채용 ⑦ 자본시장 자유화 ⑧ 관세 인하와 과세 영역 확대 ⑨ 정부 예산 삭감 ⑩ 경제 효율화와 소득분배에 대한 정부 지출 확대 등을 내용으로 한다.

IMF나 WTO(세계무역기구) 같은 국제기구를 통해 미국은 자국의 국제무역이나 국제금융에 대한 영향력을 증가시키고 있다. 이런 역할을 수행함에 있어서 이들 국제기구는 구심적 역할을 수행하고 있다. 따라서 금융 부문의 구조조정을 추진함으로써 미국에 근거를 둔 금융회사들이나 자본가들의 투자를 안전하게 할 수 있는 환경을 만들어주려는 것이다. 미국의 금융회사들은 국제금융의 상당 부분을 운용하며 여론을 주도하고 정책 방향을 결정짓는 데 핵심적 역할을 한다. 미국 정부는 이들의 이익을 보장해줌으로써 미국의 국익에 유리하게 작용하도록 한다.

미국은 금융 부문에 관한 경쟁력을 바탕으로 자유무역과 자유금융체제가 전 세계화되어야 한다는 입장을 강력하게 피력하고 있다. IMF와 WTO를 동원해 자유시장과 이윤 만능, 금융주의적 세계 질서의 정립을 위해 적극적으로 나선다.

금융 세계화는 1980년대 선진국 간의 자본 이동 증대로 시작해 1990년대의 선진국 간 및 선진국과 개발도상국 간의 자본 이동 증가로 나타나는데, 1980년부터 2000년 사이 20년 동안 선진국에서의 대외 자산과 부채 총액은 4조 7,000억 달러에서 55조 2,000억 달러로 무려 11배 이상이 증가했다. 또한 개발도상국에서도 같은 기간 동안에 대외 자산과 부채 총액이 6만 6,000억 달러에서 5조 달러로 7.5배나 증가했다. 금융 세계화는 각 국민경제들의 통화제도와 금융시장이 밀접히 연계되어가는 현상으로, 1980년대 이래 국제금융 거래의 경이로운 팽창을 가져오면서 두드러졌다. 이런 현상을 가져온 직접적인 계기는 1979년과 1982년 단행된 미국과 영국의 금융 자유화 및 탈규제 조치였다. 이후 수년간 주요 선진국들에 의해 뒷받침되었고 세계금융의 도래를 가져온 것이다.

금융 세계화는 자본이 투자 자금의 공급을 위해 자본 부유국으로부터 자본 부족국으로 이동하던 것에서 점차로 자산 구성의 분산과 위험 분산을 위한 포트폴리오 전략에 따른 이동으로 변화하고 있다. 이런 금융 세계화의 변화는 국내적 금융 지배를 세계적으로 확대하는 것과 동시에 국제금융자본의 개발도상국에 대한 지배력의 강화로 이어진다. 왜냐하면, 해외직접투자는 국제적 금융자본의 수익과 운명을 투자국의 성장에 의존하도록 만들어 상호 협력을 필수적이게 하나, 인수합병에 기초한 투자나 단기 포트폴리오 주식 투자는 국제금융자본의 유동성과 지배력을 높이기 때문이다. 국제금융자본은 이런 투자전략의 변화를 통해 개발도상국 자본과 노동은 물론,

정부에까지 영향력을 미쳐 이들 전체를 자신들의 지배력 아래 통합시킨다. 이것은 국제금융자본의 모국인 미국과 영국 등 소수 금융 강국의 개발도상국에 대한 지배력을 강화시키는 결과를 낳는다.

예를 들면, 외환위기 시 한국 정부는 IMF의 지침을 이행하기 위해 적극적인 외국자본 유치에 나섰다. 이를 위해서는 새로운 투자 환경의 조성이 절박했고, 추가적인 규제완화 및 자유화가 뒤따랐다. 그리고 금융 개방을 통해 신자유주의적 금융 질서에 일정 정도 통합되었다. 이와 같이 금융 세계화는 국내 시장근본주의 정책과 금융 우위의 경제질서를 세계적으로 확대한 것이며, 이를 통해 선·후진국 간의 경제적 통합과 상호 의존 강화에서 더 나아가 선진국의 개발도상국에 대한 지배력을 증대시키는 국제경제질서의 새로운 구축을 의미한다. 따라서 금융 세계화는 신자유주의의 국제 전략이며 국제 정치경제 질서인 것이다.

주주중심주의의 형성

한국은 외환위기 이후 금융 개방화를 통해 주주중심주의(주주모델)를 기반으로 하는 미국식 신자유주의 체제의 도입이 가속화되고 있다. 주주모델은 신자유주의와 개방화를 기반으로 작동한다. 주주모델의 형성은 주주가치의 극대화 논리에 입각해 기존의 제도가 사라지고 새로운 제도가 형성되는 '국가의 재구조화'로부터 비롯된 것이다. 무엇보다도 주주중심주의 또는 금융화는 신자유주의적 축적 형태의 핵심이므로, 국가의 재구조화 현상은 신자유주의화 과정에서부터 진행되었다고 할 수 있다. 신자유주의 이데올로기가 확산된 이후 각 국가의 무역 장벽 및 금융 장벽이 낮아지면서, 국가 간 무역 및 거래가 증가하게 된다. 따라서 정부는 이런 현상에 걸맞은 새로운 제도적 장치를 구축하기 위해 노력하게 된다. 왜냐하면 국가가 이에 대비해 거래의 효율성을 높이고 시장의 안정성을 보장하는 새로운 제도를 구축하는 것은 국가의 경쟁력을 갖추는 데 있어 중요한 문제 이기 때문이다.

주식시장 중심의 경제구조를 뜻하는 주주모델의 형성 역시도 경제 제도의 재구조화 과정 속에서 가능해진 것이다. 국가는 주주가치의 극대화에 입각한 기업지배구조를 구축하기 위해 법률 체계를 재조 정한다. 즉, 이전에는 국가가 기업이 이윤을 추구하는 데 유리한 환경을 구축하기 위해 규제 완화를 실시했다면, 주주중심주의 아래에 서는 주주들이 자유롭고 합리적인 투자를 할 수 있도록 하기 위한 일련의 금융 탈규제를 포함해, 정보 공개를 위한 기업 경영 공시 제도 및 주식거래의 투명성과 관련된 제도들을 더욱 강화하는 것이다.

해외 세력은 자신들의 이익에 따라 해당 국가의 정책을 지원할 수도 있고 또한 방해할 수도 있다. 즉, 해외 세력은 자신들의 이익을 극대화하기 위해 해당 정부를 움직여 자신들에게 유리한 법률 및 규제 체계를 구축하게끔 지원할 수도 있으며, 또한 자신들에게 불리한 정책들을 저지하도록 노력할 수 있다. 브라질과 같은 제3세계 국가들에서 다국적기업의 영향력은 국가가 사회세력으로부터 일정 정도의 자율성을 갖게 하는 데 중요한 역할을 한다. 즉, 다국적기업은 해당 국가에서 투자를 더욱 안정적으로 하기 위해 사회질서를 유지시킬 수 있는 강력한 국가가 필요하다. 따라서 다국적기업들은 해당 국가의 정부에 경제적 자원 등을 지원함으로써 국가가 사회 세력으로부터 자유롭게 정책을 결정하고 또한 그들의 저항을 잠재울 힘을 제공한다. 또한 동아시아 금융위기의 사례들은 IMF를 통해 미국 정부와 월스트리트 금융자본이 해당 국가들의 정부에 높은 자율성과 역량을 부여해준 경우다. 즉, 그들은 각국 정부에 차관이라는 경제적 자원을 제공하는 대가로 강도 높은 신자유주의적 개혁을 실행하도록 압박했고, 이런 세력을 등에 입은 정부는 지배계급의 반발을 비교적 수월하게 제압하며 정책을 실행할 수 있었다.

주주중심주의와 재벌 체제의 공생 관계가 형성되는 데에 중요한 원인이 되었던 김대중 정부의 재벌정책은 IMF 지원 아래 국가의 자율성과 역량으로부터 비롯됐다. 정책의 결정 단계에서는 김대중 정부의 자율성이 상당 수준 보장됐다. 따라서 김대중 정부는 재벌의 반대를 제압하고 주주모델 원칙에 입각한 재벌정책을 대부분 결정할 수 있었다. 김대중 정부가 재벌에 대해 자율성을 지닐 수 있었던 이유는 해외 세력의 압력과 더불어 무엇보다도 재벌 스스로 위기에 처하게 되었기 때문이었다. 이처럼 재벌이 위기에 처하게 된 이유는 지배계급 내의 규율 장치의 부재 때문이었다.

사실 민주화 이전에 재벌의 규율 장치 역할을 한 것은 바로 국가였다. 기존의 발전국가모델의 핵심은 국유화한 금융기관을 매개로 경제적 자원을 통제해 자본 세력을 규율하는 것이었다. 하지만 전두환 정권 이후 개발 국가의 규율 메커니즘은 와해되었다. 이런 와해의 근본적인 이유는 재벌의 과대한 성장이었다. 정부 주도적 산업화 과정에서 급성장한 대규모 기업집단의 축적 능력과 금융 능력의 증가에 따라 정부의 기업 부문에 대한 통제는 점차 어려워졌다. 따라서 재벌은 제2금융권에 대한 지배권을 강화해 1987년 3저 호황을 정점으로 단기적 차입을 급격히 늘려감으로써 사업을 과도하게 확장해나갔다. 이로 인해 기업의 부채비율은 더욱 급증하게 되었다. 재벌의 자기자본 대비 부채비율이 1995년 280%에서 1997년 536%로 급속히 증가했다.

이런 재벌의 부실은 결국 1997년 무렵 대규모 도산으로 이어졌다. 무엇보다 재벌 집단의 약한 고리라고 할 수 있는 6~30대 재벌들이 연쇄 도산했다. 한보그룹, 삼미그룹, 진로그룹, 기아그룹, 해태그룹, 뉴코아그룹, 한라그룹은 1997년 초반부터 연속적으로 법정관리에 들어갔다. 이런 재벌의 도산 과정은 전형적인 경제공황의 과정으로 전개되었다. 즉, 금융시장이 불안정한 상황에서 특정 기업에서 부실 징후가 나타나거나 금융시장에서 악성 소문이 퍼지게 되면, 종합금융사 등의 비은행 금융기관들은 해당 기업으로부터 급작스럽게 여신을 회수한다. 이는 결국 기업의 자금순환에 악순환을 일으키게 된다. 더구나 하나의 기업의 위기는 순환출자로 연결되어 있는 계열사들을 연쇄적으로 부도 상황으로 몰고 갔다.

스스로 위기에 빠진 재벌과 IMF의 전략

재벌의 연쇄도산과 함께 한국은 '달러—월스트리트 체제Dollar—Wall Street Regime'(DWSR, 1970년대에 형성된 새로운 국제통화제도)라는 세계경제 체제의 맥락 속에서 외환위기에 직면하게 되었다. 1970년대 서구 사회는 구조적 경기침체 속에서 오일 파동으로 경제공황에 직면했다. 이와 더불어 미국의 대외 무역수지 적자와 국제무역 경쟁의 심화로 인해 기존의 세계 금융시장을 규율하던 규범인 고정환율제는 더 이상 유지할 수 없게 되었다. 따라서 미국의 압도적인 산업, 금융, 그리고 정치력을 기초로 한 전후 세계경제의 글로벌 스탠더드이던 브레턴우즈 체제Bretton Woods System는 붕괴되었다. 이는 곧 2차 세계대전 이후 굳건했던 미국 헤게모니의 약화를 뜻했다. 따라서 미국은 세계적 헤게모니를 재확립하기 위해 새로운 국제 정치경제체제인 달러—월스트리트 체제를 구축하기에 이른 것이었다.

달러—월스트리트 체제는 브레턴우즈 체제의 붕괴 이후 미국 경제의 금융화 전략의 연장선에 있었던 것이다. 즉, 변동환율제라는 맥락 속에서 미국은 금리를 조정해 달러 가격을 조절함으로써 국제경제를 지배하려 했던 것이다. 이런 전략의 경제적 토대는 바로 월스트리트 금융자본이었다. 따라서 미국은 월스트리트의 권력을 증대시키기 위해 닉슨 정부 시절 국제금융 관계가 각국 중앙은행의 통제에서 벗어나 점차 민간 금융회사를 중심으로 작동하도록 각 국가에 압력을 가했다. 또한 더욱 중요한 것은, 달러—월스트리트 체제의 영향력이 더욱 증가하기 위해서는 각국의 금융 규제들을 제거하고 주주가치 극대화의 원리에 입각한 제도를 구축해야 한다는 점이었다.

구체적으로 설명하면, 각 국가의 금융 장벽을 철폐해 월스트리트와 다른 나라 민간 금융업자들 사이의 자유로운 자금 흐름을 가능하게 하고, 월스트리트의 금융업자들이 다른 나라의 금융제도와 여러 경제 부문에서 사업을 벌일 수 있는 완전한 권리를 부여하며, 월스트리트 금융업자들과 이들의 미국인 고객(다국적기업과 단기 금융시장의 뮤추얼 펀드 등)의 비즈니스 전략과 부합되게끔 해당 국가의 금융제도를 재편성해야 했던 것이다.

이런 금융 규제의 철폐 및 재조정에 앞장섰던 기관은 바로 IMF와 세계은행이었다.

이런 미국 전략의 표적이 된 국가들 중 하나가 바로 대한민국이었다. 미국은 한국에 투자되었던 막대한 자금이 금융위기로 인해 자국 금융시장으로 유입되어 여신 비용을 하락시켜 자연스럽게 증시를 활성화하고 경제성장을 촉진시킬 것으로 예상했다. 이런 미국과 미국의 영향력 아래 있는 IMF, 그리고 월스트리트는 1997년 11월 6일 원화를 공격했다. 공격 끝에 한국 정부는 1997년 11월 21일 IMF에 공식적으로 구제금융을 요청했다. 이에 IMF는 12월 4일, 한국 정부의 경제−금융 프로그램의 지원 명목으로 SDR(특별인출권) 15.5빌리언(미화로 약 210억 달러)을 제공하는 대신에 이른바 '정책 지원'이라고 불리는 일련의 구조조정 프로그램을 실천할 것을 강요했다. IMF의 요구는 세 개의 '금융 부문 구조조정' 항목과 다섯 개의 '기타 구조적 장치들'로 이루어져 있었다. 금융 부문에 대한 것은 은행과 비은행 금융회사들에 대한 한국 정부의 통제력을 약화시킬 목적으로 만들어졌다. 그리고 기타 구조적 장치들에는 무역자유화, 자본계정 자유화, 기업지배구조와 기업 체계의 정비, 노동시장 개혁, 정보의 투명성 제고 등이 포함되어 있었다.

외환위기는 '제2의 국치일'이라고 언론에서 보도될 만큼 사회적으로 큰 충격을 안겨주었다. 언론들은 기존 한국의 국가 주도적 경제 모델과 재벌 체제를 위기의 원인으로 비판하면서 재벌과 국가의 경제정책을 개혁할 것을 요구했다. 사회 전반의 재벌개혁 요구로 인해 대통령 선거에서 승리한 김대중 정부는 재벌개혁을 시도했다. 김대중 정부의 정책은 사회 전반에서 상당한 지지를 받았다. 집권 초기라 할 수 있는 1998년 한 해 동안 김대중 정부의 국정 지지도는 77~80%라는 높은 수준을 유지했다. 따라서 높은 정치적 지지도와 IMF의 압박은 재벌의 이익을 일정 부분 제한하는 재벌정책을 결정하는 데 밑바탕이 되었다.

금융자본주의와 주주중심주의

금융 투기의 시대

산업을 통한 먹거리의 삶이 정지되고 금융 투기의 시대가 열렸다. 세계의 모든 자산이 증권화되어 시장으로 나와 널을 뛰었다. 투기를 통해 세계의 자산이 1% 엘리트에게 몰려갔다. 국가가 은행과 결탁하여 기업을 장악하면 국가 파시즘이 되고, 은행이 기업과 결탁하여 국가를 장악하면 기업 파시즘이 된다. 미국의 경우 은행과 기업은 결탁이 아니라 동종 산업이 되었다.

자본주의적 생산양식을 진단했던 대다수의 인문·사회 학자들은 당장의 메커니즘만 공부해왔다. 즉 공장을 돌려 얻는 당기순이익과 노동임금 및 비용, 상품의 수요와 공급만 공부했던 것이다. 반면 자본수익(당기순이익, 대출이자, 집세, 주식배당금 등)의 핵심을 이루는 주식과 금융자본에는 그리 집중하지 않았다. 자본가들이 돈을 만들어내던 출발의 메커니즘에는 주의를 기울이지 않고, 그 돈을 가지고 나중에 다시 돈을 만들어가는 종착점의 메커니즘에만 집중했던 것이다. 증권시장과 대출로 대표되는 금융자본을 부차적으로 취급했던 결과는 처참했다. 자본주의도 공산주의도 모두 엉망으로 만들어버렸기 때문이다. 이 역사를 시장 만능을 설파하던 신자유주의와 이를 뒷받침해온 신고전학파 경제학이 이끌었다.

자본을 구성시키는 출발점의 메커니즘으로서 금융은 문서 행위일 뿐이다. 실물이 아니기 때문에 돈을 버는 방법도 보통과 다르다. 문서에 접근하려면 상당한 지식을 가져야 한다. 불확실성이 상시 잠재한 사회에서 시간과 공간이 달라질 때마다 가치를 다시 검토해야 한다. 다른 문서들과 교환할 때는 그 차익을 비교해야 한다. 뿐만 아니라 문서의 가치를 높이기 위해 미디어 조작도 서슴지 않는다. 이처럼 금융자본은 눈에 보이지 않는 숫자 놀음을 통해 이익을 얻는다는 점에서 가상적이다. 물건의 수요와 공급에 기생하는 자본이며, 대출과 주식 투기를 통해 살아가기 때문에 마케팅을 한다 해도 정보와 문화에 관한 연구에 기대어 살아갈 수밖에 없다. 즉 사람들의 기본 성향과 소비성향, 계급과 계층의 인간적 차이, 세계 외교의 흐름, 기업 미디어의 역할, 뇌의 작용, 집단심리학적 특성과 민족문화, 이민과 소수자의 동향, 그에 대한 정부의 정책 등을 고려해야 이익을 얻는다. 오늘날 증권시장의 '찌라시' 같은 것들이 바로 그런 정보들로, 시장의 문화 흐름이 어떤가를 보는 것이다. 쉽게 말해서 금융 경제란 정보와 문화(그리고 조작)를 통해 수익을 벌어들이는 구조다.

금융의 손아귀에 산업 경제의 기반이 들어왔고, 300년 부르주아적 자본주의의 역사는 무너져 갔다. 1960년대에 자본주의를 한 번더 흔들어야 했던 절박한 욕망을 가진 자들이 누구였던가가 오늘날 밝혀졌다. 금융-군산복합체 기업들이었다.

금융자본의 지배에 기초한 금융자본주의는 자본축적의 형식을 연대의 원칙보다는 시장 순응, 자기 책임, 경쟁력을 우선시하는 유연한 시장 중심적 생산모델과 (종종 공적 담론이나 제도적 실천과 연계된) 강제적 규제와 연계시킨다. 이로서 금융자본주의에서는 특정한 형태의 자본축적만을 고집하기보다는 다양한 전달 메커니즘을 통해 금융자본주의적 경쟁논리를 혼합경제의 모든 영역에 이전하여 사회 내에서 보편화를 추구한다.

금융자본주의의 경쟁논리를 사회로 전달하는 과정은 지난 수십년 동안 국제적 지배 관계를 통해 서서히 구축되었다. 세계경제에서의 주도적 역할을 유지하려는 미국의 통화정책을 포함한 소위 '달러-월스트리트 체제'는 IMF나 주요 국가의 도움으로 글로벌 차원에서 금융자본주의의 구성적 요소를 통합해나갔다. '국제적 국가 체제'의 지배력에 힘입어 이런 자본주의 유형은 글로벌 금융시장의 유동성 원칙을 실물경제로 확산시켰다. 이때 국가 내부로의 중요한 전달 메커니즘은 기업을 통제하는 시장과 주주가치에 기반을 둔 기업지배구조였다.

주주가치 극대화의 원칙

2008년 금융위기 이후 자본주의 국가들은 경기 침체에 직면했고, 사회과학자들은 위기의 원인이라고 할 수 있는 '금융화' 현상에 주목하기 시작했다. 금융화는 경제적 불평등을 심화시키고 있으며, 새로운 문화적 가치의 형성을 초래하는 등 사회 전반에 큰 영향을 끼치고 있다. 이런 금융화를 정의하는 중요한 특징 중 하나는 바로 '주주모델'의 등장이다. 즉 기업지배구조가 '경영자모델'에서 '주주모델'로 전환된 것이다.

주주가치 극대화의 원칙에 따라 경제체제가 재구조화되는 주주중심주의는 무엇보다 일련의 제도적 재편 과정으로부터 비롯된다. 즉, 자본주의국가들은 주주가치 극대화 논리에 입각해 기존의 경제제도를 폐지함과 동시에 새로운 제도를 도입하고, 이로 인해 정치경제 구조는 '기업과 제도' 중심에서 '시장 중심'으로 전환된다. 또한 주주모델을 가능하게 하는 제도들은 각 사회의 특수한 역사적 맥락 속에서 조금씩 다르게 구축됨으로써 금융화의 구체적인 모습은 각 국가마다 차이를 나타내고 있다.

주주모델의 등장은 '기업과 제도' 중심으로 작동하던 서구 자본주의 체제가, 주주가치 극대화 논리가 새로운 기업지배구조로 등장하면서, '시장 중심' 더 구체적으로는 주식시장 중심의 구조로 전환된 것을 뜻한다. 이는 자본주의 국가들의 정치경제 구조가 질적으로 변화되었음을 의미하는 것이다. 주주모델의 핵심 원리는 주식시장에서 평가되는 기업의 가치가 주주의 이익을 보장하는 데 유일한 지표이며, 기업이 따라야 할 유일한 신호가 됨을 뜻한다. 즉, 주식시장에서 결정된 가격은 곧 해당 기업의 가치를 뜻하므로, 주주들은 주식가격에 따라 자신의 투자 의사를 결정하고 경영자들을 평가하고 통제한다.

이런 논리는 당시 미국 기업 비효율성의 주된 원인으로 지목되던 경영자와 소유자 사이에 발생하는 대리인 문제를 해결함으로써 주주가치의 극대화를 실현 가능하게 하는 방법으로 간주되었다. 따라서 주주가치 극대화의 원칙에 따라 경제적 자원배분 메커니즘은 은행-기업 관계 중심에서 주식시장 중심으로 전환되었으며, 또한 경영자들을 감시하기 위한 스톡옵션과 사외이사제도의 개편 등 새로운 제도들이 구축되었다.

이런 원리로 실행되는 주주모델, 즉 금융화는 곧 신자유주의 축적의 핵심 요소다. 신자유주의 이데올로기는 완전경쟁시장모델이 가장 최적화된 자원배분을 보장하는 경제 메커니즘일 뿐만 아니라 사회의 모든 문제를 해결할 원리로 파악하는 일종의 시장 만능주의다.

신자유주의적 원칙은 여러 경제의 영역 가운데 무엇보다 주주모델에서 핵심적 영역인 주식시장의 가격결정 메커니즘으로 작동한다. 그러므로 금융화는 신자유주의적 축적 양식에서 핵심적인 요소로 작동하고 있는 것이다. 따라서 신자유주의는 금융 권력 강화의 이데올로기적 표현이라 할 수 있다.

주주모델이 등장하자 기업은 주식가격 상승을 위해 단기적 이익을 추구하게 되어, 대대적인 구조조정을 실시했다. 그 결과, 기업들은 기업조직을 주력 분야의 전문화에 입각한 네트워크 조직으로 재편했다. 이와 더불어 기업들은 대규모 해고로 비용을 절감해 수익성을 높이고 이를 통해 주식가격을 높이려 했다. 이처럼 미국에서 등장한 주주가치 극대화 원칙은 다른 국가에도 전파되었고, 각기 서로 다른 형식의 주주모델로 발전했다.

한국에서 주주모델이 구체적으로 등장한 시점은 외환위기 직후였다. 기관투자자들과 금융자산가들이 막대한 부를 축적한 미국과 달리, 한국의 금융화는 주주모델이 재벌 헤게모니 내에서 이루어졌다. 한국의 금융화는 수출 제조업 위주의 대기업 집단인 재벌의 순환출자 구조와 융합되어 전개되었다. 이는 재벌들에게 많은 이익을 가져다주었다.

신자유주의 실험장이 된 한국

재벌의 '갑질'은 정신적·언어적 폭력을 퍼붓는다. 이러한 행동에 그들은 어떤 죄책감도 갖지 않는다. 왜냐하면 경제력으로 구분된 계급사회는 이들 스스로 선민의식을 가지는 것에 대해 어떠한 윤리나 도덕보다 앞선 것으로 그 가치와 정당성을 인정해주고 있기 때문이다. 이렇게 극단적인 신자유주의적 사회 분위기는 전반적으로 공동체적 가치를 침해하고 경제성 이외의 가치를 도외시함으로써 서로 '급'이 다른 인간이라는 관념을 더욱 공고하게 만드는 원인이 된다.

재벌의 갑질과 왕자의 난이 보여준 것은, 신자유주의 사회 안에서 대외적으로는 성공했을지라도 순수한 인간의 존엄적 가치 차원에서는 실패했다고 볼 수 있다. 공고한 신자유주의 구조 안에서도 인간의 존엄성은 결코 훼손될 수 있는 것이 아니다. 사람이라는 것은 어떤 보이지 않는 공동체(도덕적 공동체) 안에서 성원권成員權을 갖는다는 뜻이다. 즉 '사람임'은 일종의 자격이며, 타인의 인정을 필요로 한다. 어떤 개체가 사람이 되기 위해서는 사회 안으로 들어가야 한다. 사회가 그의 이름을 불러주어야 하며, 그에게 자리를 만들어주어야 한다. 존재감은 목숨보다 귀하게 여겨질 때도 있다. 아무리 자본과 권력이 가장 우선시되는 사회라 할지라도 기본적으로 인간의 존엄한 가치가 존중되지 않는다면, 어떤 지위를 막론하고 결국 다 같이 공존하는 사회 안에서는 머무를 수 없다.

물질만능주의가 극에 달한 한국 사회에서 '돈'이란 시장경제를 움직이는 수단을 넘어 인간의 가치까지 재단하려 드는 비윤리적인 잣대의 역할을 자처하고 있다. 인간의 가치를 물질적인 기준에 의해 구분 짓는 이러한 태도는 이제 하나의 통념으로서 사회 전반에 만연해 있다. 아이러니하게도 대중들은 이 같은 세태를 맹비난하면서도 한편으로는 본인 또한 자본의 질서에 편입되기를 강하게 욕망한다. 이와 같은 반응은 다시 현실 사회를 재현하는 텔레비전 드라마 안에서도 그대로 나타나며 시청자들의 눈길을 사로잡는다. '돈' 문제로 인해 갈등이 유발되는 서사는 이미 시청자들에게 일상적인 문법으로 받아들여졌으며 드라마 속 모든 계층의 인물들에게 다양한 방식으로 차용되어왔다. 특히, 자본의 정점에 위치하고 있는 '재벌'을 소재로 다루고 있는 드라마에서는 아예 '돈 문제' 자체가 서사의 중심 내용으로 직접 발화되고 있다. 즉 경제적 계급에 의한 갈등은 이미 현실 세계나 텔레비전 드라마 안에서조차 일상적인 문법처럼 존재한다.

신자유주의 시대에 경제적 계급은 당연한 결과물의 하나지만, 이러한 계급적 분화는 다시금 인간의 존엄성이라는 문제에까지 영향을 미치고 있다. 경제적 계급은 존재할지라도 순수한 인간의 존엄성 자체에는 불평등한 계급이 존재해서는 안 된다.

미셸 푸코Michel Foucault는 신자유주의 시대의 통치에 대해 "경제적인 것으로 인해 정치를 포함한 국가의 전반적인 것들이 결정되고 주권이 생산"된다고 설명한다. 즉, 경제적인 것으로부터 발생된 현상들은 대부분 정당성을 부여받고 있다는 것이다. 이러한 시대 이념은 경제적으로 이익과 손실의 최적화된 합의를 이끌어내기 위해 노력한다. 빈익빈 부익부는 필연적으로 발생하며, 경쟁에 도태되거나 보호받지 못한 사람들에 대해 사회는 묵인한다.

신자유주의를 바탕으로 하는 사회는 그 기초적 구성단위를 '기업'이라는 형태에서 찾아내고 마침내 사회체를 '기업'이라는 형태로 뒤덮어버리려고 한다. 즉 인간이라는 존재는 극단적인 시장원리에 의해 지배받는다. 덧붙여, 한국은 여전히 전통적인 신분 관념이 강하게 지배하는 사회다. 다만 그 틀이 전근대적인 신분 질서가 아닐 뿐이다. 그 대신 학력, 빈부, 외모, 지위 등이 강력한 기준으로 자리 잡았다. 그런 차이들을 중심으로 귀함과 천함을 구분하고 자기와 타인을 위아래로 자리매김한다. 결론적으로 한국 사회에는 경제적 조건과 신분 관념이 유기적으로 결합된 형태의 계급이 존재한다고 볼 수 있다.

대한항공과 아시아나항공 노동자들이 광화문광장에 모여 "재벌갑질 청산하라"라는 구호를 외친 것은, '을'들이 재벌의 갑질에 의해 훼손된 자아를 회복하고 그들(갑)에게 '인간다움'을 증명받기 위한 '인정 투쟁'을 벌인 것이다. 그들은 복수를 다짐하면서 "인간임을 증명해보이겠다"라고 외쳤는지도 모른다. 여기서 '인간'은 두 가지 의미로 해석할 수 있다. 첫 번째는 신자유주의가 지배하는 세계에서 인정받을 수 있는 신자유주의적 질서에 최적화된 인간이다. 두 번째는 반대로 어떤 사회적 조건에도 구애받지 않고 자유와 평등이라는 권리를 누리는 존엄적 차원에서의 인간이다. 그러나 그들은 어떠한 방식으로든 인간적 차원의 취급을 받지 못했다. 그 이유는 경제적으로 하층민에 속하는 경제적 계급이기 때문이었다. 그들(을)은 처음부터 신자유주의적 기준에 적합하지 못한 존재였기 때문에 아예 경쟁 자체에 참여할 수 있는 기회조차 얻을 수 없었던 것이다.

신자유주의가 가장 강력하게 주장하는 개인의 자유는 실제 보편적인 휴머니즘에 기반을 둔 '인격'을 가진 개인이 아닌, 시장경제의 적극적 행위자로서 '재산'을 가진 개인에 국한된다. 이러한 불공평한 체계는 결국 사회의 양극화 구조를 심화시키고 경쟁에서 살아남은 승자가 독식하는 사회로 변질된다. 그러므로 우리는 경쟁의 메커니즘 안에서 오직 성과주의만 부추기는 사회질서가 문제라는 것을 인식해야 한다.

따라서 재벌은 최근 발생한 일련의 '갑질' 사건들을 통해 '인간의 존엄성'이라는 문제의식에 대해 각성한 인물로 재탄생되어야 한다. 사회 발전이란 결국 사회적 인정에서 배제된 사람들, 즉 사회적으로 무시당하는 사람들도 사회적 인정을 향유하게 함으로써 더 많은 사람에게 성공적 자아실현의 조건을 보장하는 데 있다. 현실적으로 재벌은 돈을 축적하는 데 성공을 거두었지만, 내면적으로는 성공이라고 보기 어렵다. 왜냐하면 그것은 신자유주의 사회구조 안에서의 성공이지, 인간의 존엄성을 증명하는 차원에서는 실패한 것이기 때문이다.

＼ 주주중심주의

주주모델과 재벌 체제의 공생

주주와 재벌 체제의 갈등

한국의 주주중심주의는 재벌이 주도하고 있으며 또한 재벌은 주주중심주의 내에서 많은 이익을 얻고 있다. 주주중심주의와 재벌 체제의 공생 관계를 가능하게 한 여러 요인들 중 가장 중요한 것은 바로 김대중 정부 시기의 재벌정책으로부터 비롯된 일련의 제도적 재조정 과정이라고 할 수 있다. 즉, 김대중 정부의 재벌정책이 실행된 결과, 재벌의 소유구조가 거의 개혁되지 않은 채 한국의 주주중심주의적 제도가 구축되고, 이는 곧 '주주중심주의와 재벌 체제의 공생'이라는 한국의 독특한 금융화 현상의 기초가 된다.

재벌의 기업지배구조를 주주모델에 입각해 개혁하는 문제 중에서 가장 중요한 사안은 바로 재벌의 소유-지배-경영권의 장악 구조를 개혁하는 것이다. 주주가치 극대화에 입각한 기업지배구조 아래서 중요한 측면은 소유권, 기업 내의 이사회(이사) 임명권을 비롯한 일체의 의결권을 뜻하는 지배권, 그리고 경영권이 각각 분리된 조건에서 주주들이 경영자를 적절히 통제하는 것이다.

그러나 한국의 재벌 체제는 순환출자라는 독특한 방식으로 소수의 재벌 일가가 재벌 체제 내 계열사들의 대주주로 올라설 수 있게 되어 있다. 이런 소유구조를 바탕으로 재벌총수들은 경영자와 이사회의 임명권을 장악하고, 자신의 명령에 따라 움직이는 경영자들을 세워 재벌기업군을 운영하고 있다. 이런 지배구조 속에서 재벌은 국가경제의 가장 큰 부분을 차지하며 또한 핵심적인 사업을 맡고 있는 기업들을 거느림으로써 막대한 경제적 자원을 독점하고 있다. 이런 막대한 경제력은 곧 경제와 사회 전반을 통제하고 국가정책에 큰 영향을 끼치는 데에 기초가 된다.

따라서 재벌의 소유-지배-경영권의 일치 구조는 주주중심주의적 원칙에 입각한 기업지배구조를 구축하기 위해 제거되어야 할 요소 중 하나다. 특히, 소유-지배-경영권의 일치 구조를 근본적으로 개혁하기 위해서는 순환출자 구조로 이루어진 소유구조를 무엇보다 먼저 개혁해야 한다. 이런 재벌의 소유-지배-경영권 일치 구조의 개혁은 IMF의 구제금융조치가 이루어지던 시기부터 지적된 문제였다. 특히 재벌 소유구조의 근본적 개혁에 대한 요구 역시 무엇보다 IMF로부터 강력하게 제기되었다.

재벌 체제는 거대 기업군을 거느리게 됨으로써 강한 견제 장치 없이 과다한 경제력집중 현상을 초래하고, 또한 비효율성을 초래함으로써 외환위기의 근본적인 원인이 되었다. 또한 재벌의 소유구조는 한 기업이 도산하게 되면 연쇄적으로 도산을 일으키게 되므로 위기 시에 취약한 구조다. 그리고 해당 사업 분야에 대한 전문성을 결여한 재벌총수들이 경영권을 장악하는 부분 역시 큰 문제다.

　따라서 외환위기 직후에 제기되어온 재벌개혁 방식은 바로 '독립 경영론' 또는 '독립 대기업론'이었다. 즉, 기존 재벌의 소유구조에서 각 기업을 분리해 업종별로 전문화된 경영자들이 각각의 대기업을 운영해야 한다는 것이다. 또한 IMF 역시 재벌해체를 거론할 정도로 외환위기 이후 한국 정부와의 협상에서 기업구조조정을 더욱 강조했다. 노동계도 재벌이 비정상적인 소유구조로 인해 부당하게 재산을 축적하고 있다고 비판하면서, 재벌의 재산을 강제 환수해 소유구조를 해체할 것을 정부에 요구했다.

　한국에서 주주모델이 형성되면서 해외자본이 더욱 큰 규모로 유입됨에 따라 기존의 재벌 체제와 일정 정도 긴장 관계를 나타내고 있다. 한국의 주식시장에서 더욱 많은 수익을 얻기 위해 해외의 금융자본들은 결국 가장 수익성이 좋은 재벌 대기업군에서 그 영향력을 확장해야 한다. 하지만 순환출자로 각 기업군을 지배하고 있는 재벌들로 인해 그들의 영향력은 쉽게 확대되기 힘들다. 그러므로 주주모델의 논리가 한국의 정치경제체제에 더욱 뿌리 깊게 자리를 잡으면 잡을수록, 해외자본과 재벌 간의 갈등 관계가 심화될 가능성이 있다. 일례로 노무현 정부 시절 SK와 소버린sovereign은 기업의 소유권과 지배권을 놓고 심각한 갈등을 겪은 바 있다.

재벌총수 자본주의

1997년 외환위기 이후 자본시장의 발달과 외국인의 주식 보유 비중이 증가하고, 지배구조 개선 등 정부의 재벌개혁 정책과 소수주주 운동이 활발해지면서 주주가치 극대화는 기업 경영의 화두가 되었다. 외환위기 이후 외국인 투자자 증대는 한국 주식시장의 소수주주들이 재벌기업을 포함해 모든 기업 경영자들에게 주주가치를 중시하는 경영을 하도록 압박할 수 있는 환경을 조성했다는 점에서 주주가치 경영 확산에 결정적 기여를 했다. 나아가 주주가치 극대화 경영이 글로벌 표준으로 기업에게 강제되면서 단기적인 수익을 중시하는 경영도 보편화되었다. 재벌 대기업을 포함한 국내 기업들의 주주가치 경영의 실체를 부인하는 것은 아니지만 소수 지배주주의 다수 소수 주주들에 대한 탈취가 끊임없이 자행되고 있고, 종업원, 소비자, 지역사회 등에 대한 관심과 배려가 주주모델의 천국인 영미 국가보다 지극히 취약하다.

재벌기업의 주요 계열사들 역시 자사주 매입 등을 통해 기업가치를 끌어올리고, 이를 통해 주주들의 이익을 고려하는 경영 행태를 보인다. 그러나 우리나라 기업들의 주주가치 극대화 경영의 실상을 보면 긍정적 측면보다는 부정적 측면이 더 많다. 기업들은 주주가치 경영, 기업 경쟁력 강화를 명분으로 하여 주가나 단기 수익 극대화를 추구한다. 자사주의 경우에도 내부 정보 유출과 같은 불법 등을 동원해 주가를 관리하고, 총수 일가 등 지배주주의 재산가치 보전을 위한 경영전략으로 이용하는 경우가 많다. 결국 우리나라 재벌의 자사주를 통한 주주가치 극대화 경영은 왜곡된 형태 그 자체다. 이와 같은 기업들의 재투자 및 신규 설비투자의 축소와 자사주 매입 우선은 주식시장의 자금조달 기능을 더욱 약화시킴으로써, 주식시장을 주가 관리나 부의 상속, 혹은 친족 간 지분 정리를 위한 기회로 활용할 수 있는 환경을 제공한다. 뿐만 아니라 기업 내 정규직을 비정규직으로 대체하는 등 고용조정도 일상화하고 있다.

이와 같은 주주가치 극대화 경영 왜곡은 기본적으로 총수 지배력과 관련된 재벌기업들의 소유구조가 근본적으로 바뀌지 않았기 때문이다. 따라서 외국인 투자자들이 가져온 주주가치 극대화 경영은 재벌총수와 기묘한 공생을 하고 있다. 다시 말해 재벌기업들의 경우, 기존의 재벌의 소유구조와 주주가치 경영이 악조합을 이루고 있어 높은 배당률, 단기 수익성 위주의 경영, 투자율 저하, 비정규직 증가, 하도급 기업과의 장기 공존 관계 악화 등 주주가치 경영의 폐해에 노출되어 있다. 또 우량 계열사가 부실 계열사를 합병하거나 계열사 간 일감몰아주기 방식을 통해 일반주주들의 부를 총수 및 일가 등 지배주주에게 이전시키는 관행이나 주주들의 이익을 무시하는 의사결정 구조, 즉 주주가치 경영에 반하는 관행들도 근본적으로 개선되지 못하고 있다. 또 금융 계열사를 이용해 다른 계열사에 출자하는 행위는, 금융·보험 계열사 자산을 구성한 일반 예금자나 가입자의 재산을 이용하는 것이므로 이들의 재산권을 침해하는 대표적인 사례다.

소유자 혹은 주주로서뿐 아니라 기업의 중요한 이해관계자로서 소유 분산과 노동의 경영 참여를 보장한다는 우리사주제도 역시 자본시장에서 종업원들을 '대주주에 우호적인 주주'로 만드는 데 그쳤다. 2002년 새로운 형태의 종업원 주식 소유 제도로 도입된 우리사주제도는 기존의 종업원지주제도에 비해 여러 점에서 진일보한 것임에 분명하다.

따라서 적어도 이론적으로는 우리사주제도가 종업원의 경영 참여를 가능하게 함으로써 기업 경영의 투명성 제고와 기업지배구조 개선을 위해 활용될 수 있다. 즉 종업원이 주주로서 주주총회에 참여함으로써 보유 주식에 따라 주주총회의 중요한 안건에 의결권을 행사하고, 장부열람권 등의 소수주주권을 활용해 내부 감시자로서 경영 활동을 감시할 수 있다. 그러나 현재 우리사주제도는 종업원들의 높은 경영 참여 욕구에도 불구하고, 집단적인 의결권행사 방식의 제도적 미비, 경영자들의 소극적인 자세 등으로 인해 참여 종업원들이 의결권 행사를 통해 경영에 참여하기 어려운 실정이다.

주주모델의 이론적 기초

금융 경제 : 월스트리트의 이념

주식회사의 가장 근본적인 운영 원리에 대한 의견 대립은 주주모델과 이해관계자모델 사이의 대립이다. 자본보호주의와 기업의 지배구조에 대한 국가 및 정부의 개입도 이 구도 아래서 이해되어야 한다. 특히 이해관계자모델은 기업사회책임과도 연결되어 있다. 2010년 1월 21일 미국 연방 대법원이 내린 기업의 정치헌금 허용 판결 Citizens United v. Federal Election Commission로 인해 이해관계자모델은 향후 그 중요성이 더 부각될 전망이다. 이 두 모델 중 어떤 모델을 선택하는가에 따라 경영자의 행동을 통해 표출되는 기업의 행동과 국가의 기업 정책이 달라진다. 종업원들의 입지도 달라지므로 이는 기업을 둘러싼 정치 프로세스에도 큰 영향을 미치는 문제다.

기업이 주주들의 이익을 위해 조직되고 운영되는 것이라면 주주들은 기업의 운영과 궁극적인 운명에 대한 결정권을 보유하게 된다. 기업의 지배구조에서도 주주들이 가장 큰 발언권을 행사하게 된다. 주주들의 투자 목적은 재무적 이익의 추구이고 경영진은 주주들이 투자 목적을 달성할 수 있게 하는 의무를 진다. 여기서는 주주들에 대한 배당의 기초가 되는 이익과 회사의 주가 상승이 가장 중요하고, 그것을 달성할 수 있는 여러 가지 수단이 동원된다. 고배당과 자기주식 취득이 여기에 포함되므로 회사의 이익이 투자에 사용될 여지는 줄어든다. 그렇게 되면 설비투자와 장기 전략은 순위가 밀릴 수밖에 없다.

　현대 자본시장의 투자자인 주주는 단기적인 이익과 주가 상승을 높이 평가하므로 경영자들은 그를 위해 필요한 경영 전략을 선택하고 경영자 보수도 단기 실적과 주가에 연동되는 것이 보통이다. 이들 주주에는 기관투자자와 펀드와 같은 재무적 투자자들이 큰 비중으로 포함되어 있다. 특히 금융회사는 고도로 복잡한 금융상품을 고안하고 판매하는 방법으로 회사의 성과를 극대화한다. 회사 실적 향상은 대체로 위험한 사업에 대한 투자와 비례한다. 이렇게 되면 자본의 국적을 가릴 수 없다. 보다 많은 투자자들이 유치되어야 하기 때문이다. 주주모델은 신자유주의적 세계화의 조류와 잘 맞는 이념이다. 또 국가의 규제와 정부의 개입은 이 모든 프로세스에 부정적 영향을 미친다.

　주주모델은 경제활동을 시장과 기업의 영역으로 이동시킴으로써 보다 큰 효율성을 발생시키고 국가 전체의 경제지표를 개선할 수 있다는 신자유주의의 지원을 받는다. 주주모델은 반드시 그래야 하는 것은 아니지만 정치적으로는 보수 성향과 잘 부합하며 월스트리트가 선호하는 이념이다. 2008년 9월 미국발 금융위기를 말하면서 언론에 가장 자주 등장하는 단어가 'Wall Street'였다. 월가로 해석되는 이 단어는 미국 금융권을 상징하는 대표적인 증권거래소와 금융기관들이 모여 있는 거리 이름이다. 그런데 그 의미가 좀 더 확대되어, 대형 금융회사나 증권회사의 경제활동을 말하는 금융 경제를 의미하기도 한다. 금융 경제란 실물과 돈이 이동하는 것이 아닌, 돈만 이동하는 것을 말한다.

경영이사회 중심의 일원적 지배구조

기업의 지배구조에 대한 정치(학)의 상대적 무관심은 정치학이 미국의 경제학계, 경영학계, 그리고 법학계에서 지배적 패러다임인 주주모델을 비판 없이 수용한 데서 기인한다. 주주모델은 이사회를 중심으로 형성되는 주주, 이사, 경영자 사이의 관계로 기업지배구조를 한정한다. 따라서 기업 외부에 존재하지만 경영에 영향을 미칠 수 있는 정치적 요인들을 분석 대상에 포함시키지 않는다. 미국의 경우 1910년대 진보 시대Progressive Era와 1930년대 뉴딜New Deal 시대에 정치적 압력이 기업지배구조의 근본적인 변화에 중요한 역할을 했다. 그러나 주주모델이 (법)경제학과 경영학에서 패러다임적 지위를 차지한 이후, 기업의 지배구조에서 정치의 중요성은 오랫동안 간과되어왔다.

주주모델은 1930년대 미국에서 처음으로 등장했다. 기업의 목적과 경영자의 역할에 대한 논쟁에서 아돌프 벌리Adolf Berle는 주주의 권익을 우선해야 한다고 주장했다. 반면 메릭 도드Merrick Dodd는 이해관계자들의 이익도 동시에 고려해야 한다는 반론을 펼쳤다. 이 논쟁에서 벌리의 주장이 승리한 이후, (법)경제학과 경영학에서 기업의 지배구조에 대한 연구는 주주모델을 중심으로 이루어졌다. 그 결과 주주모델은 기업지배구조의 보편적 모델로 간주되어왔다.

주주모델은 기업지배구조를 주주(소유), 경영자(집행) 및 이사회(감시) 관계로 정의한다. 기업의 소유권자는 주주이며, 기업의 목적은 주주의 이익을 극대화하는 것이다. 경영자는 주주의 이익을 극대화시키는 방향으로 기업을 경영해야 하며, 이사회는 경영자가 주주를 위해서 경영을 하는가를 주주를 대신해서 감시하고 감독한다.

앞서 말했지만 주주모델은 1930년대 미국에서 소유의 분산과 전문경영자의 등장을 이론화한 벌리와 가드너 민스Gardiner Meanes에 의해 제기되었다. 1970~1980년대 마이클 젠슨Michael Jensen과 유진 파마Eugene Fama는 주주모델을 대리인비용 개념에 기초한 재무이론으로 발전시킨다. 이들은 주주와 경영자 사이의 관계를 주인−대리인 관계로 설명한다. 주인과 대리인 사이의 목표가 서로 다를 때 주인이 대리인을 어떻게 통제하고 관리하는가가 이 관계의 핵심 문제다. 구체적인 예로 이윤을 어떻게 배분하는가라는 문제를 들 수 있다. 일반적으로 소유자는 이윤을 배당이나 자사주 매입에 사용함으로써 주가가 상승하기를 기대한다. 이에 반해 경영자는 기업 성장과 복지 향상을 위해 재투자를 위한 재원이나 성과급에 배정하려고 한다.

주주모델에서는 기업의 장기적 성장보다 주주 이익 극대화를 위해서 배당이나 자사주 매입이 재투자나 성과급에 우선해야 한다고 간주된다. 이러한 주주모델의 논리는 1980년대 경영자가 주주를 무시한다고 느끼고 있던 기업사냥꾼들뿐만 아니라 '캘리포니아 공무원퇴직연금CalPERS' 같은 기관투자자들의 적극적 지지를 받았다.

효율적 시장가설

주주모델에는 여러 가지 이론적 가정이 내재되어 있다. 이 가정들의 근저에는 시카고학파가 발전시킨 원칙이 있다.

첫째, 개인은 시장 행위뿐만 아니라 비시장 행위에서도 만족의 극대화를 합리적으로 추구한다.

둘째, 개인은 시장 행위뿐만 아니라 비시장 행위에서도 가격 인센티브에 반응한다.

셋째, 법적 규칙과 법적 결과는 효율성에 따라 평가될 수 있다. 이 가정은 두 가지 갈래의 규범적 규정과 연결되어 있다.

① 법적 정책 결정은 효율성을 장려해야 한다.

② 공공정책을 입안함에 있어 정책 결정은 시장(원칙)을 많이 따라야 한다.

자본시장이 자원을 가장 효율적으로 배분한다는 '효율적 시장가설EMH: Efficient Market Hypothesis'은 이 원칙들에 근거해 있다. 기업의 지배구조는 기업 경영권 시장을 통해 자본시장의 영향을 받는다. 이 시장에서 경영자는 적대적 인수합병의 위험에 항상 노출되어 있다. 기대에 미치지 못한 실적을 내거나 주주의 이익 극대화를 위해 노력하지 않는 기업과 경영자는 시장에서 퇴출되거나 다른 기업에 인수합병된다. 기업 경영권 시장은 주주모델에서 활발하게 작동하지만 이해관계자모델에서는 거의 작동하지 않는다.

주주모델은 신제도경제학에서 발전시킨 소유권이론, 거래비용이론, 계약이론을 종합해 대리인이론을 재구성했다.

신제도주의는 기업을 '계약의 망nexus of contract'으로 간주한다. 계약을 체결하고 해제하는 기본적인 동기는 자기 이익인데, 주인과 대리인은 서로 다른 이익과 선호를 가지고 있다.

첫째, 양자는 서로 다른 목적을 가지고 있다. 주인은 투자에 대한 이익의 실현을, 대리인은 조직의 유지 및 성장을 선호한다.

둘째, 위험에 대한 양자의 책임 범위가 다르다. 대리인은 자신이 내린 결정에 대해 계약에 명기된 만큼 위험을 부담하면 되지만, 주인은 대리인이 내린 결정에 대해서도 계약에 명기되지 않은 '잔여위험residual risk'까지 부담해야 한다.

셋째, 계약 기간이 서로 다르다. 주인에게 계약은 주식을 보유하는 동안 지속되지만, 대리인은 한시적 계약에 묶여 있기 때문에 계약을 반복하여 갱신해야 한다.

넷째, 자산에 대한 권리가 서로 다르다. 주주는 불특정한 자산에 대한 일반적 권리를 가지는 반면, 대리인은 특정자산에 대해 구체적인 권리를 가진다.

다섯째, 대리인에 비해 주인이 더 많은 위험을 부담하기 때문에 더 많은 권한과 보상을 받을 권리가 있다.

미국 회사법에 따르면, 기업이 청산될 때 주주의 권리는 가장 마지막에 고려된다. 이러한 차이들 때문에, 주인이 대리인의 행동을 감시하고 통제하기 위해 드는 대리인비용이 발생하는 것이다.

주주모델이 기반하고 있는 이론적 가정들의 적실성에 대한 논란이
계속되고 있다.

첫째, '효율적 시장가설'이 주장하는 바와 달리, 자본시장이 가장
효율적으로 작동한다는 결정적 증거는 없다. 행동재무학Behavioral
Finance은 다양한 시장질서교란행위 때문에 자본시장이 효율적으로
작동한다는 가정이 맞지 않는다고 비판한다. 행동재무학에 따르면
자본시장에 가장 민감하게 반응하는 기업의 지배구조가 가장 효율
적이라는 주장은 현실에 부합하지 않는다.

둘째, '잔여위험'에 대한 해석에 오해가 있다. 대리인이론에 따르면,
다른 이해관계자들(채권자, 노동자, 소비자, 공급자 등)과 달리 주주는
명확한 계약에 의해 권리를 보장받지 못하기 때문에 계약에 명시되
지 않는 모든 잔여위험을 부담하게 된다고 가정한다. 그러나 이러한
주장에는 두 가지 문제가 있다.

(1) 주주의 권리에 대한 오해

주주는 투자 지분에 대한 유한책임을 가지고 있으며, 다른 이해관
계자들과 달리 언제든지 계약의 해지(즉 매도)를 통해 위험을 회피할
수 있다.

(2) 명시적이지 않은 계약을 일방적으로 해석하는 오류

명시적 계약을 하는 다른 이해관계자들(예를 들어, 종업원 및 채권
자)도 자신들 권리를 완전하게 보호받지 못한다. 따라서 잔여위험을

부담하게 될 것이라는 가정하에 다른 이해관계자들에 우선하여 주주에게만 '잔여청구권'을 부여하는 것은 논리적으로 타당하지 않다.

대리인이론에는 경영자가 주주의 이익보다는 개인의 이익을 우선하다는 가정을 내포하고 있다. 경영자가 개인적 이익을 추구하는 것을 막기 위해, 주주는 경영자를 감시하고 감독할 수 있는 권리를 가져야 한다. 그러나 경영자와 주주의 이익이 항상 배치되지는 않으며, 경영자가 주주의 이익을 완전히 무시하지도 않는다.

1980년대 후반 이후 주주모델이 가진 실천적 문제에 대한 비판이 지속적으로 제기되어왔다. 대표적으로 피터 드러커Peter Ferdinand Druker는 기관투자자들이 단기적 이익에만 초점을 두기 때문에 소유자가 아니라 '자산관리자asset manager'처럼 행동한다고 지적한다. 또한 소수주주의 권리 강화를 주장하는 사모펀드는 차입 자본을 통해 인수합병한 기업의 상장을 철회함으로써 자본시장의 영향력을 줄이려는 경향을 보여준다. 장기적으로 이런 행태들은 기업의 장기적 투자를 낮추기 때문에 거시적으로는 경제성장률을 저하시키는 문제를 야기할 수 있다. 이런 비판에도 불구하고, 주주모델은 기업지배구조 연구에서 패러다임적 지위를 누리고 있다. 금융자본의 이해에 부합하기 때문에 금융계에서도 주주모델이 선호되고 있다.

주주모델의 딜레마

주주모델을 옹호하는 경제학자들은 이해관계자모델이 자유주의 경제질서에 위배된다고 주장한다. 하이에크는 다음과 같이 지적한다.

자신들이 관리하는 자본에 대한 이윤을 장기적으로 최대화하는 것 이외의 다른 특정 목적과 자원을 사용하게 하거나 강제하는 바로 이런 경향이 기업들에게 바람직하지 않으며, 사회적으로 위험한 권력을 부여하는 성향이 있다. 그리고 기업 정책이 사회적 고려에 의해 지도되어야 한다는 원칙은 가장 바람직하지 않은 결과를 초래할 가능성이 높다

더 나아가 신자유주의자들은 기업사회책임이나 공익의 고려는 곧 기업 활동의 자유를 제한하는 국가의 통제력이 확대되는 결과를 초래한다고 주장한다. 이런 맥락에서 시카고학파의 대표적 인물인 프리드먼은 주주 이익 극대화 이외의 목표를 반대한다.

우리 자유 사회를 파괴하고 그 기초를 침식시키는 확실한 것이 있다면, 돈을 최대한 많이 벌라는 이외의 의미에서 사회책임경영이 광범위하게 인정되고 있다는 사실일 것이다. 이것은 근본적으로 파괴적인 원칙이다.

주주모델의 대표자인 젠슨은 더 체계적으로 이해관계자모델을 비판한다. 그의 비판은 크게 두 가지 논리에 근거한다.

첫째, 이해관계자모델을 따르는 기업은 그 명분과 달리 사회 전체의 공익보다는 개별 이익집단의 이익만을 추구하기 때문에 궁극적으로 가치 극대화와 사회적 후생의 증가를 저해한다.

둘째, 이해관계자모델은 특정 이익집단에 조직의 정책 결정 권력의 원천에 정당하게 정치적으로 접근할 수 있게 해준다. 적대적 인수합병을 반대하는 대기업의 경영자들이 의회, 법원, 그리고 감독 기관 등에 활발하게 로비한 결과, 1990년대 초반에 자본시장의 영향력은 위축되었다.

그러나 주주모델은 다음과 같은 딜레마에 빠지는 문제가 있다. 이해관계자모델 지지자들은 세 가지 차원에서 주주모델에 반론을 제기한다.

첫째, 주주모델로는 설명할 수 없는 문제들이 많이 있다는 점.

하나, 주주는 단일한 실체가 아니라 다양한 개별적 이익을 추구하는 집단으로 구성된 복합체다. 같은 기업 주식을 보유하고 있더라도 다른 이익을 추구할 수 있다. 기관투자자들 중에서 헤지펀드는 단기 수익을 추구하는 반면, 보험회사나 연기금年基金은 장기 수익을 선호한다. 스톡옵션과 종업원지주제도 등을 통해 주식을 보유한 경영진 및 노동자는 단기 차익보다 기업의 장기적 성장에 더 관심을 가진다.

둘, 경영에 영향을 미칠 수 있는 권한과 정당성을 가진 이해관계자들은 자신의 이익이 급속하게 손상되거나 증가될 때, 주주와 마찬가지로 기업 활동에 적극적으로 개입한다. 독일뿐만 아니라 미국에서도 파산, 폐업, 공장 이전, 폐쇄 등 고용에 직접적인 영향을 주는 결정에 대해서 노동조합 또는 노사위원회는 공식적으로 이사회에 의견을 제기할 수 있다.

둘째, 이해관계자모델은 주주만 중시하는 경영보다 이해관계자 전체를 포괄하는 경영이 더 좋은 성과를 거둔다고 주장한다. 인공두뇌학cybernetic theory은, 다양한 환경에 대처하기 위해서는 정보 통제 체제 속에 충분한 다양성이 존재해야 한다고 주장한다. 이 논리에 따르면, 다양한 이해관계자들이 경영에 참여하는 것이 기업이 당면한 불확실성을 낮추어 실적을 향상시킬 수 있다. 또한 다양한 이해관계자들이 경영에 참여한다고 해서 주주의 이익이 반드시 침해되는 것은 아니다. 경영에 참여하는 이해관계자들은 주인 의식을 가지고 기업 성장을 위해 자발적인 노력을 할 수 있다. 장기적 관점에서 기업의 성장은 주가 상승과 이익 증가를 가져온다는 점에서 주주의 이익 극대화라는 목표에 부합한다.

셋째, 이해관계자모델은 기업 활동의 정치사회적 정당성 개념을 전제한다. 모든 이해관계자들의 이익에는 존중받아야 할 본질적 가치가 내재되어 있다. 따라서 주주의 이익을 다른 이해관계자들의 이익에 비해 우선적으로 존중해야 할 정당한 이유가 없다.

'주주가치 극대화는 가치중립적 개념이 아니라 거대한 이데올로기적 함의를 가지고 있다. 가장 좋지 않은 점은 이 개념이 주주라는 특정 집단의 명시적인 권리 청구를 위해 다른 집단들의 권리를 침해하는 것을 옹호해준다는 것에 있다. 경제학자들이 기업을 주주의 사적 재산으로 보는 것과 관계없이 주주의 권리는 결코 절대적이지 않다. 주주의 권리는 기껏해야 명시적이기 때문에, 다른 집단들의 동의 없이 그들의 권리를 제한하는 것을 합리화하는데 사용될 수 없다.'

주주모델의 한계

영국

일반적으로 영국은 주주모델이 가장 극단적으로 발현되는 나라로 평가된다. 실제로 주주들로부터 받은 끊임없는 배당 요구를 영국 제조업 부문의 공동화를 불러온 주요한 원인으로, 그리고 영국 금융자본the City의 오랜 전통과 융성을 산업자본의 지속적인 쇄락과 대비하여 언급한 것은 어제오늘의 일이 아니다.

오늘날 영국의 주식시장은 장기 전략적 투자를 위한 발행시장이 아닌 기관투자자들의 단기성 포트폴리오 투자를 위한 유통시장으로 주로 기능한다. 주식가격의 단기적 등락이야말로 기업의 모든 실적을 평가하는 포괄적 지표로 작용한다. 영국의 은행들조차 불리한 조건의 단기적 대출 관행을 고집하거나 다양한 파생상품 시장에서의 투자 커미션 등 보다 확실한 수익을 추구하며 기업과의 '거리두기'를 견지하는 것이 일반화되어 있다. 이처럼 금융 헌신보다는 금융유동성이 중시될 때, 이윤의 대부분이 내부유보나 임금 상승보다는 주주의 배당금으로 지출될 것은 뻔하다. 영국에서 배당금 증가율은 이윤 증가율을 훨씬 앞설 뿐 아니라 연구 개발비와의 비율에서도 대륙 국가들의 경우를 한참 앞서고 있다. 지대추구의 '신사자본주의 gentlemanly capitalism'가 융성하는 곳에서, "왜 공장 일로 손을 더럽히느냐?"라는 반문은 너무 당연하며, 그럴수록 산업자본의 경쟁력은 주로 품질이 아닌 비용에 의존하게 되고, 산업적 기반의 쇠락은 불가피해지는 것이다.

이처럼 금융자본의 산업자본에 대한 헤게모니 지배가 강화될수록 기업의 정책 과정이 다양한 이해관계자들에게 개방될 가능성은 줄어든다. 영국에서 기업 정책 과정에 대한 종업원 참여나 공동결정제도를 위한 법규는 존재하지 않으며, 이사회는 거의 CEO 1인의 지배하에 구성되고 운영된다. 특히 노동시장의 경직·유연성 여부가 주가 등락과 직결되는 문화에서는 기업 경영에서 배제적 노동관계가 재생산된다. 경영자에게 막대한 스톡옵션을 허용할수록 주주-경영자의 대리인 문제는 해결될지 몰라도, 경영자는 주가 관리에 더욱 매진할 수밖에 없다. 적대적 인수합병의 가능성이 경영자에 대한 감시 역할을 한다고 하지만, 경영자는 그때에도 인수합병을 막기 위해 실적(흔히 배당률) 올리기에 최대한 관심을 두게 된다. 이런 점들은 근본적으로 기업은 주주의 이익에 봉사한다는 주주중심주의의 관행을 확인시키는 것으로서, 그때에는 은행, 소비자, 하청업체들과의 거래, 고용, 자본조달 등 기업이 맺는 내외의 모든 관계에서 단기성, 불안정성은 증대될 수밖에 없다.

영국의 자본—노동 관계는 고도로 발전한 금융시장과 주식시장 중심의 금융 관행, 탈규제된 노동시장, 그리고 교육과 훈련에 대한 기업의 전반적 무관심 등을 배경으로 한다. 거기에서 산업 발전을 위해 필수적인 혁신, 장기주의, 신뢰가 틈입할 여지는 별로 없다. 그러나 시장 자체도 시장적 합리성 외에 이해당사자들이 서로를 신뢰할 준비가 되어 있을 때, 즉 인간 교류의 어떤 기본적 비시장적 규칙을 받아들이는 한에서만, 장기적으로 생존이 가능하다. 기업도 상호 밀접히 관련된 권리와 책임을 동반하는 사회적 조직으로서, 다양한 이해관계자들이 정책 결정에 참여할 때(권리), 위기 시에도 기업에 대한 헌신과 충성을 담보할 수 있다(책임).

금융시장의 발전도 궁극적으로 산업적 기반을 가져야 한다. 금융 기업의 연쇄도산이 점차 현실이 되고, 외국은행이 영국의 금융 지배를 확장해갈수록, 승승장구하는 영국 금융시장의 장래를 낙관하기 어려운 것은 이 때문이다. 중세 영주가 그랬듯이, 자본이 산업과 분리된 허상의 자산가로서 단순한 지대추구자로 전락하면서, 자본은 이데올로기 헤게모니에도 불구하고 도덕적 몰락을 자초하게 된다. 오늘날 주주모델 중심의 세계화가 안고 있는 본질적인 불안정성이 여기에 있다.

한국

한국의 금융화 현상은 주주중심주의적 요소와 재벌 체제가 공존하는 '주주중심주의와 재벌의 공생 관계'라는 형태로 나타나게 되었다. 김대중 정부는 외환위기 이후 스스로 위기에 빠진 재벌기업의 지배구조를 주주중심주의적으로 개편하기 위한 일련의 제도를 도입하고 기존 제도를 폐지했다. 그러나 주주중심주의 체제의 확립에서 핵심적인 요인 중 하나인 재벌의 소유구조를 개혁하는 데에는 실패했다. 이런 제도적 특성은, 주주중심주의의 발전과 동시에 순환출자 구조를 바탕으로 한 재벌 체제가 주주중심주의 체제로부터 많은 이익을 얻게 되는 역설적인 현상이 등장하는 중요한 요인이다.

한국의 재벌 체제는 국가─자본의 성장 지배 연합이라는 구조 속에서 성장했다. 그것은 노동 배제적 (국가) 코포라티즘corporatism의 환경 속에서 '소유 경영자' 체제로서 정착되었다는 점에서 영미의 경영자모델이나 주주모델의 유형과 차별화된다. 또한 종업원이나 채권자 등 기업 안팎의 이해관계자들 권리와 자산을 탈취한다는 점에서는 이해관계자모델식 기업지배구조와도 일치하지 않는다.

한국 재벌은 주주 중심도 이해관계자 중심도 아닌 재벌 일가 중심이다. 따라서 양쪽의 전형적 통제장치들인 이사회, 종업원 등 내부 통제뿐 아니라 자본시장의 인수합병이나 기관투자자 그리고 부채 시장(은행)의 평가와 같은 외부 통제 등 일체의 감시 장치로부터 거의 완전히 자유롭다. 즉 통제 부재의 상황이다. 지배주주이면서 동시에 경영자인 총수 1인의 제왕적 지배 아래 있다. 이런 지배구조는 재벌 총수가 대주주로서 직접 경영권을 행사하면서도 경영에 대한 내부 및 외부의 통제가 부재하다는 점에서 소유경영자모델이다. 재벌기업의 자금조달 방식도 계열사 순환출자, 부당내부거래, 상호지급보증

등 내부 자본시장을 동원하고 있다. 또한 증자 등의 직접금융보다 소유권에 영향을 주지 않는 은행 대출 같은 간접금융에 주로 의존하고 있다. 그러나 오랜 관치금융 아래서 자율성을 상실한 은행은 채권자로서 투자 대상 기업을 평가하고 감시할 만한 금융기법을 발전시키지 못했다.

자본시장 또한 감시 기능을 적절히 행사할 수 없었다. 과거의 고도성장 국면에서 경영 감시의 유인을 갖지 않았던 일반 투자자들은 장기 배당 투자가 아닌 단기거래 차익 투자에 치중했다. 단기적 주가 등락에 따른 적대적 인수합병과 경영진 교체 같은 주주모델의 전형적인 경영 규율 장치도 소유경영자모델 아래서는 거의 제 몫을 수행하지 못했다.

노동자(종업원)는 노동운동에 대한 극심한 제도적 제약 아래서 웬만한 운신 자체가 불법이었다. 이 상황에서 기업가족주의라는 것도 가부장적 위계질서로의 노동 포섭을 위한 이데올로기로 기능했으며, 노동의 경영 협의 관행이 정착된 일본식 기업 문화와는 무관한 개념이었다.

재벌기업이 하청업체인 대부분의 중소기업들에 대한 생사여탈권을 휘두르고, 소비자들은 조직되지 못한 채 인플레를 통해 원가 부담을 속수무책으로 떠안을 수밖에 없었다. 또 소수주주들은 분산되고 무력했다. 이처럼 기업 내외의 평가와 감독 기능이 거의 완벽하게 결여된 상황에서, 가장 중요한 감독 기관인 이사회마저 그 구성을 총수 1인에 의존했다. 국가도, 재벌기업과의 정치적 유대가 확보되는 한, 기업 경영에 대한 통제를 거의 방기했다. 국가의 통제는 정치적 고려에 의한 대출 중단이나 세무조사 등 편법을 통해 주로 행사되었다. 따라서 재벌 경영에 대한 통제는 근면과 절제 그리고 로비 능력 등 선대 재벌총수의 개인적이고 지극히 우연적인 성품에 기댄 자율적 통제가 거의 유일했다. 하지만 이 조차도 검증되지 않은 2세, 3세가 총수직을 세습하면서 자율적 통제도 되지 않는 상황이다.

합리적 기업지배구조가 결여된 상황에서, 기업 안팎의 수많은 연고주의 고리들이 정상적인 경쟁질서를 유린하며 비합리적 보상 기준으로 작동했다. 더욱이 사농공상의 유교적 질서로 인해 학벌, 정확히는 학력 또는 졸업장 중심의 사회적 상향 이동 체계와 보상 체계가 뿌리를 내리면서, 정규 교육과정은 사회의 계층구조와 신분 질서를 강화하며 불평등을 심화시키는 방향으로 정향定向되고, 제조업 등의 생산성 향상을 직접적으로 책임지는 노동자를 위한 기능적 훈련과 교육은 천시되었다.

한국에서 선대의 장인 정신을 고집하는 가업 전통이 거의 존재하지 않거나, 한국 노동자들의 다수가 현실적 사회경제적 지위와는 무관하게 중산층의 일원으로 인식되기를 바라는 것도 오랜 문화적 전통과 무관치 않을 것이다. 특히 가족주의적 유교 문화는 기업 내부의 권위적 위계질서를 윤리적으로 승인해주었다. 이 상황에서 기업 경영에서 평등주의적 토론 문화와 민주주의적 질서가 자리 잡기를 기대하는 것은 진정 연목구어의 무망한 일이다. 이 모두는 기업 내부에 다양한 이해관계자들의 이익이 제도적으로 표출될 수 있기 위한 문화적·제도적 토양이 얼마나 척박한가를 보여준다. 요컨대 한국의 재벌기업은 자본시장의 감시 체제와 부채 시장의 감시 체제가 모두 저발달된 상황에서, 유교적 가족주의 전통과 결합된 특유의 지대추구형 소유구조를 발전시켰다.

한때 경제성장의 주요인으로 칭송되던 아시아적 가치가 IMF 외환위기를 계기로 돌연 전근대적이고 비효율적이며 실패한 자본주의의 원흉으로 지목되고, 앵글로색슨식의 신자유주의 담론은 갈수록 정치력 지배력을 확산하고 있다.

저변 계층이 확대되고, 불평등이 심화되며, 비정규직이 전체 고용의 30%를 넘는 등 고용 불안이 심화되고 있는 현 상황은 한국이 신자유주의적 세계화 담론에 무비판적으로 편승하고 있는 것이 아닌가 하는 우려를 낳게 한다. 물론 세계화의 진행과 더불어 기업 경영의 투명성에 대한 요구가 높아질수록 정보비대칭 등에서 오는 지대추구는 점차 어려워지고, 기업지배구조 자체가 경제적 성취와 밀접한 연관을 가질 수밖에 없다. 그러나 지금대로의 신자유주의적 세계화가 방치된다면 장기적 산업 이윤보다는 단기적 자본이득에 대한 기업의 집착은 더욱 완고해질 것이다.

＼ 이해관계자중심주의

다양한 발전모델

자본주의 다양성 연구

주주모델의 패러다임적 지위에 대한 도전은 자본주의 다양성 연구에 의해 이루어졌다. 이 이론은 1980년대에 미국의 국가경쟁력이 약화된 원인이 단기적 이익만을 추구하게 만드는 주주모델에 있다는 비판에서 출발했다. 어떤 기업지배구조모델이 더 우수한가를 둘러싼 논쟁 속에서 이 이론은 선진국 자본주의를 '자유주의 시장경제'와 '조절된 시장경제'라는 두 가지 이념형으로 구분 비교했다.

영국, 독일 기업지배구조 제도와 기업 전략을 비교해보자.

(1) 지배적 소유

영국은 구조상 자산 투자자들의 소규모 주식 소유를 특징으로 하고, 독일은 전략적 투자자들의 대규모 주식 소유를 특징을 한다.

(2) 노동자 대표 제도

영국은 자의적 성격을 띠고 있으며, 독일은 조합주의적 성격을 띠고 있다(공동결정제도).

(3) 최고경영자 제도

영국은 최고경영자 위주의 단일 이사회(경영이사회)를 두고 있으며, 독일은 다양한 이해관계자가 참여하는 이중 이사회(경영이사회와 감독이사회)를 둔다.

(4) 기업의 목적

영국은 이윤 창출을 최고의 목적으로 하며, 독일은 이윤 창출, 고용 안정, 시장점유율을 공동 목적으로 한다.

(5) 경쟁 전략

영국은 새로운 부문의 급진적 혁신을 통한 기존 부문의 가격경쟁을 전략으로 채택하고, 독일은 점진적 혁신을 통한 비가격경쟁을 전략으로 삼는다. 영국에서는 주주모델이, 독일에서는 이해관계자모델이 지배적이다.

기업의 지배구조에 관한 비교 연구는 주주모델이 누리고 있던 패러다임적 지위에 대한 비판을 의미한다.

① 이 연구는 주요 선진국 기업지배구조 발전 과정에 대한 비교를

통해 주주모델이 역사적으로 특수한 모델이라는 사실을 밝혀
냈다.

② 이 연구는 주주모델(영미식)과 이해관계자모델(독일식 및 일본식)
모두 장단점이 있어, 어떤 모델이 절대적 우위에 있지 않다는
점을 밝혀냈다.

이러한 이론적 성과에도 불구하고, 자본주의 다양성 연구는 체계
적인 정치경제학적 분석으로 발전하지 못했다. 그 이유는 이 연구가
기업지배구조를 공시적·통시적으로 접근할 수 있는 이론적 틀을 제
시하지 못한 데 있다. 이 연구는 주요 국가의 역사적 사례 비교를 통
해서 주주모델과 이해관계자모델이라는 이념형을 제시하는 선에서
그쳤다. 이런 한계 때문에 이 연구는 주주모델을 이해관계자모델에
서 파생된 한 유형이 아니라 이해관계자모델과 대등한 유형으로 간
주한다. 그 결과 이 연구는 주주모델의 패러다임적 지위를 약화시키
는 데는 성공했지만 근본적으로 해체하는 데는 실패했다.

자본주의 다양성 연구의 한계는 이 연구가 기업지배구조 수렴론에
대한 근본적 대안을 제시하고 있지 못하다는 사실에 반영되어 있다.
이 연구는 1980년대 미국의 불황과 일본·독일의 활황이 대비되었을
때, 미국식 기업지배구조가 가장 효율적이지 않다는 사실을 설명하
는 데 기여했다. 그러나 1990년대 중반 이후에는 일본·독일의 경기
침체와 동아시아 금융위기 이후 많은 국가의 기업지배구조가 주주모
델로 수렴해야 한다는 주장이 부상했다. 예컨대 OECD를 위시한 국

제 경제기구들이 제시한 기업지배구조의 국제 기준 또는 모범 규준은 근본적으로 주주모델에 기반하고 있다. 자본주의 다양성 연구는 경로의존 개념에 의거한 사례 연구들을 제시하는 수준에서 수렴론을 수세적으로 방어하고 있다.

법경제학적 비교 연구

적대적 인수합병이 빈번하게 일어났던 1980년대 미국에서도 주주모델에 대한 회의론이 제기되었다. 칼 아이컨Carl Icahn, 커크 커코리언Kirk Kerkorian과 같은 기업사냥꾼은 기업 경영권 시장의 활성화를 위해 주주의 법적 권리를 강화해야 한다는 주주모델을 지지했다. 반면 안정적인 경영권을 확보하려는 경영자들은 주주행동주의자들을 견제하기 위해 주주모델의 문제점을 부각시키려고 노력했다. 주주모델의 효율성을 둘러싼 논쟁으로 법경제학에서 기업지배구조의 비교 연구가 활성화되었다.

이들 비교 연구는 보통법common law에 기반한 영미권과 로마법적 전통의 민법civil law을 채택한 독일, 프랑스, 스칸디나비아 국가 사이에는 기업지배구조의 근본적인 차이가 존재한다는 점을 보여주고 있다. 영미권에서는 소유가 분산되어 있으며, '1주 1의결권' 원칙에 입각해 소수주주를 보호하는 법 제도가 잘 갖추어졌고, 은행보다는 주로 자본시장(주식 및 채권)을 통해 투자 재원을 확보한다. 반면 독일, 프랑스, 스칸디나비아 국가에서는 소유가 집중되어 있으며, 소액 투자자들의 영향력을 제한하는 우선주와 황금주 제도가 발전되어 있고, 자본시장보다는 은행을 통해 주로 자금을 조달한다.

법경제학적 비교 연구는 기업지배구조의 다양성과 그 원인을 분석했다. 그러나 이 연구는 공시적共時的 차원에서만 이루어졌기 때문에, 역사적 변화를 설명하는 데는 한계를 드러냈다. 이 연구에서 보통법을 채택했던 미국에서 왜 20세기 초까지 독일식 기업지배구조가 유지되었는가에 대한 설명은 없었다. 소유의 분산과 금융과 산업의 분리가 이루어지는 1930년대 전까지 많은 미국 대기업들은 록펠러Rockefeller 가문이나 모건Morgan 가문의 영향력 아래 놓여 있었다. 또한 민법 전통에 있는 유럽 국가들 중에서도 20세기 초반에는 은행보다 자본시장이 더 발전되어 있었다. 라구람 라잔Raghuram Rajan은 이러한 역사적 전환이 정치와 정책의 변화에서 기인했다고 지적하면서 법적 기원보다 특정 이익집단의 로비와 같은 정치적 변수가 중요하다고 말했다.

미국 기업지배구조의 역사적 변화를 설명하기 위해 마크 로Mark Roe는 정치적 분석을 시도했다. 그는 미국에서 소유와 경영의 분리가 정착된 원인이 독점금융자본을 해체시키기 위해 시도된 1930년대 뉴딜정책에 있다는 주장을 제기했다. 이 주장은 소유와 경영의 분리가 기술 발전 복합화를 관리할 수 있는 전문지식을 가진 경영자의 등장으로 설명하는 경제사적 해석에 대한 도전이다. 그는 정치가 기업지배구조에 미친 영향을 분석하기 위해 소유구조의 형태(분산과 집중)와 사회적 갈등을 관리하는 정치제도를 분석한다. 기업지배구조에 내재된 주주-경영자-노동자 사이의 갈등 구조는 주주 이외에 다른 이해관계자들과 이들 사이의 관계를 규율하는 정치제도에 반영되어 있다. 노동과 자본 사이의 갈등에 주목했다는 점에서, 로의 분석 틀은 소유자(주주)와 경영자 사이의 갈등에만 초점을 두는 법경제학적 연구와 다르다.

로에 따르면 미국과 독일·일본의 기업지배구조의 차이는 소유구조에서 기인한다. 미국에서는 소유의 분산으로 소유와 경영이 확실하게 분리된 반면, 독일과 일본에서는 금융자본이 지배주주로서 경영에 영향을 미친다. 그는 이런 차이를 노동자의 정치적 영향력이라는 변수를 통해 설명했다. 미국에서는 노동자의 정치적 압력이 적으며 경영자에 대한 이해관계자들의 간섭도 심하지 않다. 그 결과 경영자들은 지배적 소유권을 확보하려 하지 않는다. 그러나 독일과 일본에서는 노조의 영향력이 상대적으로 강하며 경영진에 대한 이해관계자들의 요구가 심하다. 따라서 경영자들은 공동결정(독일), 평생고용(일본)과 같은 제도를 수용하면서도 경영권을 안정적으로 유지하기 위해 소유권을 가지려 한다는 것이다.

한국의 발전모델

한국의 '개발 국가'는 자본 간 조정을 주도하면서 경제 발전을 우선적으로 추진했고, 1980년대 중반까지 사회 갈등을 권위적으로 관리하고 해결해왔다. 그 후 한국은 민주화와 세계화라는 대내외적 환경 변화에 대응하지 못하면서 개발 국가 운용의 전제 조건이었던 국가의 권위와 자율성은 크게 약화되었고, 국가는 '사회 갈등의 장'으로 변모되어갔다. 국가개입에 기반한 성장 방식은 1980년대 이후 산업 구조의 고도화와 경제구조의 복잡화로 인해 점차 그 유효성이 크게 약화되어왔다. 특히 1997년 이후 금융 및 자본 시장 자유화, 신자유주의적 시장 개혁 등이 이루어지면서 한국의 개발 국가 체제는 급속히 재편되어왔다.

1997년 외환위기가 발생하자 정부-기업 간 관계는 불투명한 유착 관계로, 아시아적 가치관은 시대착오적인 것으로 평가절하되었다. 특히, 한국에서는 1997년 외환위기와 정권 교체가 동시에 이루어지면서 기존의 개발 국가 중심의 발전모델은 논란과 극복의 대상이 되면서 급격한 개혁과 재편을 겪어왔다. 현재 한국의 발전모델은 교착상태에 빠져 있다. 개발 국가는 쇠퇴했고 새로운 제도들이 도입되었음에도 발전모델의 전환은 제대로 이뤄지지 못하고 있다. 주주모델이든 이해관계자모델이든, 발전모델의 전환은 노동시장과 노사 관계, 기업지배구조, 복지, 국가 역할 등 기존의 제도들에 대한 근본적 변화를 요구하고 있다.

외환위기 이후 한국의 발전모델은 제도와 성격에서 중요한 변화가 이루어지기는 했으나, 제도 간 연계와 보완성이 약할 뿐 아니라 이해관계자들 간의 갈등으로 제도적 변화가 왜곡되어왔다. 부분적인 제도의 변화를 넘어 종합적이고 근본적인 모델 개혁이 필요한 시점이다. 중요한 것은, 이론적으로나 실제적으로 가능한 새로운 발전모델은 경제성장, 복지, 형평성 등의 가치를 실질적으로 구현할 수 있는 것이어야 한다. '새로운' 모델이라는 것은 변화 또는 개혁을 통해 발전된 모델을 의미하는 것이지 현재와 완전히 다른 별개의 모델을 의미하는 것은 아니다.

자본주의다양성이론의 주요 관심사 중 하나는 기업지배구조다. 기업지배구조론에서 볼 때, 한국은 대표적인 가족오너모델로서 영미의 주주모델과는 구별된다. 기업 금융 시스템에 따른 시장 중심 체제와 은행 중심 체제 유형에서도 한국은 은행 중심 체제에 속한다. 1998년 이후 금융 개혁으로 기업 금융 시스템이 시장 중심으로 이동하면서 주식, 채권 등 자본시장의 역할과 비중이 커진 것은 사실이지만 주주모델과는 여전히 큰 격차가 있다. 거시적인 경제사회 시스템뿐만 아니라 미시적인 기업지배구조, 기업 금융 시스템에서도 한국은 주주모델과의 친화성이 매우 취약하다.

IMF의 압력에 따른 재벌개혁 이후 한국에서 자주 논의되는 주주모델과 이해관계자모델의 유형에서 볼 때, 한국은 이해관계자모델도 아니지만 주주모델로 전환되었다고 보기도 어렵다. 가족 오너 체제가 온존해 있을 뿐 아니라 관치금융의 개혁 및 자본시장의 개방만으로 주주모델이라고 하기는 어렵기 때문이다. IMF 개혁으로 주주모델을 위한 자본시장의 완전 개방이 이루어졌다. 그러나 한국의 재벌 기업들은 적대적 인수합병에 대응하여 경영권 방어를 위한 조치, 즉 현금 확보, 주가 관리, 자사주 매입 등에 역량을 집중했다. 이에 따라 자본시장은 투자를 위한 자본조달 기능을 별로 하지 못했고, 경제의 성장 잠재력이 훼손되는 결과를 초래했다.

1990년대 이후 한국의 경제사회 시스템은 합리적인 시장 규칙을 강조하는 규제 국가를 지향해왔다. 규제 국가는 기본적으로 시장의 중심적 역할과 효율성을 전제하고 있다. 시장의 규율 기능 회복과 공정한 경제행위를 위한 제도 개혁은 모든 자본주의 시장경제 시스템에 필요한 요소다. 따라서 이러한 시장 개혁이 주주모델로의 이행을 자동적으로 의미하는 것은 아니다. 규제 국가는 그 성격에 따라 발전모델의 한 요소가 될 수는 있으나 그 자체로는 발전모델이 될 수 없다.

이해관계자모델의 이론적 기초

실물경제: 메인스트리트의 이념

이해관계자모델은 주주모델과 달리 기업의 운영은 주주를 포함한 여러 이해관계자 전체의 이익을 의식하고 행해져야 한다고 믿는다. 기업은 사회적인 존재이고 지속가능한 경영의 대상이다. 단기적인 실적과 성과에 치중하면 기업사회책임과 지속가능성을 도외시하기 쉽다. 회사의 이익은 주주들에 대한 배당이나 자기주식의 취득에 재원으로 사용되기보다는 사내에 유보된 후에 재투자에 사용되어야 한다. 이로써 고용도 창출된다. 경영자의 보수도 지나치게 주가와 단기 실적에 연동되게 하면 안 된다.

이 모델에 의하면 주주들의 단기적 이익을 지나치게 추구하는 경영을 견제하기 위해 종업원들이 회사의 경영에 어떤 방식으로든 참여해야 한다. 그 형태 중 하나가 독일 대기업들이 채택하는 노동자 공동결정제도다. 공동결정제도의 기능으로서는 자본가와 노동자의 협력, 자본가의 통제, 기업의 민주화 및 노동자의 보호 등을 들고 있다. 이러한 공동결정사상은 최근에 성립한 유럽 회사법에서 그대로 계수繼受되고 있다.

이해관계자에는 정부와 지방자치단체, 채권자도 포함되므로 이해관계자모델은 기업의 지배구조에 보다 광범위한 세력의 관여를 가능하게 해준다. 은행의 이해관계자에는 예금자와 정부, 보험회사의 경우 보험 가입자도 포함시킬 수 있다.

이해관계자모델에 의하면 진출국 현지의 사회적 제약으로부터 자유롭고, 따라서 극단적인 형태로 재무적 이익을 추구할 수 있는 외국자본은 경계의 대상이며 나아가 규제의 대상이 되어야 한다. 이러한 여러 가지 목적을 달성하기 위해 국가의 규제와 정부의 개입이 필요하다.

이해관계자모델은 보호주의와 세계화에 대한 경계, 신자유주의에 대한 회의적 시각 등과 맥을 같이하게 된다. 이해관계자모델은 반드시 그래야 하는 것은 아니지만 정치적으로는 진보 성향과 잘 부합하며 메인스트리트Main Street가 선호하는 이념이다. 월스트리트에 대비해 메인스트리트라는 표현도 자주 언론에 등장한다. 월스트리트가 돈의 흐름을 이론적으로 상징하는 금융가, 대형 증권사의 금융 경제라고 한다면, 메인스트리트는 이런 돈의 흐름에 따라 움직이는 중소기업이나 중산층의 실물경제를 의미한다. 실물경제란 기업의 생산,

개인의 노동, 소비, 유통 업체의 판매 행위 등 실제로 이루어지는 경제활동을 총체적으로 일컫는 말이다. 즉 실물경제는 돈과 함께 실물이 움직이는 것이고, 이 실물에는 서비스업까지 포함된다.

이해관계자모델은 다양한 이해관계자들 사이의 관계를 중심으로 기업지배구조를 정의한다. 기업의 목적은 주주 이익의 극대화보다는 기업의 성장을 통해 사회적 부의 증진에 기여하는 것이다. 경영자는 주주의 이익보다 이해관계자 모두의 이익을 실현하는 것을 목표로 삼는다. 모든 이해관계자들의 이익을 고려하기 위해 이사회에 주주의 대표자뿐만 아니라 다른 이해관계자들의 대표도 참여한다.

감독이사회와 경영이사회의 이원적 구조

이해관계자모델에서 주주는 여러 이해관계자들 중의 하나다. 물론 이 모델도 이해관계자들 중에서 주주가 가장 중요하다는 점을 부정하지 않는다. 그러나 이 모델은 주주의 이익을 극대화하기 위해 나머지 이해관계자들의 이익을 무시해도 된다는 주주모델의 논리에 동의하지 않는다.

첫째, 주주모델이 기업을 '계약의 망'으로 보는 반면, 이해관계자모델은 기업을 하나의 사회적 단위로 본다. 기업의 목적은 주주의 이익을 증가시키는 것이 아니라 주주를 포함한 모든 이해당사자에게 혜택이 돌아갈 수 있도록 사회적 부를 창출하는 것이다.

둘째, 이해관계자모델은 기업 활동을 어떻게 규제할 것인가에 대해서도 주주모델과 다르다. 주주모델은 개인이나 집단 사이의 계약이기 때문에 당사자들의 자율적 규제를 주장한다. 반면 이해관계자 모델은 기업이 사회·정치적 영향력을 행사하기 때문에 국가가 법률을 통해 규제해야 한다.

셋째, 이사회 구성과 활동에 대해서도 다르다. 주주모델은 주주 의사를 가장 잘 반영하는 제도로서 경영이사회를 중시한다. 주주 의사가 제대로 반영되지 않았을 경우를 대비해서 주주모델은 적대적 인수합병이 가능한 기업 경영권 시장의 필요성을 강조한다. 반면, 이해관계자모델은 모든 이해관계자들이 참여할 수 있는 감독이사회가 경영이사회의 우위에 있어야 한다고 주장한다. 이해관계자모델은 기업 경영권 시장 같은 외부 감시 제도가 경영권의 안정성을 해쳐 궁극적으로 기업의 장기적 성장을 방해할 수 있다는 점을 비판한다.

넷째, 주식시장의 기능과 역할에 대해서도 입장이 상이하다. 주주모델에서 주식시장은 경영자의 성과를 평가하고 보상하며 처벌할 수 있는 가장 중요한 제도다. 반면, 이해관계자모델은 주가의 등락보다 기업 자체의 성장을 중요시하기 때문에 주식시장을 기업지배구조의 제도보다는 자금조달 창구의 하나로서 인식한다.

이해관계자모델이 다양한 학문 분야에서 발전해왔기 때문에, 그 개념 정의를 둘러싼 논란이 있다. 경제학과 경영학에서는 이해관계자를 기업 활동에 직접적으로 영향을 주고받는 채권자, 종업원, 공급자, 소비자만 포함하는 반면, 정치학에서는 간접적으로도 영향을 주고받는 국가, 공동체(시민단체)까지 포함한다. 광의의 이해관계자 정의는 모든 이해관계자들의 이익을 만족시키는 결정을 항상 할 수 없다는 비판에 부딪힌다. 현실적으로 이 문제는 심각하지 않다. 일상적인 기업 활동에 영향을 주는 이해관계자들은 경영자, 종업원(노동조합 및 노동자위원회), 정부(국영기업의 소유자)에 불과하기 때문이다. 물론 환경오염이나 아동노동과 같은 문제가 발생했을 때 시민단체들도 중요한 영향을 줄 수 있다. 그러나 이런 문제는 자주 발생하지 않는다.

경영자모델과 노동자모델

이해관계자모델은 경영자모델과 노동자모델로 구분된다.

첫째, 경영자모델은 관리인이론stewardship theory에 기반해 있다. 주주의 이익과 경영자의 이익이 배치된다고 가정하는 대리인이론과 달리, 관리인이론은 경영자의 이익과 주주의 이익이 배치되지 않으며, 경영자가 주주의 이익을 무시하지 않는다고 말한다. 경영자는 자신의 개인적 이익의 추구를 넘어서는 다양한 동기들(성취감, 충성심, 직업윤리)을 가지고 있다. 주주는 경영자를 감시하고 감독하기보다는 경영자의 자율성을 최대한 존중해야 한다.

단체생산이론team production theory도 경영자모델을 합리화한다. 대리인이론과 달리, 이 이론은 이사회는 주주의 대리인이 아니라 구성원 전체의 대표자로 간주한다. 이사회는 주주만이 아닌 기업 전체를 대표해서 결정할 수 있는 권리를 가진다. 이사회의 역할은 주주의 의사를 경영자에게 전달하는 것에 국한되지 않는다. 이사회는 복합적인 생산과정에서 모든 구성원들이 협력하지 않을 경우 발생할 수 있는 문제를 예방하고 관리한다.

둘째, 노동자모델은 경제민주화론 및 조합주의에 기초해 있다. 이 이론들은 소유자와 경영자뿐만 아니라 노동자도 기업의 가치를 창출하고 증가시키는 데 기여한다고 말한다. 노동자가 고용 기간 중에 습득하고 개선시킨, 기업에 특수한 기술들은 두 가지 차원에서 중요하다. ① 그 기술은 기업의 자산이다. ② 그 기술을 다른 기업으로 전직해서 사용할 수 없다면, 고용자는 주주와 마찬가지로 잔여위험을 부담한다.

노동자가 기업의 지배구조에 영향을 미치는 방식은 국가마다 다르다. 독일을 비롯한 북유럽 국가들에서는 경영이사회를 감시·감독하는 감독이사회에 노동자의 대표를 참여시킨다. 일본 대기업에서는 종신고용제와 연공서열제를 통해 노동자를 배려한다.

영미권에서도 이해관계자모델이 완전히 무시된 것은 아니다. 영국에서는 1996년 당시 야당 당수였던 토니 블레어Tony Blair가 대처주의에 대한 대안으로 이해관계자모델에 관심을 표명한 이후, 기업지배구조에서 이해관계자들의 중요성이 부각되었다. 미국에서도 1980년대 중반 적대적 인수합병으로 발생한 대량 실업에 대한 노동자들의 불만이 고조되자, 20개 이상의 주에서 '충실의무 수정 조례Constituency Statutes'를 도입했다. 이 조례에 따르면, 이사는 기업과 관련된 인수합병 결정을 내릴 때 회사 전체의 이익을 위해 주주 이외의 다른 이해관계자까지 고려할 수 있다.

주주모델의 탈특권화와 정치의 복원

주주모델과 이해관계자모델은 서로 다른 이론과 가정에 기초한다.

주주모델(전자)과 이해관계자모델(후자)의 차이는 다음과 같다.

⑴ 분석 대상

전자는 주주, 이사회, 경영자를 그 대상으로 하며, 후자는 주주, 이사회, 경영자, 채권자, 노동자, 소비자, 공급자, 정부를 분석 대상으로 한다.

⑵ 기업관

전자는 기업을 계약의 망으로 보는 데 반해, 후자는 사회적 단위로 파악한다.

⑶ 기업의 목적

전자는 주주의 이익 최대화를 기업의 목적으로 하는 데 반해, 후자는 기업 성장을 통한 사회적 부의 창출을 기업의 목적으로 본다.

⑷ 경영자관

전자는 경영자를 주인인 주주의 대리인으로 보는 데 반해, 후자는 경영자를 이해관계자들 전체를 대표하는 관리인으로 본다.

⑸ 경영자 목표

전자는 경영자 개인의 사익 추구를 목표로 보는 데 반해, 후자는 경영자 개인의 성취감, 충성심, 직업윤리 등을 목표로 본다.

⑹ 시장구조

전자는 완전경쟁시장을 전제로 하고 효율적인 시장을 가정한다. 반면 후자는 불완전경쟁시장을 전제로 하고, 시장을 효율적이지 않다고 본다.

⑺ 규제 방식

전자는 사적 계약에 근거한 자율 규제(보통법)를 규제 방식으로 보는 데 반해, 후자는 법률을 통한 국가의 규제(시민법)를 규제 방식으로 삼는다.

⑻ 기업사회책임

전자는 지배구조와는 무관하며 개인의 선의에 맡기는 반면, 후자는 기업사회책임 사상이 지배구조에 내재되어 있다.

기업관에서 양자는 근본적으로 다르다. 서로 다른 기업관은 기업이 활동하는 시장에 대한 다른 견해로 이어진다. 주주모델은 기업의 효율성은 완전경쟁이 이루어지는 시장에서 정확하게 평가될 수 있기 때문에 기업지배구조에 대한 정부의 개입은 불필요하다고 주장한다. 반면 이해관계자모델은 완전경쟁이 이루어지지 않는 시장에서 발생하는 문제를 해결하기 위해 정부 규제의 필요성을 인정한다.

주주모델과 이해관계자모델의 이러한 병렬적 비교에는 두 가지 이론적 문제점이 내재되어 있다.

첫째, 양자를 대립 항으로 간주하는 것은 기업지배구조의 논리와 역할을 혼동시킬 수 있다.

　근대적인 기업이 영국에서 가장 먼저 출현했고 미국에서 발전했다는 점에서, 현재 영미식 기업지배구조인 주주모델을 역사적으로 먼저 출현한 모델로 간주하는 경향이 있다. 물론 이론적 기초는 1930년대 벌리와 민스에 의해 확립되었지만, 주주모델의 역사는 미국에서조차 역사적으로 보편적이었다고 할 수 없다. 19세기 말에서 20세기 초까지 대부분의 대기업들은 특정 가문이 소유와 경영을 동시에 담당하는 독일식 기업지배구조를 채택했다. 1930년대 뉴딜정책으로 소유와 경영이 분리된 이후에도 일부 대기업들은 주주모델보다 경영자모델을 선호했다. 주주모델이 보편적 모델로 인정되기 시작한 시점은 적대적 인수합병을 활발하게 만들었던 주주행동주의가 확산되었던 1970년대 이후라고 할 수 있다.

　둘째, 주주모델과 이해관계자모델을 동등한 수준에서 비교하는 것은 주주모델을 보편적 모델로 특권화하는 문제를 일으킬 수 있다.

　주지하다시피 영국과 미국은 19세기 이후 세계경제의 패권을 주고받으면서 자본주의적 기업(제도)의 발전을 주도했다. 그러나 영국과 미국, 그리고 이들의 식민지였던 국가들을 제외하고는 주주모델을 채택한 나라의 수는 많지 않다. 주주모델이 이상적으로 생각하는 "벌리와 민스의 소유가 광범위하게 분산된 기업은 결코 보편적이지 않다." 각국 기업지배구조에 대한 공시적·통시적 비교 연구는 '영미식 주주자본주의가 예외적'이라는 사실을 확인시키기에 충분하다.

　주주모델의 역사적·지역적 특수성을 인식하기 위해서는 주주모델과 이해관계자모델 사이의 관계를 근본적으로 다시 설정할 필요가 있다. 법경제학적 비교 연구는 주주모델을 보편적 범주, 이해관계자모델을 특수한 범주로 간주한다. 자본주의 다양성 연구와 정치경제학적 제도 연구는 공시적 차원에서 주주모델이 보편적 모델이 아니라는 점을 보여주었다. 그러나 이 이론들은 한 국가 내에서 여러 번 변화해온 기업지배구조의 계보를 설명할 수 없다는 문제를 내포하고 있다. 이 문제를 해결하기 위해서는 주주모델을 보편 범주가 아니라 특수 범주로 보아야 한다. 주주모델은 경영자모델, 노동자모델과 함께 이해관계자모델의 특수한 한 형태인 것이다.

기업지배구조 연구에서 주주모델의 탈특권화는 정치의 복원을 의미한다. 이해관계자모델은 성장을 통한 사회적 부의 창출을 기업의 중요한 목표로 간주하기 때문에 기업의 정치사회적 기능과 역할에 대한 분석을 한다. 이에 비해 주주모델은 주주의 이익을 극대화해야 한다는 경제적 목적만을 물신화함으로써 기업사회책임을 고려하지 않는다. 주주모델이 정치적 요소를 고려하지 않는 이유는 주주의 이익을 최대한 보장하는 데 있다. 기업지배구조에서 주주 이외의 다른 이해관계자들의 기능과 역할을 인정할 경우, 경영 활동을 감시·감독할 권한뿐만 아니라 기업의 자산과 이익에 대한 분배에서 주주의 역할과 몫이 줄어든다.

물론 주주모델에서도 기업사회책임을 완전히 부정하지는 않는다. 그러나 주주모델에서 기업사회책임은 기껏해야 최고경영자의 선의 (자선사업 또는 사회적 문제에 대한 보상. 예컨대 장애인 고용 확대)에 한정된다. 반면에 이해관계자모델에서는 사회적 가치들(분배, 환경, 복지 등을 경영 활동에 반영할 수 있는 제도. 예컨대 독일의 공동결정제도, 일본의 평생고용제도 등)가 기업지배구조에 내재되어 있다. 또한 주주모델은 정부와 대중의 정치적 영향력을 부정적으로 간주한다. 주주모델에서 정부와 대중의 영향력은 이들이 보유한 주식의 양만큼 인정한다. 그러나 현실은 다르다. 소유 지분이 전혀 없는 경우에도 정부는 금융·회계·세금 제도 등을 통해서 기업지배구조를 변화시킬수 있다. 대중들도 로비나 청원을 통해서 기업지배구조의 변화에 정치적 압력을 행사할 수 있다. 비정부기구NGO 또는 시민단체의 '소수주주 권리강화운동'이 그 대표적인 예다.

이해관계자모델의 귀환

국가권력의 등장

주식회사의 경영진은 주주들로부터 회사의 사업 목적 달성에 필요한 범위 내에서 회사의 자원을 사용하고 회사의 지배구조와 금융을 조합, 운영하는 권한을 위임받은 지위에 있다. 그러나 경우에 따라서는, 그리고 필요에 따라서는 다양한 방식으로 그러한 권한의 연원인주주들을 배제하고 경영권을 행사하며 심지어 주주들과 직접 권력투쟁을 벌이기도 한다. 회사의 경영자들은 주주들과의 그러한 권력투쟁에서 힘이 부치는 경우 외부의 '원군'을 끌어들이기도 한다. 이때 회사의 경영진에게 부여된 권한인 회사 금융에 관한 권력(자사주의 취득과 처분, 제3자 배정 신주 발행), 지배구조의 직접적인 운용 권력(주주총회 소집, 주주총회 의안 준비, 주주총회 진행)을 여기에 활용한다. 나아가 경영진은 기업의 지배구조에 직접 참여하지는 않을 원군을 끌어들이기도 한다. 그로 인해 나타나는 대표적인 현상이 소유가 분산된 대기업의 경영진과 종업원들 간의 상호원조 관계 형성이다. 이는 주주로부터 종업원들에게로 부의 이전을 발생시킨다. 우리나라는 구 기아자동차에서 이를 상징적으로 경험한 바 있다.

그러나 대규모 상장회사가 국제적인 자금조달을 통해 고도로 국제화된 지배구조를 갖추고 있는 경우, 경영진은 강력한 글로벌 주주들과 어떤 형식으로 권력투쟁을 전개할 수 있는가? 여기서 주권국가의 국가권력이 등장할 수 있다.

첫째, 회사의 경영진은 국가의 명시적인 지원을 받을 수 있는데 이는 제도의 변화를 통해서 가능하다. 회사법과 같은 일반법의 개정이나 특별법의 제정 등이 그에 해당한다.

둘째, 경영진은 국가의 묵시적 지원을 내세우면서 자신들에게 유리한 조치들을 자체적으로 취할 수 있다. 스스로 '국가적 이익' 관념을 활용하는 것이다. 이는 법률이나 제도상의 변화를 수반하지는 못하므로 여론에의 호소나 정부기관들에 대한 협조 요청 등의 형식을 취한다. 여기서는 회사 종업원들의 지원이 가장 효과적이다. 이는 구 하나로텔레콤 인수에서 잘 드러난 바 있다. 2003년 10월 21일 하나로텔레콤 주주총회에는 전체 주주의 87.7%가 참석했는데 회사의 노조가 위임장 권유를 통해 약 25%의 의결권을 위임받았고, 이에 힘입어 경영진과 우호적인 뉴브리지-AIG로부터의 투자 유치가 성사된 바 있다.

셋째, 가장 극적인 형태의 소유 지배구조 변동인 국유화나 사실상의 국유화를 통해 가장 강력한 이해관계자인 국가가 전면에 나설 수 있다. 이들 중 어떤 시나리오에 의하더라도 해당 국가의 정부는 주주중심주의 시대에 있어서 정부가 취하는 조치가 해당 회사의 지배구조와 자금조달에 부정적인 결과를 초래하지 않을지를 숙고하게 되고, 그러한 우려에도 불구하고 다른 큰 이익, 즉, 국가경제 전체를 고려해야 할 것인지를 검토하게 된다. 대개의 경우 견해가 나누어지기 때문에 많은 국가가 망설이는 태도를 보이지만 최근의 조류는 보호주의적인 후자의 조치를 선호한다. 그럼으로써 국가는 주주 이익의 훼손이라는 비난을 무릅쓰고 경영진을 지원하고 회사의 경영권을 보호한다.

2008년 9월 16일 리먼브라더스의 파산은 2007년 시작된 글로벌 금융위기의 상징과도 같은 사건이다. 리먼브라더스는 우리 돈으로 약 767조 원의 자산을 보유하고 있던 회사다. 2009년 삼성그룹 전체 자산이 193조 원이었던 점을 감안하면 얼마나 많은 자산을 소유한 회사였는지 짐작할 수 있을 것이다. 미국에서는 2008년 한 해 동안 25개의 은행이 도산했고 2009년에는 140개의 은행이 도산했다. 이는 2002년에서 2007년 사이에 11개의 은행이 도산한 것과는 비교가 되지 않을 정도로 많은 숫자다. 베어스턴즈Bear Stearns

와 메릴린치Merrill Lynch는 정부의 개입으로 각각 JP모건체이스J.P. Morgan Chase와 BofABank of America에 인수되었고 씨티그룹Citigroup 과 AIGAmerican International Group는 정부의 구제 금융을 통해 사실상 '국유화'되었다.

이제 신자유주의가 퇴조하고 주식회사의 피고용자를 중심으로 한 이해관계자들의 이해가 부각되는 이해관계자모델이 귀환하고 있다. 이와 함께 정부의 역할이 강조되는 신중상주의나 국가자본주의도 등장하고 있다. 특히 금융산업은 전통적으로나 이론적으로 정부의 위치가 다른 산업에 비해 훨씬 튼튼한 산업이다. 글로벌 금융위기 이후 정부의 민간 기업 지배구조와 인수합병에 대한 관여가 증가하고 있다.

이해관계자 모두에게 책임지는 자본주의

기업 활동은 주주뿐 아니라 이해관계자 전체의 이익에 조응해야 한다.
– 엘리자베스 워런Elizabeth Warren

워런은 말한다.

이 나라에서 혼자 힘으로 부자가 된 사람은 아무도 없다. 당신(사업가)이 공장을 세웠다고? 좋다. 분명히 해두고 싶은 것은, 당신은 당신 상품을 시장에 가져가는 데 우리가 낸 세금으로 만든 도로로 운송하고, 당신은 노동자를 고용하는 데 우리가 교육시킨 이들을 데려다 쓰고, 당신은 우리가 낸 세금으로 유지한 경찰과 소방관 들이 공장을 지켜주니까 안전하다는 점이다. 당신들이 돈을 버는 데 필요한 거의 모든 것을 우리들이 대줬으므로 그 부는 당신만의 것이 아니다.

2018년 8월 15일 워런은 한 가지 주목할 만한 법안을 발의했다. 이름은 '책임자본주의법Accountable Capitalism Act'이다. 이 법안은 미국 자본주의가 안고 있는 가장 큰 문제, 아니 좀 더 정확하게는 한국을 포함해 점점 더 미국 자본주의를 닮아온 글로벌 자본주의가 안고 있는 핵심 문제의 하나를 건드리고 있다. 주주모델과 관련한 기업지배구조 개혁이 그것이다.

워런이 발의한 '책임자본주의법(안)'의 핵심 내용은 다음과 같다.

미국 상무부 산하에 미국 기업국office을 둔다. 연간 매출이 10억 달러(약 12조 원) 이상인 대기업들은 미국 기업국으로부터 다음의 사항에 대한 인가charter를 의무적으로 받아야 한다.

① 이들 기업의 이사회는 어떤 사안을 결정할 때 노동자와 지역공동체를 포함한 모든 이해관계자의 이해를 고려해야 한다.

② 노동자가 이사의 40%를 선출한다.

③ 정치자금 기부와 같은 정치 지출 결정을 하려면 이사와 주주 4분의 3이 동의해야 한다.

④ 경영진과 이사는 스톡옵션 등을 통해 회사로부터 주식을 받았

을 경우 이를 받은 뒤 5년 안에 매각할 수 없고, 자사주 매입 후 3년 안에 매각할 수 없다.

그 핵심은 연매출 10억 달러 이상의 대기업에 만연된 주주모델의 지배구조를 이해관계자모델의 지배구조로 재편하는 것으로, 기업의 존재 의의와 목표를 '주주가치 극대화'에서 '이해관계자의 상생'으로 확 뜯어고치는 것이다. 또 주주가치 극대화 이데올로기가 부추겨온 기업 경영의 단기주의를 극복하고, 경영진에 대한 지나친 보상 폐해를 막고자 하는 것이다. 스톡옵션 행사 기간을 5년 이상으로 하고, 자사주 매입 후 3년 안에 팔 수 없게 한 것은 회사 자산을 이용해 저질러온 지대와 사익 추구를 막겠다는 목적이 깔려 있다. 경영진의 지대추구 행위가 자산·소득 불평등 주범의 하나임을 감안하면, 이런 정책은 자산·소득 불평등의 완화를 겨냥하고 있는 것이기도 하다.

워런은 법적 인격체personhood로서의 권리를 주장하는 회사는, 법적 인격체로서의 도덕적 의무도 받아들여야 한다는 전제에서 출발한다. 워런은 기업이 '하늘에서 뚝 떨어진' 절대 존재가 아니라, 엄연히 사회로부터 '권리를 부여받은' 피조물(약속의 산물)임을 분명하게 일깨우고 있는 것이다. 그는 〈월스트리트저널〉에 쓴 칼럼에서, "전통적으로 회사는 시장에서 성공을 추구해왔다. 그러나 그들은 또한 직원들과 고객들과 공동체에 대한 자기의 의무도 알고 있다"고 썼다. 하지만 최근 수십 년 동안 그들은 주주들을 부유하게 하는 데 이례적일 정도로 전력을 다하면서, 더 이상의 자기의 의무에 대해선 모른 체 해왔다. 바로 이 지점이 워런이 변화시키고자 하는 지점이다.

주주중심주의의 이데올로기는 논리적으로도 경험적으로도 정당하지 않다. 논리적인 측면에서, 이 이데올로기는 '잔여청구권자'로서의 주주라는, 따라서 사전에 어떠한 수익률의 보장도 없이 가장 큰 위험을 감수하는 사람이라는 관념에 뿌리를 둔다. 그러나 이 주장은 기업을 둘러싼 다른 주체들, 이를테면 납세자(정부가 기업에 제공하는 온갖 혜택을 가능하게 하는 원천)라든가 노동자가 사전에 보장된 수익률을 갖고 있다는 부당한 전제에 기초한다. 이는 분명히 잘못이다. 정부가 기업에 제공하는 온갖 지원에 대해 사전에 고정된 수익률을 보장받는다는 전제는 분명히 잘못이다.

노동자나 경영자, 채권자 들 역시 급여가 체불되거나 채권이 떼이는 위험을 논리적으로 갖고 있다. 이런 의미에서 회사를 청산할 때 주주에게 마지막 남은 청산금을 나누어 준다는 의미의 '잔여청구권'이라는 말은 사실 무의미하다. 존속가치가 청산가치보다 높거나 인수나 합병이 아닌 형태로 청산에 몰리는 상황까지 가게 되면 어차피 남는 게 별로 없으니, 그걸 주주의 '권리'라고 부르는 것 자체가 난센스이기 때문이다. "망할 권리도 권리냐"는 물음이다.

이론과 현실에서 주주는 이해당사자의 하나일 뿐이다. 경험에서 그리고 현실에서 일반주주는 단지 주식을 매매할 뿐이다. 해당 회사의 사업장에 자유롭게 접근할 수도 없다. "내가 이 회사 주주"라고 아무리 외쳐봤자, 경비원들에게 쫓겨나기 쉬운 신세다. 주식을 '소유'한다고 해서 다른 사람을 배제하거나 매일매일 벌어지는 일을 결정할 수도 없다. "기업의 주인은 주주"라고 하기에는 너무 민망하다. 주식 '소유'처럼, 채권 보유자도 자신의 채권을 '소유'하고, 납품업자도 자신의 재고를 '소유'하며, 노동자도 자신의 노동력을 '소유'하는 건 마찬가지다. 그렇다고 채권 보유자나 납품업자나 노동자가 "이 기업의 주인은 나"라고 주장하지는 않는다. 주주를 포함한 이들 각 소유자는 기부행위를 하는 게 아니다. 각자가 어떤 수익성 있는 보상을 기대하는 투자로서 자신이 '소유'한 자산을 기업에 기여하는 것이다. 결국 기업은 이윤을 창출하고, 재화와 서비스를 생산하기 위해 이런 다양한 투자를 한데 모으는 기제이며, 계약의 그물망 성격이 강하다. 기업을 이렇게 이해하는 게 이론적으로나 현실적으로나 실상에 부합한다. 책임자본주의법(안)의 근저에 깔린 기업관도 이와 비슷한 맥락에 있지 않을까 싶다.

＼ 기업사회책임

기업사회책임의 철학적 배경

새로운 패러다임

요즘 우리 사회는 '갑을 사회'라고 불린다. 계약 당사자를 지칭하는 '갑'과 '을'이라는 용어가 '갑'은 경제적 강자를, '을'은 사회·경제적 약자를 지칭하는 의미로 쓰이고 있다. 대등한 지위에서 자유롭게 교섭하는 개인을 상정하고 있는 '자유주의' 관점에서 보면 아이러니해보이지만, 현실은 근대법의 기본 원리인 '사적자치의 원칙'의 어두운 이면을 드러내고 있다. 계약 당사자인 '갑'과 '을'의 관계에서 '갑'의 지위가 '을'에 비해 우월한 현상이 계약관계 일반에서 예외적으로 나타나기보다는 손쉽게 목격될 수 있는 현상이기 때문이다. '무지의 장막veil of ignorance'을 치고 대등한 조건에서 개인들이 자유롭게 교섭

할 것을 '정의의 제1원칙'(평등한 자유 원칙)으로 제시한 존 롤스John Rawls의 정의론이 20세기 후반 정론으로 승인된 것도 이런 계약관계의 현실을 이해했기 때문이 아닐까?

그러나 롤스의 정의론 중 '차등의 원칙'에서 엿볼 수 있는 국가의 소수자 배려 정책을 포기하고, 사유재산권의 철저한 보장을 전제로 복지 정책을 비롯한 국가의 사적자치 영역에 대한 개입을 용인하지 않는 시장근본주의적 자유주의가 1970년대 후반 이후 대세가 되어 버렸다. "인간을 수단으로만이 아닌 목적으로도 대하라"(인격 존중의 원리)는, 이마누엘 칸트Immanuel Kant가 설파한 자유주의의 도덕법칙은 공리주의 대척점에 자유주의를 서게 했지만, 이른바 낙수효과에 기초한 자원배분만을 고집한 복지 없는 자유주의는 공리주의적 자유주의에 다름 아니다. 신자유주의적 회사법론을 정립한 법경제학 역시 법을 비롯한 제도 분석 시 비용편익분석을 통한 효율성을 가장 중요한 가치로 보고 있다는 점에서 공리주의적이라 할 수 있다.

그러나 신자유주의를 추동한 대처리즘의 장본인인 대처 수상이 죽은 뒤 영국인들이 보인 '냉혹한' 시선 속에서 그녀의 위상이 스러져갔듯이, 그렇게 강고해보였던 신자유주의도 2008년 글로벌 금융위기를 계기로 서서히 국제적 지배 이데올로기로서의 위상을 잃어가고 있다. 이는 지난 2012년 한국의 대통령 선거에서 최대 쟁점이 복지와 경제민주화였다는 점에서 엿볼 수 있듯이 국내에서도 예외가 아니다. 당시 선거에서 유력 후보들이 '새로운 패러다임'을 예외 없이 부각시킨 배후에는 적어도 신자유주의가 양극화나 무분별한 자원개발과 같은 사회적·경제적 부정의不正義 상태를 악화시켰기 때문일 것이다.

그렇다면 신자유주의를 대체할 '새로운' 패러다임은 무엇인가? 적어도 새로운 패러다임은 사적영역에 대한 국가의 적극적 개입을 요구하고, '갑'의 '을'에 대한 배려, 즉 '갑'의 기업사회책임을 내포해야 할 것이다. 그렇다면 국가의 적극적 개입과 '갑'의 기업사회책임 강화의 논거는 어디서 찾을 수 있을까? 의무론적 도덕철학에 기초한 평등주의적 자유주의에서 찾을 것인가? 아니면 공동선과 시민적 덕성을 중시하는 공동체주의로부터 찾을 것인가? 그도 아니면 국가의 개입을 최소화하고, 공동선의 추구는 여전히 '갑'의 자발성에 의존할 것인가?

공동체주의

기업사회책임은 개인과 사회에 관한 철학적 담론과 밀접한 관련을 맺고 있다. 철학자들은 세상에서 우리의 존재 양식인 인간 또는 개인이 무엇을 의미하는지에 관해 오랫동안 논쟁해오고 있다. 우리는 자유주의적 가치로부터 유래하는 권리를 가진 개별적 개인인가? 아니면 가족 및 인간의 네트워크를 통해 함께 결속된 존재로서 이런 결속에서 유래하는 의무를 가진 존재인가?

규범적 측면에서 기업사회책임을 검토하기 위해서는 먼저 개인과 사회의 관계에 대한 정의론에 관한 철학적 논의를 검토해야만 한다.

⑴ 시장근본주의적 자유주의

자유지상주의자로 불리는 시장근본주의적 자유주의자들은 가족, 국가 등의 어떤 맥락으로부터도 절연된 독립적 존재로서 사회와의 관계에서 개인의 '절대적 자유'를 주장한다. 따라서 어떤 구속으로부터도 자유로운 이른바 '원자적 자아'인 개인이야말로 이들 논리의 출발점이요 도착점이므로, 사회는 개인의 자유를 최대한 보장하기 위한 수단에 불과하다. 개인의 절대적 자유와 행복을 최대화하기 위해 계약을 통해 형성된 것이 사회이므로, 사회는 계약의 총합에 지나지 않으며, 계약 주체들로부터 독립된 실체가 아니라고 본다.

또한 시장근본주의적 자유주의에 철학적 논거를 제공한 로버트 노직Robert Nozik의 '최소국가'에서 볼 수 있듯이 야경국가와 같은 임무를 사회계약에 따라 부여받은 국가는 치안과 같은 최소한의 활동을 하는 데 그쳐야 하고, 그 밖의 사적영역은 합리적 개인들이 '계약 왕국'인 시장을 통해 자율적으로 개인의 자유와 행복을 극대화하도록 해야 한다.

시장근본주의적 자유주의는 1980년대 레이건 미국 대통령과 대처 영국 수상의 친시장적, 작은 정부를 지향하던 정책에서 현실적으로 가장 뚜렷하게 드러났다. 공동체주의자인 마이클 샌델Michael Sandel은 노직이 상정하고 있는 사회는 더 이상 사회일 수가 없는, 허깨비들이나 이방인들의 집합소에 불과한 것으로, 그것은 노직의 개인에 관한 주체 인식의 결함에 기인한다고 비판한다. 샌델에 의하면, 개인은 사회적 문맥 위에 놓여 있는 상호 유관적 존재인바, 공통언어의 화자 관계에 투영된 개인들의 공동 의식이야말로 그것의 가장 명백한 본보기라는 것이다.

결론적으로 개인의 절대적 자유를 최고의 가치로 삼는 자유주의자들은 공동체의 선이나 목적을 위해 개인의 자유 내지 권리를 침해할 수 없다고 본다. 이들의 주장에 따르면 기업사회책임은 논리적으로 성립될 수 없다. 다만 자발적으로 행해지는 기업의 기부나 사회공헌 활동은 자유의지에 따른 것이므로 부정되지 않는다.

(2) 평등주의적 자유주의

롤스의 정의론에 입각한 평등주의적 자유주의는 이론적으로 앞의 자유주의와 차이가 없다. 그러나 칸트의 의무론적 도덕철학에 입각한 개인들의 배려를 중시한다. 앞의 자유지상주의자인 노직이 재분배 정책이 결과의 평등이라 보고, 정당한 권원權原에 의해 취득한 몫을 어떤 이유에서건 그것이 공동선일지라도 재분배하는 것은 개인의 권리를 본질적으로 침해하는 것이므로 용인될 수 없다고 본다. 반면 롤스는 자신이 처한 조건이나 환경 또는 지위에 관한 정보를 차단한 '원초적 입장original position'에서 (공정성을 확보하기 위해서) '무지의 장막'을 드리우고 자유롭게 교섭한다는 가정 아래서 불평등의 정당화 원칙으로 기회의 균등화(기회균등의 원칙), 최소 수혜자에게 최대 이익이 지켜져야 한다(차등의 원칙)고 본다. 따라서 어떤 기득권도 갖지 않은 입장인 대등한 지위를 상정하고, 그런 상태에서 교섭될 결과에 비추어 국가가 사적영역에 개입하는 것은 허용되며, 교섭 당사자도 교섭 결과를 따라야 할 의무가 요구된다.

결론적으로 평등주의적 자유주의는 사회적 약자에 대한 배려를 자유주의적 관점에서 정당화하려는 논리로서, 그런 배려의 일환으로 행해지는 국가의 사적영역에 대한 개입을 용인하고, 우월적 지위에 있는 교섭의 주체는 약자를 배려할 책임을 갖는다. 이에 따르면 기업사회책임은 적극적으로 수용될 수 있다.

⑶ 공동체주의

공동체주의는 자유주의에 대한 비판적 성찰을 통해 우리가 희망하는 가장 좋은 사회를 만들고 개인들에게 정체성과 자아에 대한 보다 설득력 있는 의미를 전파하고자 전개되었다. 이를 위해 앞의 두 자유주의와는 달리 공동체주의는 개인을 '사회적 동물' 또는 '정치적 동물'로 비유하는 고대 그리스의 공동체주의 내지 공화주의의 부활을 도모하며, 우선 사회적 맥락에서 인간을 파악한다는 점에서 자유주의와 대척점에 서 있다. 공동체주의는 사회와 절연된 무연고적 자아나 원초적 입장에서의 교섭은 현실성이 없으며, 실제 인간은 가족, 사회, 시민 또는 시민권과 같은 집단적 활동 속에서 공동체의 구성원으로서 함께 결속되어 있다고 본다.

대표적 공동체주의자인 샌델은 계약론적 철학을 밑받침하는 롤스의 신칸트주의적 자유주의가 도덕적 공동화空洞化를 초래한다고 주장한다. 따라서 샌델에 의하면 자유주의자들은 자아에 대한 핵심적 주장을 오해하고, 또 그들의 주장도 모호하다고 한다. 개인은 사회, 즉 공동체 속에서 존재할 수밖에 없으므로 공동체의 가치, 즉 공동선을 추구해야 하는 시민적 덕성을 갖추어야 한다고 본다. 실천적 측면에서도 샌델은 자유주의적 계약론의 개념이 없다고 비판한다. 자유로운 무연고적 자아는 우리가 보통 인식하는 일정한 도덕적·정치적 의무를 설명할 수 없기 때문에 그런 자아는 우리의 도덕적 경험을 설명할 수 없다고 한다.

찰스 테일러Charles Taylor는 공동체와 우리의 개인적 정체성이 불가분하다는 샌델의 입장을 발전시켜서, 우리의 정체성은 언제나 타인과의 대화 속에서 또는 우리 사회의 관습 저변에 자리하고 있는 공동의 이해를 통해 부분적으로 규정된다고 한다. 공동체주의는 공동체적 삶의 방식이 다른 삶의 방식보다 우월하다는 관념을 발전시키고 있다.

따라서 샌델이 주장하는 공동체주의는 공동선에 입각해 사회질서가 구성되고, 시민에게는 공동선을 지향하는 데 필요한 덕성을 요구한다. 따라서 공동체주의에 따르면 기업사회책임은 공동선을 추구하는, 기업의 시민적 덕성에 다름 아니다.

사회제도로서의 기업의 책임

기업의 사회에 대한 영향력이 막대해짐에 따라 기업사회책임에 대한 요구와 논의는 점점 커지고 있다. 기업 구성원들의 인권 문제, 생산과정에서 발생하는 환경 훼손, 시장 질서를 교란하는 불공정거래 등 경영 활동에 대한 윤리적 책임은 물론이고 경영 결과로서 성과의 공정한 분배에 대한 책임도 요구되고 있다. 일부는 기업사회책임에 의문을 갖지만, 국가의 경제성장이 정부만의 노력으로 달성된 것이 아니듯 기업의 성장도 기업을 구성하고 있는, 그리고 기업과 관계하는 많은 이해관계자 집단과 사회의 노력으로 달성될 수 있었던 점을 고려하면 이익 분배의 상호성도 고려할 책임이 있다. 이에 대해 기업들도 나름대로의 대응 방법을 모색하여 저마다 기업사회책임에 대한 입장을 정리하고, 그에 따라 행동으로 보여주고 있는 것은 매우 환영할 만하고 또한 격려할 만하다.

그러나 기업사회책임에 대해 몇 가지 고민할 것이 있다. 많은 기업들이 기업사회책임에 대해 독립 부서를 운영할 정도로 적극적인 활동을 벌이고 있다. 하지만, 대부분의 기업은 기업사회책임을 기업 성과와 연관시켜 전략적 경영 요소의 하나로 생각하고 있다. 다시 말해 반드시 해야만 하는 '당위'가 아니라 이익에 부합하는 조건으로 간주하여 '이윤추구의 수단'으로 활용하고 있는 것이다. 이는 만약 기업사회책임이 기업 성과에 도움이 되지 않는다면 수행하지 않을 수 있음을 함축한다. 그러나 책임이란 특정 조건이나 결과에 의존하지 않고, 그에 상관없이 행해야 할 역할과 의무가 있다면 반드시 이행해야 하는 것이다. 따라서 기업사회책임이 있다면 그것은 다른 조건이나 결과에 의존하지 않고 당위로서 반드시 수행해야 하는 것이다.

사회는 일상적인 목적을 가진 사람들과 그 목적 달성을 위해 고안된 제도의 시스템에 의해 조직화된 활동으로 구성된다. 가족, 경제, 법률, 정치, 교육 등의 제도는 사회 구성원들이 공동체의 목적을 달성하기 위해 고안한 것이다. 이런 제도 가운데 현대사회에서 가장 영향력 있는 제도는 경제제도라고 할 수 있다. 경제제도는 사회 구성원이 필요로 하는 재화와 서비스를 생산하고, 이를 다양한 사회 구성원에게 분배하는 두 가지 목적을 달성하기 위해 고안되었다. 즉 경제제도는 누가 제품을 생산할 것인지, 생산 활동을 어떻게 조직화할 것인지, 어떠한 자원이 소비될 것인지, 그리고 재화와 혜택을 사회 구성원들에게 어떻게 분배할 것인지를 결정한다.

기업은 재화와 서비스를 생산하고 배분하는 과업을 사회 구성원들에게 제공하는 경제기구다. 기업은 사회 구성원이 가지고 있는 자원인 토지, 노동, 자본, 기술 등을 재화와 서비스 생산과 연결하는 기구로서 역할을 한다. 또한 기업은 소비자에게는 제품, 종업원에게는 임금, 투자자에게는 이익 배당, 정부에는 세금이라는 형태로 재화들을 분배할 수 있는 채널을 제공한다. 기업의 제도적 목적이 재화와 서비스의 생산 그리고 그 이윤의 분배라면 생산의 결과로서 발생한 이윤에 대해 공정한 분배를 해야 한다는 것은 무엇에 대한 조건이 아니라 목적 그 자체일 것이다.

기업 생산에는 경영자를 비롯한 다양한 임무를 수행하는 모든 이해관계자들의 협력이 전제되어 있다. 경영자나 종업원 등 이해관계자들의 협력 조건(계약 조건)은 무엇인가? 이해관계자들이 기업 생산에 협력하는 이유는 적절한 방식으로 이익을 얻기 위함일 것이다. 따라서 생산 활동에 협력한 모든 이해관계자는 적합한 기준에 따라 적절한 방식으로 수익에 대한 공정한 배분을 요구할 자격을 갖는다. 이해관계자들은 각자 협력 조건에 따라 자신의 임무를 충실히 수행해야 할 책임이 있다. 자신의 책임을 다하지 않고 혜택을 받으려 하는 것은 공정하지 못하다. 하지만 책임을 다하고서도 그에 대한 혜택을 못 받는 것도 공정하지 못하다. 이런 의미에서 혜택을 받는다는 것은 기업 경영 결과라 할 수 있는 이익을 공정히 배분받는 것이다.

이해관계자들의 생산에 협력하는 방식과 분배의 방식은 다소 차이가 있다. 노동자는 노동과 임금, 협력업체는 공급과 대금, 채권자는 자금 차입과 이자, 주주는 투자와 배당 등 그 형식이 각각 다를지라도 이들 협력 방식의 차이가 분배의 불평등을 정당화하지는 못한다. 이해관계자들의 활동은 서로 다른 공간에서 다양한 방식으로 수행될 뿐 생산에는 이들 모두의 협력이 필요하다. 이해관계자들이 기업 생산과 성과에 기여한 정도와 종류가 다르기 때문에 그들에게 주어지는 분배의 형식이 다를 것이다. 하지만 중요한 것은 이해관계자들은 생산에 협력했으므로 적절한 분배를 요구할 자격이 있다는 것이다.

앞서 말했지만 기업의 제도적 목적은 경쟁력 있는 제품과 서비스를 창조하는 데 있으며, 이런 목적은 주주, 노동자 및 경영자 등 이해관계자들이 합심하여 달성될 수 있다. 그리고 생산 활동의 협력 조건은 이해관계자들에게 수익에 대한 공정한 분배를 요구할 자격을 부여한다. 그러므로 기업에는 생산이 기업사회책임의 시작이며, 분배가 기업사회책임의 완성이라고 할 수 있다. 기업의 목적이 이러함에도 임금 불공정, 내부 거래와 일감몰아주기, 과잉 배당, 비정규직 정책 등 공정한 분배를 방해하는 다양한 문제들이 여전히 현재진행형이다. 이런 상황에 대해 많은 비판이 제기됨에 따라 일부 기업들은 사회에 대한 공헌으로 이를 상쇄하려 한다. 그러나 기업의 사회에 대한 공헌은 기업의 잉여 자원이나 이익을 단순히 환원하려는 단편적 기부 활동 차원의 개념이지 기업사회책임과 동등한 개념은 아니다. 즉 사회공헌은 일종의 자선적 활동으로 마땅히 해야만 하는 당위로서의 '책임' 개념과는 다른 것이다.

신자유주의와 기업사회책임

기업사회책임의 부상

기업사회책임과 관련해서 대상이 되는 기업은 '법인기업' 가운데 사회적 영향력을 무시할 수 없는 대규모의 주식회사다. 19세기 이전에 법인기업의 법적 개념은 국왕, 교회 또는 시민헌장civic charter의 영향 아래 재산이나 권한을 갖는 것에 그쳤고, 오늘날 이해하는 바와 같은 사적 영리기업으로 여겨지지는 않았다. 그러나 19세기 들어와 공적 급부를 설립 조건으로 하지 않는, 뉴욕을 비롯한 미국 주들의 일반 회사법과 영국의 회사법 제정은 자유방임적 자유주의가 입법적으로 표현된 것으로서 회사에 관한 이해에 근본적인 변화를 가져왔다. 즉 기업에 대한 공적 역할에 대한 사회적 기대가 점점 약화되고, 기업의 가치가 강조되는 근대적 의미의 회사법과 기업관이 정립되었다.

그러나 1929년 대공황을 계기로 케인스주의로 대표되는 시대정신은 사적영역에 대한 국가개입 강화를 정당화하였고, 대기업에 대한 기업사회책임도 당연한 것이었다. 이후 1970년대 중반까지 케인스주의에 입각한 경제정책은 자본주의의 황금시대를 이끌었다. 그러나 1970년대 중반 이후부터 세계경제는 장기 불황에 빠졌고, 1970년대 두 차례에 걸친 오일쇼크는 자본의 이윤율 저하를 심화시켰다. 이런 상황에 대처하기 위해 등장한 영국의 대처리즘과 미국의 레이거노믹스는 경제 불황의 원인을 케인스주의의 큰 정부에서 찾았고, 그 대안으로 자유방임적 자유주의로의 복귀를 목표로 삼았다. 바로 신자유주의시대가 도래한 것이다.

주지하듯이 1970년대 말 이후 세계는 신자유주의논리에 따라 사적영역에 대한 국가개입의 최소화를 미덕으로 삼는다. 따라서 신자유주의 입장에서는 철저하게 주주모델의 시각에서 기업사회책임을 부정한다. 신자유주의 입장에서 기업사회책임은 기업의 자발성에 기대어야 하고, 이를 강제할 수는 없다는 것이 주류의 시각이다. 그러나 사적자치에 대한 요구가 어느 때보다 강했던 이 시기는 아이러니하게도, 자유방임 상태에 있는 기업의 탐욕스러운 이윤추구에 대한 반작용으로 기업사회책임에 대한 시민사회의 요구 역시 어느 때보다 강렬한 때이기도 하다.

1984년 드러커는 기업은 이익만을 추구하는 조직이 아니며 기업의 행위는 개인과 마찬가지로 윤리적 표준으로 평가되어, 기업은 이윤을 추구하면서도 기업사회책임을 다해야 된다고 말한다. 특히 이른바 '지속가능발전'이라는 국제적 의제는 2010년 국제표준화기구ISO:

International Organization for Standardization의 ISO 26000 등장에서 보듯이 모든 사회 구성원들에게 지구적 난제에 대한 관심과 해결 노력을 요구하고 있다. 이런 활발한 사회책임SR: Social Responsibility의 요구는 공동체주의나 재분배 정책을 중시하는 평등주의적 자유주의에 의해 그 논거가 제시되어오고 있다.

요컨대 자본주의가 본격화된 이래 선진 자본주의 국가를 중심으로 한 지배 이데올로기를 단순화해서 본다면, 절대왕권과 봉건주의를 붕괴시키고 근대성을 인류사에 가져온 자유주의에서 국가의 시장 개입을 정당화한 평등주의적 자유주의 또는 공동체주의로, 다시 자유를 지상의 가치로 삼으면서 최소국가를 지향하는 자유주의로, 그리고 현재는 시장근본주의적 자유주의와 그에 대한 반성적 성찰로 평등주의적 자유주의 또는 공동체주의가 경합하는 단계로 변모하고 있다. 오늘날 대기업은 중세 시대의 교회, 귀족, 군대, 나아가 봉건영주가 행사하던 우월적 지위에 버금가는 사회적 지위를 갖고 있다. 현실에서 시장실패는 자유방임적 시장의 자율 조정 능력에 대한 맹신으로부터 초래된다. 법경제학이 전제하고 있는 가치인 효율성은 공익을 담보하지 못하고 공익에 해악을 가할 수도 있다.

신자유주의 통치성의 반영

그런데 기업들 스스로 자신들의 사회책임을 떠맡는 시장의 공공화 현상, 지금까지 권리의 주체로서 국가와 시장에 맞서 투쟁해왔던 소비자, 노동조합, 시민단체 등이 스스로 사회책임을 떠맡는 현상은 공적인 것/사적인 것, 시장/국가, 개인적인 것/사회적인 것과 같은 구분을 가로질러 작동하는 신자유주의 통치성의 반영이자 신자유주의 통치가 작동하는 한 방식이다. 비시장, 비경제적 영역이라고 간주되어 온 모든 영역을 시장으로 간주하는 신자유주의 통치성 속에서 지금까지 사회책임 역할의 주된 담당자였던 국가가 시장화하면서 사회책임, 타인과의 도덕적 연대 정신 등 도덕적 질문이나 역할은 기업과 여타 사회 구성원들의 관심사로 이전된다.

기업의 측면에서 이 과정은 도덕과 윤리의 영역을 시장의 언어로 변형시켜 새로운 통치 대상이자 수단으로 영토화하고, 사회책임경영이나 윤리 경영 같은 이름으로 시장에 통합하는 과정이다. 소비자, 노조, 시민단체 같은 기존의 권리주체들의 측면에서 이 과정은 그들이 권리의 주체에서 사회책임 담당자로 변형되고 자신들이 사회에 가할 수도 있을 위험을 스스로 관리하는 일을 떠맡게 되는 과정이다. 따라서 최근 범람하고 있는 사회책임 담론들은 도덕의 회귀가 아니라 도덕이 시장화되어 경제를 구성하는 하나의 요소로 축소되고 있는 것을 뜻한다. 또한 그것은 사회연대 정신의 부활이 아니라 저항의 잠재력을 스스로 제거하고 신자유주의 통치에 포섭되는 것을 뜻한다.

여기서 주목할 점은 신자유주의 통치술에 불과한 사회책임화의 신자유주의 전략이 좌와 우, 진보와 보수, 기업과 노동계, 소비자, 시민단체 사이에 별다른 의견 차이나 저항 없이 암묵적인 합의 속에서 수용되었다는 점이다. 사회책임화의 신자유주의 통치를 둘러싸고 이들 사이에 거대한 동맹이 이루어진 것이다.

기업 입장에서 기업 자신이 사회책임을 떠맡는 것은 우선 장기적 관점에서 기업의 이익을 높일 수 있는 새로운 경영 전략이자 자신들에게 가해지는 국가의 규제를 회피할 수 있는 수단으로 이해된다. 전통적으로 국가의 개입과 규제를 통해 기업사회책임을 압박해왔던 노동계, 소비자, 시민단체 등 운동 조직들의 경우, 기업의 자발적 사회책임을 인정해주면 투쟁이나 파업 등을 거치지 않고도 그들이 제기해오던 기업의 공공성 강화를 추진할 수 있다는 점에서 기업의 사회책임 경영이 자신들의 목표와 양립 가능하다고 계산한다.

특히 노동계에서는 비록 소소한 입장 차이들이 존재하기는 하지만 대체로 저조한 노조 가입률로 인한 노조의 노동계급 대표성 위기, 기업별 노조 체계로 인한 교섭력의 한계로 인해 기업의 자발적인 사회책임을 인정하는 것이 노조의 활동을 보완할 수 있을 뿐만 아니라 노동계와 시민단체가 연대할 수 있는 매개를 형성할 수 있을 것으로 본다. 두 진영 간 이해관계가 맞아떨어진 것이다.

이처럼 진보와 보수, 좌와 우, 신자유주의 옹호자와 비판자 들을 막론하고 기업사회책임이나 노조, 시민단체 들의 사회책임, 윤리적 소비 등에 대한 긍정적 평가 속에 이들이 거대한 동맹 관계를 맺고 있다는 사실은 신자유주의 통치가 이런 정치적 이분법들을 가로질러 작동하며 그와 같은 기존의 진영 분류로는 포착되지 않는다는 점을 뜻한다. 또한 신자유주의 사회책임화의 통치가 진보, 좌, 신자유주의 비판자들에게까지 폭넓은 지지를 받고 있다는 것은 신자유주의 통치가 이들의 요구를 접합하여 포섭함으로써 저항을 최소화하면서 권력 효과를 극대화하는 고도의 권력 효율성을 구현하고 있다는 것을 뜻한다. 공적인 것/사적인 것, 시장/국가, 개인적인 것/사회적인 것의 구분을 가로질러 작동하는 신자유주의 통치는, 최근 폭발적으로 증가하고 있는 기업사회책임, 윤리 경영, 지속가능한 성장, 공동체 자본주의, 사회적 기업, 동반 성장, 공생 발전과 같은 담론들에 의해, 위축되는 것이 아니라 오히려 가장 훌륭하게 작동한다.

주주가치경영과 기업사회책임

기업사회책임 또는 사회책임 경영은 '기업이 자신의 활동 기반이 되는 사회의 다양한 이해관계자들에 대해 부담하는 책임 또는 그런 책임을 다하는 경영'을 의미한다. 그런데 이와 같은 사회책임 개념과 관점은 기업의 책임을 오로지 이윤 창출 또는 경제적 성과에만 두고, 그 이익을 주주들만의 몫으로 돌려야 한다는 신고전주의 경제학의 기업관에 정면으로 배치된다.

근대법적 소유 관념에 따르면 기업의 소유자는 주주들이기 때문에 기업이 창출하는 이익은 당연히 주주들 몫이어야 한다. 경영자는 단지 주주들로부터 권한을 위임받은 수탁자로서 주주들의 이익을 극대화해야 할 책임을 진다. 따라서 경영자들의 결정에 의한 기부행위도 금지되어야 하며, 사회의 요구가 거세질 경우 세금을 더 내면 된다. 이에 비해 기업을 둘러싼 이해관계자들은 각각 기업과 맺는 계약에 의해 자신들이 제공하는 서비스에 비례하여 이익을 보장받는다. 예를 들면, 경영자와 종업원은 보수나 임금 지불을 통해, 공급자는 적절한 가격으로, 지역사회는 세금 징수로 보상받고, 이러한 보상을 제외하고 남는 나머지 부분은 주주들에게 돌아가는 이익이 된다. 이러한 생각들에 의하면 기업사회책임은 결국 근대법적 테두리 내에서 법률이 요구하는 사항을 준수하고 주주가치를 극대화하는 것이 된다. 그러나 만약 그렇다고 한다면 굳이 주주가치 경영에 대해 기업사회책임을 다하는 경영이라는 용어를 붙일 이유가 없다.

그럼에도 불구하고 주주가치 경영이 마치 기업사회책임으로 잘못 인식되고 있는 것은 19세기 말과 20세기 초 법인자본주의의 발전과 밀접한 관련이 있다. 실제로 주주가치를 우선하는 기업에 대한 관념이 현실화된 것도 1980년대와 1990년대를 지나면서부터로, 법인자본주의의 발전과 함께 확대된 자율성을 바탕으로 경영자들의 대리인 행동이 심각해지면서 주주와 경영자 사이의 갈등이 증폭되었다. 또 기업사회책임의 내용을 결정할 권한을 가진 경영자들은 기업사회책임을 수행한다는 명분으로 주주들의 이익을 줄여 자신들의 사회적·경제적 지위를 강화하려 했다. 이것은 다시 주식가격을 떨어뜨림으로써 주주들에게 손실을 끼치는 사태가 빈번하게 발생했다.

주주들은 경영자들의 대리행위를 방지하기 위해 기업사회책임을 강조하고 그 핵심 내용으로 주주가치 극대화를 전면에 드러내기 시작했다. 이는 기업사회책임 경영 분위기의 확산으로 구체화된 '주주들의 반격'이 주주가치 경영이 잘 발달되어 있는 국가에서 더 큰 반향을 불러오게 된 사실에서 잘 증명된다. 이는 주주가치 극대화, 금융 유동성, 노동시장 유연화를 핵심 내용으로 하는 신자유주의적 사회경제모델이 심각한 정당성의 위기에 직면함과 동시에 신자유주의의 헤게모니가 크게 위축되고 있는 것에 대한 나름의 대응 결과라는 것을 의미한다. 이 점에서 최근 영미권에서 고조되고 있는 사회책임 제고 운동은 과거 종교 및 자선단체들이 주도했고, 기업이 사회공헌이나 기부 등을 포함한 중요한 의사결정권을 장악하고 있던 경영자모델 아래서 전개된 윤리적 책임 운동과는 질적으로 차원이 다른 것이다.

기업사회책임을 주주가치 극대화 경영으로 오인할 수 있는 또 다른 이유는 주주모델 자체의 딜레마에서 기인한다. 소유와 경영이 분리된 주식회사에서 주주들의 경영 감시에는 근본적인 한계가 있다. 소유와 경영 분리는 필연적으로 기업의 일상적인 활동이나 내부 정보에서 주주와 경영자 사이의 정보 비대칭을 초래한다. 따라서 주주들에 의한 경영 감시와 견제는 한계가 있을 수밖에 없다. 또 기업 주인이 주주이고 주주만이 리스크를 부담하기 때문에 주주만이 잔여청구권을 가져야 한다는 것도, 자본시장이 유동화되고 주주들의 위험회피exit가 가능해지면서 현실에 부합하지 않게 되었다. 따라서 경영자 책임의 범위와 내용도 점점 더 '주주들에 대한 책임'으로 축소되었다. 그 결과 주주가치 극대화를 추구하는 경영자 책임이 곧 기업사회책임을 다하는 것이라는 식의 오해와 주장이 가능해진 것이다.

기업사회책임과 지배구조

기업사회책임에 대한 관점들

먼저 법학에서 논의하는 기업사회책임은 주로 경영자의 수탁자 범위에 대한 것이다. 이에 관해서는 도드와 벌리 간 논쟁이 대표적이다. 도드는 경영자를 주주의 대리인이 아니라 기업의 대리인으로 보며, 경영자는 주주를 넘어 다양한 구성원을 도울 수 있는 여지를 가져야 한다고 본다. 반면 벌리는 경영자의 권력 남용이 우려되므로 경영자는 주주에 대해 엄격한 책임을 부담해야 하며, 이를 위해 법원이 주주의 이익에 적극적으로 관여해야 한다고 본다.

우리나라의 상법상 논의를 보면 대다수의 학자들은 기업사회책임을 법적 개념으로 받아들이거나 회사법에 명문으로 일반 규정화하는 데 소극적인 태도를 취한다. 그래서 기업사회책임이 명확히 정립된 개념도 아니며, 입법상 표현된 개념도 아니라고 하면서, 주로 축적된 부의 사회적 환원 의미로 사용하고 법률적으로 강제하는 것에는 반대한다. 반면 적극적인 입장에서는 기업사회책임에 대해, 주식회사의 이사는 경영상의 결정을 함에 있어 주주의 이익 추구뿐 아니라 회사와 관련된 이해관계자의 이익도 균형 있게 고려해야 하며, 주식회사는 공공, 환경, 그리고 사회적 요구에 따르고, 종업원과 고객과 지역사회를 주주 못지않게 대우해야 한다고 요구한다. 아직까지 기업사회책임에 대한 명확한 법 규정은 없다. 그러나 기업의 사회에 대한 영향력을 고려하여 사회 구성원으로서의 역할을 부담 지우기 위한 논의는 여전히 진행 중이다.

경제학에서는 많은 경제학자들이 기업사회책임을 부정하고는 있지만, 기업의 존속이나 명성의 유지를 위한 활동을 기업사회책임으로 보는 입장이 지배적이다. 특히 기업사회책임에 대한 논의에서 가장 많이 인용되는 아치 캐럴Archie Carroll은 기업사회책임을 '경제적, 법적, 윤리적, 인도적 책임'으로 구분한다. 경제적 책임이란 "사회가 원하는 재화와 용역을 생산할 책임과 이윤을 남기고 이를 판매할 책임", "그 과정에서 받아들일 수 있는 이윤을 남기는 것"으로 정의하며 그 핵심은 이윤 극대화에 있다. 인도적 책임의 경우 자선 활동과 자원 활동을 말하는 것으로 기업이 운영되고 있는 지역사회나 교육·예술 분야 같은 곳에 하는 인도적 지원을 말한다. 그러나 캐럴이 말하는 경제적 책임은 이윤 창출에 도움이 되지 않거나 이윤을 저해하는 생산과 판매에 대해서는 책임을 다하지 않을 수도 있음을 의미하며, 따라서 인도적 책임도 반드시 실천해야 하는 의무가 아닌 불완전한 의무가 되어버린다.

다음으로 경영학에서는 기업사회책임을 기업의 다양한 이해관계자들 속에서 종업원, 노동조합, 주주, 공급 업자, 배급 업자, 지역사회, 정부 등의 요구를 조정하는 활동으로 이해한다. 그러나 기업사회책임과 관련된 기존의 많은 연구들은 이런 활동이 기업가치 또는 기업 성과에 미치는 영향에 한정하여 분석한다. 즉 기업사회책임을 기업의 이익에 대해 유용한 전략적 경영 방식으로 여기거나 기업의 명성이나 브랜드가치에 긍정적인 역할로 제한하여, 실증적으로 기업의 이익에 도움이 되는 수단으로 파악한다.

경영학의 많은 연구에서 기업사회책임은 기업 성과에 영향을 미치는 다양한 요인으로서 정(+)의 관계가 있다고 분석한다. 따라서 기업은 재무적 성과, 마케팅 분야를 중심으로 한 소비자에게 미치는 영향, 조직 구성원의 태도 등 다양한 동기적 차원에서 기업사회책임을 장려한다. 그렇다면 경영학에서는 기업사회책임을 경영 목적이 아니라 경영 전략으로 본다는 한계를 가진다. 성과에 도움이 되지 않는다면 기업은 사회책임을 다하지 않을 것이기 때문이다.

법학, 경제학, 그리고 경영학 관점에서 드러나는 기업사회책임에 대한 공통적 인식은 기업사회책임을 기업 이윤과 관련하여 논의한다는 것이다. 기업사회책임을 다하는 것이 기업의 이윤추구와 상관성이 있는지, 법적 관점에서 합당한지, 따라서 단순히 기업 성과에 대한 수단으로서 하나의 경영 전략으로 간주할 수 있는지만 논의하는 것은 기업의 목적과 역할에 대한 잘못된 인식에서 출발하는 것이다.

더 중요한 문제는 기업이 인식하는 기업사회책임의 범주다. 기업의 일차적 책임은 생산에 협력한 구성원들에 대한 공정한 분배다. 그러나 이들 분야는 자선 활동이나 기부 같은 단편적 분배의 측면을 기업사회책임의 전부로 오해하고 있다. 구성원들은 노동, 투자, 자금 대여, 공급 등을 통해 기업의 성과에 직접적인 기여를 한다. 또한 이들은 사회와는 달리 기업의 분배에 직접적인 영향을 받으며, 기업 생산에 대한 협력으로부터 이들은 공정한 분배를 요구할 자격을 지닌다. 그리고 이는 모두 계약으로 체결된다. 그렇다면 분배적 정의의 관점으로 보아도 기업의 일차적 책임은 구성원들에 대한 분배에 있는 것이지, 사회에 대한 기부나 자선 행위에 있는 것은 아닐 것이다. 기부나 자선은 단지 사회 구성원으로서 기업에 요구되는 이차적 의무에 불과하다.

새로운 지배구조

주주모델의 입장에서 볼 때, 기업은 주주의 이익에 대해 일차적인 책임이 있기 때문에 기업의 목적 역시 주주의 이윤추구로 귀결되고, 따라서 기업사회책임 역시 그 수단으로 전락한다. 그러나 이해관계자모델에서는 이해관계자들에 대한 공정한 분배의 고려가 곧 기업의 일차적인 책임이 된다.

이해관계자들이 기업 성과에 주주보다 적은 기여를 했다고 볼 수 없다. 물론 정신적·육체적 노력도 다른 이해관계자들보다 주주가 더 많이 했다고 볼 수 없다. 생산은 주주 단독의 힘만으로는 가능하지도 않다. 주주, 노동자, 경영자, 중소 납품 업체, 소비자 등이 모두 각자 역할에 따른 기여분을 갖고 있다. 물론 그 기여분을 정확이 측정하는 데 어려움이 있지만 기업은 어떠한 형태로든지 정당한 분배를 해주어야 할 의무가 있으며, 이해관계자들은 기여한 만큼 분배를 받을 권리가 있다. 주주모델은 이런 당연한 사리事理를 외면하고 주주에 대한 과도한 배려에 치우치고 있다.

이해관계자모델에 따르면 기업사회책임은 명확하다. 그 책임은 단지 경영 전략의 한 요소로 기업의 이윤추구 수단으로서 자선 활동이나 기부를 하는 것이 아니라 경영과 생산에 협력한 이해관계자들에게 공정한 분배를 하는 것이다. 그 근거는 그들의 성과에 대한 기여, 생산에 대한 협력, 기업의 의사결정에 대한 영향 등이다. 그러나 현실에서 기업이 단지 기부나 자선 행위로 기업사회책임을 다한 것으로 치는 것은 주주모델에 기반을 둔 기업지배구조 때문이다. 주주모델에 따르는 기업지배구조에서는 기업사회책임이 기업의 경제논리에 의해 통제된다. 그리고 이해관계자에 대한 공정한 분배는 구조적으로 불가능해 기업의 제도적이며 궁극적 목적인 공정한 분배를 달성할 수 없다는 한계를 갖는다. 특히 재벌기업에서는 지배구조 특성상 기업사회책임이 재벌총수의 도덕적 의지에 의존할 수밖에 없는 구조다.

결국 기업지배구조의 변화 없이 기업이 사회책임을 다하기란 매우 어려운 환경이다. 그러나 기업의 사회책임에 대한 당위는 분명 기업의 이윤추구와는 독립적이다. 책임을 다한다고 하여 기업의 이윤을 감소시키는 것은 아니다. 분배적 정의는 이윤추구 이후 이루어지는 것이지, 이윤을 감소하면서까지 분배의 평등을 강요하지는 않기 때문이다.

생산의 과실을 성과에 기여한 구성원들에게 공평하게 분배하는 것은 분명 정의롭다. 그리고 이익을 극대화하는 것 역시 기업에는 합리적이다. 기업은 경제행위 주체이자 도덕적 행위자로서 합리적 이윤추구와 도덕적 행위 중 어느 하나만 선택하거나 버릴 수는 없다. 이해관계자모델에서는 기업의 목적과 역할을 협력에 참여한 이해관계자의 균형 있는 이익에 둔다. 그렇다고 해서 기업의 이윤추구 원리를 배제하거나 생산이나 성과 측면에서 주주모델보다 효율성이 미흡한 것도 아니다. 이해관계자모델은 기업사회책임으로서 경제적 목적과 윤리적 목적을 달성하기 위해 생각해볼 수 있는 하나의 대안이다. 이해관계자모델은 궁극적으로 분배의 공정성과 이익의 극대화를 가능하게 하는 지배구조를 지향하기 때문이다.

기업의 지배구조 변화는 기업사회책임을 다하기 위해서도 필요하다. 분명한 것은 현 지배구조에서는 기업사회책임이 지나치게 좁은 의미로 사용되고, 그것도 경제논리의 한 부분으로 다루어지고 있다는 점이다. 역할과 지위에 따른 책임이 지어지지 않는다면 권한도 박탈해야 한다. 그러므로 기업이 사회에 대한, 구성원에 대한 분배적 책임을 다하지 않는다면 현재 대부분 기업의 지배구조가 근거하고 있는 주주 이익 우선 원칙은 변경될 필요가 있다. 이해관계자들에 대한 기업의 분배적 책임은 이해관계자들이 요구할 수 있는 정당한 권리이고, 기업은 그 목적을 위해 탄생되었고, 보호되고, 경영된다는 것을 반드시 염두에 두어야 할 것이다.

이해관계자모델에서, 이사회 구성에 대해 이해관계자들이 참여를 요구할 수 있는 정당성은 기업의 생산과 성과에 대한 협력 조건에 있다. 생산에 대한 협력 조건에는 이해관계자들이 공정한 분배를 요구할 자격뿐 아니라 성과와 기여분만큼의 지분을 요구할 수 있는 절차가 보장되어야 한다. 게다가 주주들의 주식 소유권은 기업 소유권으로 연결되는 것이 아니기에 주주들 대표만이라도 기업의 의사결정을 할 수 있는 권리도 없으며, 소유권이 경영권을 보장하지도 않는다.

그렇다고 해서 이해관계자들이 기업의 소유권자라고 주장하는 것은 아니다. 소유권을 바탕으로 경영권이 도출되는 것이 아니고, 기업 경영 의사결정이 주주를 포함한 모든 이해관계자들에게 영향을 미친다는 것을 고려하면, 기업 경영과 성과에 협력하고 기여한 이해관계자들도 경영에 대한 참여권을 가져야 한다는 것을 의미한다. 기업의 의사결정이 노동자들에게 영향을 주는 만큼 다른 이해관계자들에게도 영향을 준다. 그리고 노동자들이 기업의 생산에 협력하는 만큼 다른 이해관계자들도 협력한다 것을 부인할 수는 없다. 따라서 노동자들이 기업의 의사결정에 참여할 수 있는 자격을 갖는 만큼 다른 이해관계자들도 동일한 자격을 갖는다고 할 수 있다.

새로운 지배구조와 분배적 정의 실현

대부분의 기업들은 기업사회책임을 단순한 자선 활동이나 불우이웃 돕기 수준의 기부행위로 인식하고 정작 기업 내부의 이해관계자에 대한 분배는 무관심하다. 더구나 그런 좁은 의미의 기업사회책임마저도 기업은 기업가치와의 관련 속에서 전략적으로 판단하여 행위한다. 책임이 윤리적 판단에 의해서가 아니라 이해관계에 의해서 이루어지고 있는 것이다.

이런 인식은 주주모델에 근거하기 때문이다. 주주모델은 기업사회책임에 대한 비용이 곧 주주의 손실로 연결되기 때문에 이는 경영자의 고용주에 대한 신의성실의 원칙을 위반하는 것이며, 이는 주주의 대리인으로서 경영자의 역할을 넘어선 것이라고 말한다. 기업은 정부에 세금을 납부함으로써 책임을 다한 것이고 분배의 역할은 기업이 아닌 정부에 있다고 말한다. 그러나 세금은 이해관계자에게 직접 분배하는 것이 아니라 정부에 지불하는 것으로 전혀 다른 성격의 의무다. 그리고 정부가 현재 기업이 내는 세금으로 사회복지를 통해 분배의 평등을 이루는 것에는 한계가 있다. 정부의 분배는 원천적 분배가 불평등한 경우 이를 교정하기 위한 방법으로서의 재분배다.

따라서 정부의 재분배는 일차적으로 기업의 이해관계자에 대한 분배가 공정하게 이루어지고 난 뒤 이에 해당하지 않는 빈곤층에게 돌아가야 하는 것이다. 그렇다고 하여 정부가 기업의 의사결정에 직접 개입하여 분배를 결정하는 것은 지나친 규제일 것이다. 자칫 정부의 기업통제와 같은 규제는 생산의 효율성을 저해하고, 이들 집단의 자발성을 침해한다. 이는 프리드먼이 지적한 것처럼 사회주의나 전체주의체제 안에서 가능한 일이지, 정치와 경제제도에 민주적 절차를 도입한 지금의 체제와는 전혀 적합하지 않다.

분배의 갈등에 대해 정부는 기업 구성원 간의 공평한 분배를 위한 분위기를 조성해 그들 스스로가 해결하도록 하는 역할을 담당해야 한다. 만약 기업이 정부에게 그 책임을 미룬다면, 그것은 기업의 목적을 정부에게 전가하는 것이므로 정부가 기업의 모든 의사결정에 개입할 여지를 주는 것이며, 이는 기업 자신의 역할을 다하지 않은 무책임한 행동에 기인하는 것이다.

이해관계자모델에서는 기업의 중요 의사결정 주체인 이사회가 각

이해관계자집단 대표에 의해 구성되고 통제된다. 이해관계자집단 대표들은 각각 자기 집단에 대한 책임이 있다. 기업은 기업 가치 중 이해관계자들의 가치를 결정하고 분배하는 것을 그들과 논의하고, 그들에게 설명해야 한다. 따라서 이사회가 이해관계자 모두에 의해 구성된다면 각 대표들은 자신이 대표하는 집단의 이익이 공정하게 고려되었는지를 감시하고 제안하는 역할을 수행할 것이다. 만약 특정 집단에 과도하게 높은 분배가 결정된다면 이는 다른 집단의 이사들에 의해 의결되지 않을 가능성이 높다.

또한 모든 이해관계자들의 분배도 동일한 수준으로 결정되지 않을 것이다. 분명 기업의 생산구조에서 특정 이해관계자 집단의 기여는 다른 집단의 기여보다 분명히 높다. 만약 기여가 높은 집단에게 그만큼의 분배를 하지 않게 되면 그것은 분배적 정의에 위배될 뿐 아니라 그들은 협력에 대한 의무를 다할 동기를 상실하고, 따라서 그 의무에 대한 어떤 정당한 요구도 할 수 없다. 혹은 생산과정에 참여하지 않거나 다른 방식으로 마찰을 빚을 수도 있다. 이는 모든 이해관계자들의 분배의 원천이 되는 기업 성과와 연결되고 자신들에게 돌아올 분배의 축소를 의미하므로 공정한 차등의 분배가 이해관계자모델의 이사회에서도 충분히 가능하리라 생각한다.

물론 일부에서는 기여의 정확한 측정이 불가능하여 이해관계자모델에서도 분배의 공평성이 보장될 수 없을 것이라고 말한다. 그러나 이해관계자모델에서 균형 있는 분배가 기여에 따라 달라야 한다는 의미는, 단지 기업의 이윤을 기여에 따라 '정확히' 분배해야 한다는 의미는 아니다. 중요한 점은 기여 정도가 달라도 그들은 분명 기업의 생산 활동에 참여하고 수익에 기여했다는 것이고, 이해관계자 이사회는 서로간의 기여와 협력을 인정하고 그에 맞는 합당한 분배 결정을 내리는 것이다. 즉 서로가 서로에게 받아들일 수 있는 분배를 제시하고, 그 제시가 합리적이고 합당하다면 이해관계자 이사회는 합의할 것이다. 이해관계자 이사회의 분배 의사결정에 대한 합의는 결국 분배의 공정성도 보장하며, 서로가 그 분배 조건에 만족한 것이므로 합리적 분배이기도 하다.

따라서 이들의 기업의 분배에 관한 의사결정참여 권리는 보장되어야 하고, 이들의 참여는 지금과 같은 분배적 불평등을 해소할 수 있는 가장 합당하고 민주적인 대안이 될 수 있다. 현재 경영진과 일반 직원들, 정규직과 비정규직, 남성과 여성, 원청업체와 하청업체 간의 분배 불평등이 일부 집단의 이익을 위한 기업지배구조에 의해 발생되었다면, 그들이 직접 자신의 정당한 요구를 할 수 있도록 이사회 구성 참여를 통해 불평등한 분배구조를 수정할 수 있다는 데 중요한 의의가 있다. 이것이 이해관계자모델이 지향하는 바이며, 기업사회 책임으로서 분배 역할을 가능하게 하는 구조적 대안일 것이다.

＼ 대안 체제 모색

신자유주의와 대안의 모색

위기의 세계화

신자유주의의 시장만능주의의 바탕에는 극단적 개체주의 성향이 자리 잡고 있다. 신자유주의에서 사회는 없다. 민족과 국가도 궁극적인 가치는 아니다. 오로지 경제적 경쟁력 있는 개인과 기업만이 중요하다. 하지만 인간은 사회성이 없는 원자적 개인이 아니다. 사유재산이라는 것도 따지고 보면 사회 전체의 작동 체계를 통해 축적된 것이다. 즉 사유재산은 사회성의 산물이다. 재산은 인간이 사회적 존재로서 협동적 활동에 의해서 생산된 것이다. 신자유주의는 이런 사유재산권과 개인의 사회성을 간과한다. 이렇게 되면 정치사회 공동체의 전체적인 이익을 고려하지 못하게 된다.

신자유주의의 만능 해결사인 시장의 논리는 국가뿐만 아니라 자유로운 경제행위를 위한 간섭과 제재를 하는 모든 실체를 부정하는 방향으로 나아간다. 개인과 기업이 합리적 존재이므로 다른 어떤 실체도 필요치 않다. 과연 개인과 기업, 또 이들의 활동 무대인 시장이 완전한 자생성과 합리성에 기반해 운용된다고 볼 수 있을까? 현시점에서도 자본주의의 불안정성에 따른 문제는 계속 드러나고 있다.

대표적인 시장주의자라고 할 수 있는 조지 소로스George Soros는 최근의 세계자본주의를 '위기의 시대'라고 한다. 그는 위기의 핵심적 원인으로 시장체제의 결함을 지적한다. 금융시장은 근본적인 불안정성을 지니고 있어서 합리적으로 통제하기가 불가능하다는 주장이다. 소로스의 이런 주장은 하이에크의 '이론적' 자생적 질서가 작금의 시장체제에서 '현실적'으로 적용되지 않는다는 것을 증명해 주는 것이다. 어떤 간섭과 통제도 없는 순수한 자생적 질서는 현실세계에서 불가능하다. 하이에크는 정부의 시장에 대한 간섭은 충분하지도 못한 정보나 능력으로 시장의 자생적 질서를 수정하려는 시도이기 때문에 이를 '치명적 자만The Fatal Conceit'이라고 했지만, 오히려 불안정한 시장체제를 두고 위험 사태를 대비하려는 안전장치를 마련하지 않는 것이야말로 치명적 자만이다.

신자유주의의 경제주의적 발상은 정치적 가치와 사회의 각종 다른 가치를 무시한다. 경제주의에 입각한 발상은 정치적 가치와 행정적 가치, 사회적 가치에 입각한 판단을 비경제적이라고 비판하고 경제적 효율성을 경쟁의 최고 기준으로 하고 있는 '세계 경제전쟁 체제'에 부적절하다고 한다. 사실 각국의 신자유주의적 정부혁신은 정부를 세계적 경제전쟁에 적절한 '전시체제'로 전환시켰다. 정치논리와 행정논리는 비효율적인 것으로 치부된다. 경제주의의 심화는 민주주의와 공익 추구라는 민주주의 국가의 최고 이념을 저해한다. 경제주의는 경제논리를 국가의 핵심적 운영 방침으로 삼고자 하는 주장이다. 이럴 경우 필연적으로 경제논리 이외의 가치들 특히 민주주의, 규범과 도덕, 복지, 공익 등의 이념이 소홀히 다루어지게 마련이다.

신자유주의가 민주주의를 저해하게 된 핵심적 요인은 신자유주의 시장원리가 사회적 불평등을 초래하고 있기 때문이다. 사회적 불평등은 시민들 저항을 불러일으키게 되고 민주적 참정권에 의해서 사회적 불평등을 해소하려는 노력을 하게 된다. 신자유주의자들은 이와 같은 민주주의 원리에 의한 사회적 불평등 해소 노력은 시장원리를 저해하고 시장은 위축되어 경쟁 체제에서 도태되게 될 것이라고 주장한다.

그러나 신자유주의의 심화는 공동체적 가치를 침해하고 경제성 이외의 가치를 도외시함으로써 민주성에 치명적인 타격을 입힌다. 결국 개도국에서의 신자유주의 구조조정의 문제점은 '자유화의 역설'로 압축된다. 경제자유화로서 구조조정과 민영화는 기업가정신을 자극하고 국가의 재정적 행정적 부담을 덜겠다는 명분에서 출발했지만, 민영화 과정에서의 정경유착과 부패로 인해 민영화의 공정을 꾀하려던 애초의 의도가 실현되지 못하는 현실을 보여준다. 또한 무엇보다도 주목해야 할 문제점은 신자유주의 구조조정이 권위주의체제로부터 획득한 형식적 수준의 '1인 1표주의'를 실질적 수준의 '1인 1 표주의'로 심화시키기보다는, 역으로 사회적 양극화를 심화시키면 서 '1달러 1표주의'로의 퇴행을 촉진하고 있다. 신자유주의의 경제주 의적 이데올로기가 세계화되고 있는 차원을 고려한다면 민주주의의 침해 문제는 세계적 차원의 문제다.

신자유주의에 의한 민주주의 침해에 대하여 하버마스는 지배구조 governance라는 해법을 제시한다. 민주주의의 핵심은 하버마스가 주 장하는 바와 같이 모든 이해관계자들이 의사결정에 참여해야 하고, 자유롭고 평등하며 용이한 방식으로 주제의 제한 없이 산출이 수정 될 수 있도록 상호작용을 할 수 있어야 한다. 전통적인 통치수단이 효력을 상실하게 되고 그 대안으로 지배구조를 논의하게 된 것이다.

바야흐로 경제의 세계화에 맞서는 정치적 세계화를 논의해야 할 시기가 되었다. 사실 지구적 차원의 자본은 국민국가적 통제방식으 로 역부족이다. 헤지펀드들에게는 조국도, 민족도, 시민도, 국민도 없다. 경제적 이윤을 위해서는 국민경제 정도는 쉽게 붕괴시킬 수 있 다. 경제주의만이 그들의 유일한 이데올로기다. 세계는 이들을 민주 논리로 규제하기는커녕 오히려 이들의 활동을 더욱 자유롭게 하는 방향으로 제도를 고쳐나가고 있다. 이들 세계적 차원의 금융회사들 은 극소수 부자들의 이익을 대변할 뿐이다.

금융자본은 그 자체가 세계화됐을 뿐만 아니라 기술·생산 요소의 세계적 이동을 이끈 세계화의 '일등공신'이다. 미국을 중심으로 선진 경제 블록이 금융시장 개방을 강하게 추진했다. 자본의 적절한 배분이 시장 효율성을 키우고 세계경제 발전에 이바지한다는 명분론을 내세웠지만, 이 부문의 경쟁력에 바탕한 이윤추구 동기 때문이다. 이렇게 통제되지 않은 투자 붐은 미국 주택시장의 금융 부실을 키웠다. 쉽게 갖다 쓰는 '이지머니'가 주택경기를 한창 띄웠다가 거품이 꺼지는 바람에, 미국은 물론 세계경제에 부담을 주는 사태로까지 발전했다. 미국 경제는 이 와중에 값싼 돈과 달러 헤게모니, 신흥개발국들의 미국채권 구매로 윤기가 흘렀다.

그런데 미국에서부터 경색이 일어나 금융자본의 총본산인 월가가 많은 적자에 휘청이고 있다. 문제는 고통스런 조정의 부담을 미국뿐만 아니라 다른 나라들도 함께 짊어져야 한다는 점이다. 금융자본이 주도한 세계화는 정치적 사회적 반발도 불렀다. 투자은행, 헤지펀드, 사모펀드의 기업사냥과 각국의 규제완화에 힘입어 노동-자본의 이익 배분율은 노동 쪽에 가장 불리한 상태로 가고 있다. 경제주권을 염려하는 쪽의 불만도 커졌다. 세계화는 '위기의 세계화'도 뜻한다.

지금은 미국이 많은 문제가 있다

신자유주의로의 역사적 진행 과정은 18세기 근대 자본주의의 발흥과 함께 '보이지 않는 손'이 완전경쟁시장을 유도하고 자원배분의 최적화를 이끌 것이라는 자유방임주의가 확산되면서 시작된다. 그러나 세계 대공황을 전후해 시장의 신화는 맥없이 허물어지고 시장의 실패의 대안으로서 국가주의 패러다임이 형성되기 시작한다. 보이지 않는 손이 보이는 손으로 대체된 것이다. 1930년대 이후 1970년대 중반까지는 시장배제적이냐, 시장포용적이냐의 차이가 존재했을 뿐 국가의 역할이 강조되었다.

그러나 1970년대 중반을 거치면서 케인스주의적 국가개입의 논리가 비효율과 함께 국가의 실패를 보여주는 증후가 노정된다. 이에 대한 반작용으로서 시장근본주의적 신자유주의의 물결이 세계화와 함께 진행되었다. 특히, 외환위기를 동반한 경제위기를 경험하게 되는 개도국들에게로 신자유주의의 정책적 투사력이 확대되었다. 그런데 2008년 글로벌 금융위기 이후 다시금 새로운 해결책의 과제를 부여하고 있다. 2008년 세계 금융위기는 국가의 역할을 강조하는 방식으로 위기의 수습이 진행되었고, 조기에 이루어진 미국 정부를 비롯한 각국 정부의 결정에 따른 대규모 공적자금의 투입으로 해결의 실마리를 찾아 나아갔다. 은행을 정상화시키거나 문제된 부채를 상환하는 조치 등 비용을 줄이고 경제에 대한 충격을 최소화시키려는 조치를 취했었다.

세계경제의 장기적 전망은 무엇일까? 아직도 끝나지 않는 위기의 결과를 예단하는 것은 위험하다. 그러나 분명한 것은 신자유주의적 세계화의 방향은 바뀔 것이라는 것이다. 지난 20여 년 동안 세계경제의 점진적 통합은 이른바 신자유주의로 명명된 자유시장 자본주의라는 앵글로색슨 브랜드의 지적 경향과 일치했고, 미국이 선도적 역할을 담당했다고 볼 수 있다. 무역과 자본이동의 자유화 그리고 국내산업과 금융산업의 개방 및 규제완화를 통해 세계화는 더욱 촉진되었다.

전체적으로 세계적 통합화의 흐름은 정부에 대한 시장의 승리로 비쳐졌다. 그러나 현재 이러한 과정은 세 가지 중요한 방향에서 역전되고 있다.

첫째, 서구중심적 금융시스템에 대한 재조절이 필요하다는 것이다. 최소한 자유롭게 국경을 넘나드는 파생금융상품 부문에 대한 규제의 틀이 마련되었고, 앞으로도 마련될 것이다. 자본에 대한 규제를 통해 금융시스템의 정상화를 도모했고, 앞으로도 도모할 것이다. 일례로 미국 정부는 2008년의 금융위기에서 1930년대 이래 가장 적극적인 국가개입 정책을 추진했다.

둘째, 국가와 시장 간의 균형은 금융 이외의 다른 부문에서도 변화하고 있다. 여러 나라에서 최근의 몇 년 동안 중요한 충격이 상품의 가격을 앙등시켰다. 2007년 말과 2008년 초에 발생한 식품가격 폭등은 거의 30여 국가에서 폭동을 야기했다. 그에 따라 각국 정부는 개입의 범위를 넓혔다. 이를테면 보조금을 늘리고, 물가를 관리하고, 주요 품목의 수출을 제한했는데, 인도에서는 미래의 수출도 제한했다.

셋째, 미국이 경제적 영향력이나 권위를 상실하고 있다는 점이다. 새로 부상하는 경제단위가 세계무역의 방향성을 제시함에 따라 향후 나타날 금융체제의 양태에 많은 영향을 미칠 것이다. 특히 중국과 같은 자본이 풍부한 채권국의 영향력 강화는 분명하게 나타나고 있다. 서구 경제의 비중은 점차 약화되고 있다. 중국의 부총리인 왕치산王岐山이 미국과의 회담에서 "지금은 선생님(미국)이 많은 문제가 있다"고 한 발언(《이코노미스트The Economist》 2008. 11. 18)은 시사하는 바가 매우 크다.

대안의 모색

최후로 남은 나무가 죽고 최후로 남은 강이 오염되고 최후로 남은 물고기가 잡혀버려야 우리는 깨닫게 될 것이다. 돈을 먹을 수는 없다는 것을.
— 아메리칸 인디언 속담

지구가 정말 인디언 속담처럼 "최후로 남은 나무가 죽고 최후로 남은 강이 오염되고 최후로 남은 물고기가 잡혀버릴 지경"이 될 정도의 생태 위기에 빠진다면 그깟 먹지도 못하는 돈 타령을 하는 것은 비현실적이다. 마찬가지로 인간을 인간답게 해주는 사회가 깨어지고 인간의 고통과 불평이 그런 정도로 커지는데 '돈이 안 되어', 또는 '돈이 없어서' 개입할 수 없다고 말하는 것은 매우 비현실적인 이야기일 수 있다. 신자유주의의 옹호자들이 '돈이 안 되어' 복지나 양극화 해소, 비정규직의 정규직화가 안 된다고 말한다면, 우리는 반대로 설사 돈이 안 될지라도 인간의 고통, 공동체의 해체, 정신적 타락 때문에 신자유주의는 안 된다고 말할 수 있다.

결국 무엇이 '현실적'인가에 대한 단 하나의 해석은 존재하지 않는다. 우리 시대에 신자유주의의 '대안'을 묻는 사람들은 '시장의 논리'에 대한 이야기에 설득되어 마가렛 대처의 주장대로 신자유주의 외에는 대안이 없는 것은 아닌가라는 의구심 때문에 '대안'을 묻는다.

그들은 신자유주의적이지 않은 대안을 제시하면 '비현실적'인 것으로 치부해 버리기도 한다. 그러나 '현실적'인 것에 대한 신자유주의적 해석은 돈이라는 특정한 가치, 그리고 채무는 청산되어야 한다는 요구가 우선시될 때에만 가능하다. 이런 요구를 무시하는 비신자유주의적 대안들이 비현실적으로 보이는 까닭은, 돈＝자본에 의해 지구 정치경제, 사회구조, 의식 등이 지배당하고 그 결과 구조적으로 돈과 채무청산 요구가 최우선시되는 압력이 형성되기 때문이다. 그러나 이러한 구조가 변형되고 따라서 신자유주의적 가치와 관점에서 벗어날 수 있다면 신자유주의야말로 가장 비현실적인 대안이 되고 다른 대안들은 현실적인 대안이 된다.

그러나 어떤 사람들은 여전히 '효율적 성장모델'과 같은 것이 제시되지 않는다면 그것은 대안이 아니며 따라서 사회를 변화시킬 수 없다는 식으로 생각할 것이다. 신자유주의 이외에 대안이 있다고 믿는 사람들의 많은 수(특히 경제학 전공자들)도 이러한 생각을 가지고 있다. 그러나 '효율적 성장모델'을 내놓겠다는 이들은 다음과 같은 것을 놓치고 있다.

첫째, 그들은 이른바 '효율적 성장모델'이란 그 자체로 매우 이데올로기적인 개념, 사실상 신자유주의로부터 크게 벗어나지 않은 개념이라는 것을 놓치고 있다. 더구나 무엇이 효율적인 것이냐에 대해서도 성장 이외에도 매우 다양한 기준이 존재하기 때문에 일률적으로 재단할 수 없다.

둘째, 그들은 어떠한 이의도 없이 기존의 성장모델보다 효율적인 것으로 판명되는 대안적 성장모델이 처음부터 제시될 수 없다는 것을 놓치고 있다. 기존 모델에 대한 대안적 모델은 그것이 제안되는 바로 그 시점까지 그러한 대안이 실현될 곳에서는 결코 완전히 실현된 적이 없게 마련이다. 따라서 설사 기존의 모델이 파탄이 날지라도 대안적 모델에 대한 의혹이 결코 사라지지 않는 게 보통이다. 더구나 그러한 모델은 오히려 오랜 세월에 걸쳐 국지적 맥락에 맞추어 만들어진 기존의 모델보다 비효율적이기 십상이다.

우리가 흔히 간과하는 것은 그 어떤 모델도 처음부터 효율적이지 않다는 것이다. 심지어 그것이 모델이 아니라 '진리'이어도 그렇다. 예를 들면 코페르니쿠스의 지동설은 처음에 클라우디오 프톨레마이오스Claudios Ptolemaeos의 천동설보다 예측력이 떨어졌다. 이는 이상한 것이 아니라 당연한 것이다. 초기의 모델과 성숙한 모델을 어떻게 비교하는가? 어떤 모델도 처음에는 예전의 모델보다 효율성이 떨어진다. 효율성은 시간이 지나면서 시행착오와 학습, 개선, 발전을 통해 얻어지는 것이다. 또한 사회체제의 경우에는 사회적 국제적 환경 속에서의 적응 등도 필요하다. 그런데 방향이 올바른데도 효율적이지 않다고 그 대안을 거부하는 것이 정당한가? 설사 다른 나라에서 성공한 모델이라도 바로 이곳에서 바로 성공할 것이라는 보장은 존재하지 않는다. '효율적 성장모델'이란 정책 전문가 몇몇이 만들 수 있는 것이 아니다.

따라서 대안적 성장모델이 효율적이 될 수 있다면 그것은 기존의 모델을 대체하고 난 후 여러 제도와 정책들이 구체적인 역사적, 지리적 맥락에 맞게 학습과 조정이 이뤄진 결과로만 그럴 수 있다. 그렇기 때문에 '효율적인 성장모델'을 먼저 만들어 놓는 것이 변화의 선행 조건이라면 어떠한 사회도 변화할 수 없을 것이다. 사실 기존의 모델도 대단히 효율적이라서 채택된 것이 아니라 권력관계의 변형 속에서 형성되고 살아남은 것일 뿐이다. 효율적 성장모델 같은 것이 있다고 하더라도 그것을 단순히 정책을 집행하거나 제도를 도입함으로써 운영할 수 있다고 생각하는 것은 매우 순진한 생각이다. 왜냐하면 정책이나 제도는 스스로 작동하지 않기 때문이다.

대안모델의 실행을 가능하게 하는 믿음이 기존의 모델이 사용하는 것과 동일한 논리와 언어로부터 나오기 어렵다는 것은 명약관화하다. 우리가 효율적인 대안 성장모델을 찾기 어려운 까닭은 상당 부분 그것이 기존의 모델과 동일한 논리와 언어에 기초하고 있기 때문이다. 동일한 논리와 언어(예를 들면, '효율', '성장'이라는 용어, 또는 그러한 용어들에 대해 기존의 개념과 동일한 정의를 부여하는 경우)를 사용해 기존의 모델과 경쟁하는 것은 이미 시작부터 지는 게임을 하고 있는 것이다. (미래의) '현실적'인 것은 (현재의) '현실'과 무관하다.

신자유주의는 금융자본 주도하에 금융화를 통한 재산권 극대화에 초점을 두고 자본주의의 구체적 제도와 관행을 마련한 다양한 방식중의 하나일 뿐이다. 이렇게 볼 때 다른 문화, 다른 가치, 다른 제도, 다른 세력 관계에 기초한 다른 정치경제적 대안은 실제로도 존재해왔을 뿐 아니라 충분히 새롭게 모색될 수도 있다. 그리고 이러한 문화, 가치, 제도, 세력에 기초한 모델은 그것이 본래부터 근본적으로 모순된 것이거나 환경과 전혀 부합하지 않는 것이 아닌 한 시행착오와 학습, 그리고 환경에 대한 적응을 거쳐 '효율화'될 수 있다.

앞에서 말했지만 어떠한 대안도 처음부터 효율적일 수 없다. 그것은 학습과 적응의 결과로 진화하고 발전하는 것이다. 정책이나 제도는 보다 폭 넓은 관계 속에서만 의미를 가진다. 예를 들면 국가개입은 그 자체로 선이나 악이 아니다. 그것을 선이나 악으로 만드는 것은 그것이 위치한 역사적 사회적 맥락이다. 이러한 역사적 사회적 맥락을 떠난 보편적인 모델은 존재하지 않는다. 따라서 그러한 모델을 미리 '완성'해 놓는 것은 불가능하다. 따라서 비록 특수한 하나의 지점에서 시작하지만 결국 전체적으로도 정치경제적 틀을 규정할 수 있는 대안들은 무수하게 많으며, 그러한 대안들은 시행착오, 학습, 적응, 맥락화 등을 거쳐 매우 훌륭한 정치경제적 질서로 발전할 수 있다. 사실 대안이 없는 것이 문제가 아니다. 대안이 없는 게 문제라는 생각 자체가 신자유주의적 경제 권력에 지배당한 결과이다. 그것은 대처가 만들어낸 환상일 뿐이다.

사실 대안은 너무나 많고 필요하면 언제든 만들 수 있다. 그리고 너무나 문제가 뻔한데 대단히 새로운 결론과 대안이 필요한 것도 아니다. 양극화, 비정규직, 부동산, 교육 등의 문제들을 몰라서 그리고 대안이 없어서 해결을 못하는 것이 아니다. 문제는 해결할 의지와 힘이 없는 것이다. 현재의 신자유주의 경제 권력을 교체할 수 있는 대안들의 핵심 원리로 민주적 가치와 공동체적 가치 등을 우선시하는 실질적 경제민주주의와 책임자본주의가 제시되어야 한다.

대안 체제로서의 이해관계자모델

지배구조의 정치경제학

1997년 IMF 구제금융 이후 한국에서 기업지배구조의 중요성이 갈수록 부각되고 있다. 현재 정치적으로 중요한 많은 쟁점들이 기업지배구조와 직접 간접적으로 연관되어 있다. 그 예로서 재벌의 편법 상속, 분식회계, 경영권 분쟁, 정치자금 제공, 해외 투기 자본의 국내 기업 인수 시도, 산업-금융 자본 관계(금융산업의 구조 개선에 관한 법률: 금산법), 순환출자금지(독점규제법), 기업사회책임, 노동조합의 경영 참여 등을 들 수 있다. 그럼에도 불구하고 기업지배구조에 관한 연구는 경제학, 경영학, 법학에 치중되어 있다. 기업지배구조의 정치(학)에 대한 이해는 아주 제한적이다.

법학이나 정치학, 사회학이 기업지배구조에 대한 이론적 검토를 하지 않은 이유는, 경제학과 경영학에서 주류 이론으로 간주되어온 주주모델을 비판 없이 수용한 데 있다고 할 수 있다. 주주모델은 기업의 목적을 이윤 극대화라는 경제적 목적으로 한정함으로써 기업의 정치사회적 기능과 역할을 간과한다. 주주모델은 기업지배구조를 이사회 내부의 문제로 간주한다. 이 모델에서 정치는 기껏해야 이사회에서 주주와 경영자가 경영권을 둘러싸고 경쟁하는 '이사회 정치'에 불과하다. 그러나 기업은 사회와 국가 속에서 존재하고 활동한다. 기업의 지배구조는 기업 내부의 주주, 경영자, 이사회(이사), 종업원뿐만 아니라 기업 외부의 이해관계자들인 채권자, 소비자, 공급자, 정부, 시민의 영향을 받는다. 또한 이들 행위자 사이의 상호 관계 그리고 이를 바탕으로 형성된 제도는 경제적인 이윤뿐만 아니라 정치적 권력에도 영향을 받는다. 행위자의 성격과 제도를 총체적으로 파악하는 데는 기업 내부만을 분석하는 주주모델보다 기업의 외부에 존재하는 행위자들까지 총체적으로 포괄하는 이해관계자모델이 더 적합하다.

체제 모색의 전환기

한국은 지금 시대착오적인 재벌 체제를 개혁하고 새로운 유형의 정치경제 체제를 도입해야 하는 기로에 서 있다. 무엇보다 재벌총수의 전횡을 제어하고 기업 경영의 투명성을 제고하면서 신자유주의도 아시아적 연고주의도 아닌 이해관계자 개념을 도입할 수 있을까 하는 문제가 재벌개혁의 핵심적 관건이다. 재벌총수의 1인 지배 체제는 마땅히 해체되어야 하지만, 서방국가들에 비해 기관투자자들의 주식 소유 비율이 현저히 낮은 한국 실정에서 투자 패턴을 자본시장 중심으로 이전하는 것은 현명한 일이 되지 못할 것이다. 이 점에서 주주행동주의에 입각한 소수주주 권한 강화와 같은 기업 감시 방안은 주주모델의 맥락을 벗어나지 못한다. 그간 서유럽 국가들이 종업원의 영향력 행사를 위해 취했던 방식인 종업원지주제 등도 주식 소유를 영향력의 핵심 자원으로 간주한다는 점에서 종래의 주주모델의 근본 정신에서 벗어나지 않을 뿐만 아니라, 종업원과 주주 이외의 여타 이해관계자의 참여를 배제한다는 문제를 지닌다. 스톡옵션 제도를 도입하거나 인수합병 시장을 활성화함으로 주주모델에 전형적으로 나타나는 대리인 문제는 해소할 수 있을지 모른다. 그러나 여기에서도 주주와 경영자 간의 담합으로 기업 안팎의 여타 이해관계자들의 이해가 배제되는 것은 소유경영자모델에서와 별다름이 없게 된다.

한국의 기업이 이해관계자의 제도적 유산이나 강력한 노동운동의 전통도 가지고 있지 않은 것은 사실이다. 그러나 소유 경영자가 주주뿐 아니라 은행이나 종업원 등 어떤 이해관계자로부터도 상당한 자율성을 향유해왔다는 점은, 한국의 선택이 반드시 주주모델에 경도될 필요는 없다는 것을 말해준다. 따라서 그동안 정부가 노동시장의 유연화를 강화하고 경영자 통제에 초점을 맞춘 주주(시장) 중심의 기업 감시 체제와 영미식 금융 개혁을 답습해온 것은 유감스러운 일이다. 1997년 외환위기 이후 한국의 금융 체제는 은행이 아닌 자본시장 중심으로 변화되었고, 외국자본의 한국 주식시장 지배가 급증하면서, 단기 수익을 노리는 포트폴리오 투자가 폭발적으로 증가하고 있다. 그러나 한국의 주식시장은 미국의 경우와 달리, 아직 때에 따라 유상증자가 왕성하게 이루어지는 발행시장의 역할을 담당하고 있다. 기업지배구조가 금융 유동성의 단기주의에 의해 전적으로 좌우되는 것은 아니다. 비록 외환위기 이후 은행의 투자 행태가 장기적 기업금융을 기피하며 단기적 유동성을 선호하는 것으로 바뀌었지만, 은행은 아직 기업에 관한 가장 많은 정보를 가지고 있는 한국 기업의 주 자금조달원이다. 더욱이 상대적으로 자본시장이 저발달되어 있는 상황에서 은행은, 민주화의 진행과 더불어 오랜 관치의 관행에서 벗어날수록, 기업을 위한 장기적 자본조달, 예컨대 기술 개발과 설비투자를 위한 중심적 역할을 수행할 수 있다.

한국의 정치적 유산, 특히 시민사회에 대한 정치의 압도적 우위의 전통과 한국 노동계급의 시민권이 1987년 이후 지속적으로 확대되어왔다는 점 등도 기업지배구조 개혁을 위해 긍정적으로 활용될 수 있다. 국가—자본의 오랜 유착이 정착시킨 지대추구 관행과 노동의 정치적 배제 등 정치적 대표 체계의 저발전 문제가 민주화와 더불어 일정하게 해소된다면 민주화가 국가 능력을 반드시 약화시킬 것이라는 가정은 오히려 성급하다. 이런 점에서 한국이 국가 우위의 발전국가모델에서 후퇴하고 있다고 하더라도 여전히 '시장의 규칙을 제정하고 이를 감시하는 감독자 및 규제자의 역할을 강화하는' 규제 국가의 양상을 보이고 있는 것은 어쩌면 다행한 일이다.

이해관계자 경영

앞에서 말했지만 기업사회책임이 주주가치 경영과 무관한 것이라면 기업사회책임의 핵심은 기업이 주주들뿐만 아니라 이해관계자들에 대해서도 책임이 있다는 데 있다. 특히 주주 중심 경영의 폐해가 드러나면서 기업이 지속적으로 성장하기 위해서는 단순하게 이윤을 추구하는 기업 경영이나 주주 중심의 경영만으로는 한계가 있다는 반성과 함께, 주주뿐만 아니라 노동자, 고객(소비자), 협력업체, 지역사회 등 기업과 관련된 모든 이해관계자들의 요구에도 부응할 수 있는 기업 경영이 필요하다는 인식이 높아졌다. 물론 이해관계자의 범위를 어떻게 보는가에 따라 이해관계자의 구성은 기업마다 다를 수밖에 없다. 그럼에도 일반적으로 이해관계자들은 기업 또는 기업조직의 목적에 영향을 주거나 역으로 영향을 받을 수 있는 이익집단으로 정의할 수 있으며, 여기에는 주주, 종업원, 채권자(금융기관), 소비자, 하청업자(공급자), 지역사회, 심지어 정부까지도 포함할 수 있다.

이해관계자 경영은 무엇보다도 주주들의 배타적 소유권에 대해 의문을 제기한다. 즉 법인기업은 공적 책임을 지닌 사회적 제도로서 주주로부터 독립하여 존재하는, 그 자체로서 자율적인 실체다. 특히 소유와 경영 혹은 통제의 분리로 인해 공개기업은 특정인이나 특정 집단의 소유 대상이라기보다는 회사 그 자체의 소유가 된다. 이는 주주에게 회사 재산의 어떤 부분에 대해서도 직접적인 소유권이 허용되지 않는다는 것을 의미한다. 주주는 단지 그들 주식에 대한 권리, 즉 기업이 창출한 잉여를 분배받을 권리를 가질 뿐이다. 주주만이 경영상의 위험을 진다는 것도 일면적이고 피상적인 주장이며, 공장폐쇄, 파산 등 기업의 생존과 관련된 문제들은 주주 못지않게 기업의 다른 이해관계자들에게도 중요하다. 실제로 주주는 분산투자를 통해 위험을 얼마든지 회피할 수 있지만, 종업원 등 다른 이해관계자들은 그렇지 못하다. 따라서 경영자는 주주뿐만 아니라 기업 내

여러 이해관계자들과 수탁자적 관계를 맺고, 이들에 대해 수탁자 책임을 지고 있다.

　기업 경영 측면에서 보면 경영자들은 주주들만이 아니라 기업 내 다양한 이해관계자의 이해를 잘 조정하는 것이 중요하다. 왜냐하면 기업 내지 기업 경영자가 이해관계자의 이해를 전부 다 고려한다는 것은 현실적으로 쉽지 않기 때문이다. 다양한 이해관계를 가진 이해관계자들의 이해를 극대화하기 위해서는 이해관계자들의 이해 조정이 반드시 필요하게 된다. 기업지배구조의 측면에서도 이해관계자 경영은 기업의 의사결정에 이해관계자들의 참여와 이를 기반으로 한 경영 감시의 정당성을 강조한다.

　따라서 이해관계자 경영은 기업지배구조 장치 가운데 하나인 이사회가 어떻게 구성되는가가 중요하다. 즉 주주가 아닌 임노동자貨勞動者로서 노동자들에 대한 이사회 개방이 필요하다. 임노동자 이사의 존재는 노동 일반의 이해를 정의하고 대변하는 동시에 경영 감시를 통해 규율적 이사회의 기능을 수행할 수 있다는 이중의 의미를 가진다. 임노동자 대표이사는 영미식 사외이사와 달리 경영진에 대한 독립성이 강할 뿐만 아니라 표준적인 재무 정보만으로는 접근할 수 없는 풍부한 기업 정보를 보유한다. 한 걸음 더 나아가 이사회 의장은 최고경영자CEO와도 분리되어야 하며, 이사회 내 보수위원회와 감사위원회를 집행 이사의 권력에서 독립시켜, 이사회에 대한 책임을 물을 수 있어야 한다. 뿐만 아니라 기업이 사회적·윤리적 가치를 추구하도록 압력을 가하려면 기업의 사회적·윤리적·환경적 성과에 대한 정보를 공시하는 것이 중요하다. 물론 이와 같은 이해관계자 경영이 가능하려면 기업이 주주로부터 자율성을 가져야 하며 경영자들의 재량권이 보장되어야 한다. 문제는 신자유주의적 금융화 이후 이런 자율성과 재량의 여지가 크게 축소되고 있다는 점이다.

이해관계자 개념의 기본원칙과 정책적 함의

지난 세기 서방국가들은 자본주의와 민주주의의 긴장과 갈등을 조율하는 제도적 타협으로서 케인스주의를 실험해왔다. 그러나 자본주의의 황금기를 사반세기 넘게 지탱했던 케인스주의의 돌연한 쇠락과 신자유주의논리의 급격한 부상은 시장이 국가가 성취한 권력 균형의 '외양'을 일거에 소멸시킬 수 있음을 보여주었다. 시장이 그 자체로 얼마나 막강한 권력을 갖는지를 인식시켰다. 정치적 민주주의라는 외적 장치는 시장의 내적 민주화를 위한 필요조건에 불과할 뿐 결코 충분조건이 될 수 없다는 점이 확인된 것이다. 물론 이러한 인식이 신자유주의의 정치적·담론적 지배를 당연한 것으로 정당화하지는 않는다.

국가가 실패했다면, 먼저 국가의 실험이 있었고, 그 실험은 시장의 실패를 논리적·경험적으로 이미 전제한 것이다. 오히려 전후 좌파의 정책 도구였던 공공 소유와 공공 지출이 차례로 뒷전으로 밀리고 세계화 추세와 더불어 시장논리가 전면적으로 복원되면서, 시장실패의 양상은 그 폭과 깊이에서 심각성을 더해가는 것이 작금의 상황이다. 만일 이러한 상황과 추세에 대한 진지한 성찰이 포기될 수 없다면, '대안은 없다'라는 슬로건은 가장 무책임한 정치적 선동이 될 것이다.

이제 문제는 권력 자원의 균형에 의거한 구매력의 재분배가 아니라 권력의 행사 자체를 민주적으로 규율하는 제도적 틀의 정립이다. 이 점이야말로 자본주의의 또 한 유형으로서 이해관계자모델 개념이 거론될 수 있는 맥락이다.

이해관계자모델은 현실사회주의 몰락 이후 이른바 자본주의 발전 모델 논쟁이 시작되면서 새롭게 조명되기 시작한 개념이다. 이것은 과거 앵글로색슨 국가들이 포드주의 생산체제하에서 경험했던 경영자모델이 탈포드주의적 생산체제와 더불어 점차 주주모델의 양상을 띠면서, 후자의 이론적 현실적 대립 항으로서 혹은 점차 궁지에 몰리던 기왕의 사민적 합의 체제의 소멸 가능성이 남기게 될 공백을 메꿀 수 있는 대안 체제로서 거론되어 왔다.

이해관계자모델은 체제 모색의 전환기에 있는 한국적 상황을 고려할 때 민주적 공동체를 조직하는 한 방식으로 활용될 수 있다. 이해관계자 개념이 담지하는 세 가지 기본원칙과 그 각각에 내재된 정책적 함의는 다음과 같다.

첫째, 시장은 권리와 도덕적 의무로 얽혀 있는 사회적 제도다.

시장과 기업이 경제 효율의 이름으로 사회적 맥락에서 탈각될 때,

그들은 위계적 권력 현장으로 전락하기 쉽다. 시장의 사회 책임성은 신뢰, 협력, 헌신을 배양하는 상호성과 민주주의 원리를 구현하는 강력한 제도들을 통해 구현된다. 이때 시장의 민주화란 기업의 내부자들(종업원, 경영자, 주주)에 대한 책임을 확보하는 내적 민주화를 일차로 의미한다.

기업의 투자, 고용, 경영진 구성 등 핵심 사항에서 주요 이해관계자들의 참여가 제도화되고 발언의 기회가 공유될수록, 주주의 이탈이나 적대적 인수합병은 줄어들고, 소유−경영의 대리인 문제나 내부자 담합은 불가능하거나(사실상 모두 내부자이기 때문에) 오히려 긍정적일 수도 있다. 이를 위해 기업의 자본조달 체계도 관계 중심의 금융 체제, 즉 은행−기업 간의 장기적 금융 헌신을 근간으로 형성될 필요가 있다. 금융자본은 산업적 토대를 가져야 한다. 주식시장이 기관투자자들의 단기적 분산투자의 장으로 변모해가면 갈수록 은행 중심의 자본조달 방식이 갖는 의의는 적지 않다.

둘째, 이해관계자 개념은 시장으로부터 탈락한 외부자들에 대한 책임을 동반하는 '외적 민주화'를 동시에 함의해야 한다.

복지의 책무를 국가가 우선적으로 떠안는다는 보편적 국가 복지 체제는 외적 민주화를 위한 일차적 도구다. 복지다원주의는 국가가, 시장이 체계적이고도 대규모적으로 산출시킨 탈락자들과 관련해, 자신의 책무를 일정하게 수행한 이후에 검토되어야 할 사안이다. 물론 일반회계를 통한 국가 복지, 특히 고율의 누진세가 기업가정신이나 투자활동을 위축시킬 수 있다. 그러나 기업들의 성공은 은행의 금융 헌신, 숙련노동의 공급, 경영자의 전문성, 안정적 수요 여건 등 호의적 투자 환경의 조성 여부에 더 좌우된다. 재산권의 행사도 사회적 안정을 전제로 하는 것이며, 고소득층이 부담하는 높은 세율은 재산권 행사를 위한 보증금과도 같다. 물론 고용이야말로 최상의 복지다. 따라서 국가와 기업은 인적자원의 개발과 훈련을 위해 공동으로 노력해야 하며, 특히 국가는 총수요 관리 등을 통해 투자와 고용 창출을 위한 여건을 적극적으로 모색해야 한다.

셋째, 그 자체가 권력적 공간인 기업과 시장의 제도적 교정, 즉 내적·외적 민주화를 위한 개혁은 외부, 즉 국가에 의한 입법을 통할 수밖에 없다.

그간 국가가 자유주의의 이름으로 제정, 활용해온 무수한 반노동 입법들을 환기하면, 이해관계자의 원리를 실천하기 위한 입법들, 예컨대 상법, 독점규제법 등과 관련된 입법들이 불가능해야 하는 논리적 이유는 없다. 이때 정치의 민주화는 입법의 주체인 국가가 스스로 도덕적 권위를 확보하는 선결 조건이 된다. 당연히 국가는 정당 체제, 선거법 개정, 과감한 분권화 등을 포함해 정치적 대표 체계를 혁신해야 한다.

민주적 공동체 모색

사회적 합의의 조건

사실상 우리에게 필요한 작업은 21세기 전 지구화된 자본주의사회에서 '인간이 함께 지구상에서 생존한다'라는 문제를 근본적으로 검토할 수 있는 접근 방식이다. 이것은 우리에게 코페르니쿠스적 전환에 버금가는 인식론적 전환을 요구한다. 2008년 금융위기 이후 '경쟁은 필요하지만, 필요 이상의 탐욕은 내지 않는 것, 즉 따뜻한 자본주의를 만들자는 요구'가 그것이다. 따라서 주주모델의 협소한 시각을 벗어나 대한민국의 역사와 대한민국의 미래, 그리고 지금 우리의 현재를 통째로 사유할 수 있는 틀이 필요하다.

기업사회책임은 주주가치 극대화 경영으로 이해되어서는 안 되며, 오직 이해관계자 중심의 기업모델과 기업지배구조의 형성을 통해서만 가능하다. 주주가치 경영과 이에 따른 재벌 계열사들의 경영권 위협에 대응하여, 재벌 그룹과 일부 사람들은 재벌총수 일가의 경영권 보장을 대가로 주주가치 경영을 포함한 기업사회책임을 이행하도록 한다는 '사회적 대타협'의 구상을 제기하기도 했다. 그러나 이런 대타협을 통해 재벌 그룹 및 기업들이 기업사회책임을 이행하도록 하는 것은 한계가 있다.

첫째, 재벌의 중핵 회사가 대부분 상장되어 있는 상황에서 기존 대주주의 경영권을 보호하기 위해 차등의결권을 도입할 경우 일반주주에 대한 재산권 침해 논란을 야기할 가능성이 높다. 실제로 스웨

덴을 포함한 유럽 국가들의 차등의결권 같은 경영권 방어 장치들은 지배주주의 경영권을 보호한다는 목적보다는 소수주주들의 권한을 제한하는 데 더 중요한 목적을 둔 것이었다. 더 근본적으로는 평균 5%도 되지 않는 지분을 가지고 기업 집단 전체에 대해 주인 행세를 하는 재벌총수를 경영 성과와 관계없이 보호해주는 것이 경영 효율을 제고하고 국민경제에 기여하는 것인지도 의문이다.

둘째, 경영에 실패한 경영자도 경영권 위협에서 100% 보호되도록 한다면 경영에 대한 규율은 전혀 작동되지 않을 것이기 때문이다. 또 대타협을 모색하는 과정에서 평균 95% 이상의 지분을 가지고 있는 일반주주를 배제하고 대주주와 노동 세력 간의 합의를 도출하겠다는 구상이 과연 현실적이고 타당한지도 의문이다.

셋째, 이와 더불어 경영권 보호의 반대급부인 기업사회책임의 실체가 무엇이고 이를 구현할 수단이 무엇인지도 명확하게 밝혀져야 할 것이다. 또한 사회적 타협을 꼭 전제하지 않아도 가능한 재벌기업들을 중심으로 한 사회책임경영은, 가장 기본이 되어야 할 노동과 인권의 보호라는 측면에서 이해관계자들의 요구에 부응하지 못하고 있다. 그래서 사회책임경영은 선언적인 것에 그치거나 재벌총수의 위기를 모면하려는 미봉책에 그치고 말았다.

사회적 합의든 사회적 타협이든 기업사회책임의 수행은 무엇보다도 총수의 지배력을 완화하는 기업지배구조 개혁이 전제되어야 한다. 기업지배구조 개선을 통해 기업 경영이 더 투명해지고 총수 지배력이 약화되는 것이 곧바로 경영권을 위태롭게 만드는 것을 의미하는 것은 아니다. 따라서 재벌총수가 아니라 기업의 경영권을 보장하는 사회적 타협은, 가장 중요한 이해관계자인 노동자들의 고용을 보장하고 진정한 노사 파트너십을 형성하고 노동조합을 인정함으로써 노사 관계를 개선하는 일에서부터, 노동자 대표, 채권자, 협력업체 등 기업을 둘러싼 이해관계자들을 경영에 참여시키는 타협이지 않으면 안 된다. 또 기업 경영에 대한 의사결정과 작업장 수준에서 이루어지는 이해관계자들의 참여가 생산성, 품질 향상, 그리고 노동 생활의 질 향상으로 이어지기 위해서는 단순한 임금 교섭을 넘어 숙련 향상을 위한 교섭, 즉 숙련 교섭 중심의 단체교섭이 이루어져야 한다.

기업사회책임의 두 번째 수준은 기업 간 거래 관계에 있어서 재벌 기업의 역할과 관련된 것이다. 이것은 그동안 재벌 중심의 기업 시스템이 초래한 수탈적이고 종속적인 기업 간 관계나 그 결과로 나타난 대기업과 중소기업 간 양극화를 해소하는 의미를 가진다. 대기업과 중소기업 간 상생 수평적 협력 관계, 대등한 파트너십 형성과 같은 문제들을 군이 기업사회책임을 통해 제기할 필요가 있을지 의문이지만, 기업사회책임에 기초한 기업 간 관계 형성을 위해서는 관련 기업 스스로 수탈적인 단가 인하 관행 청산, 대─중소기업 간에 공동 연구 개발과 인적자원 개발을 통한 숙련 향상 등과 같은 어려운 과제들을 해결해나가지 않으면 안 된다. 더 나아가서는 대기업들의 활동 영역인 지역사회의 환경을 보전하고 주민의 복지 문화를 확충하는 데 기여해야 한다. 이를 통해서만 과거 재벌 체제와는 다른 새로운 기업 시스템을 모색할 수 있다. 이것은 성장 동력의 원천이 될 뿐만 아니라 기업 간 양극화, 나아가 경제 양극화를 해소할 수 있는 유력한 방안이다.

세 번째 수준이지만 우리의 기업 현실에서 가장 우선되어야 할 기업사회책임과 이를 위한 사회적 타협은 노사정 간 타협이다. 기존의 노사정위원회의 위상이나 활동 등 그동안의 경험으로 볼 때, 이런 타협의 실현 가능성은 아주 낮은 상황이다. 그러나 노사 간 타협이나 합의, 혹은 노동 간 연대의 경험이 일천한 조건 아래서 정부는 노사 관계 시스템에서 타협을 주도하고, 이런 타협이 노동과 자본 양자 모두의 하위 수준에까지 강제할 수 있어야 한다. 특히 여기서는 자본 혹은 재벌에 대한 조정자로서 정부 역할뿐만 아니라 노동이 자본과 대등한, 아니면 적어도 기업 경영에 대한 참여를 보장하는 제도적 장치들을 확보할 수 있도록 하는 규율자로서 역할이 무엇보다도 중요하다.

다른 하나는 노동간 연대와 타협의 일환으로서 노동 계층 간, 정규직과 비정규직 간 차별을 줄이고, 이들 사이의 연대를 확보함으로써 노동의 공공성과 사회책임을 강조할 필요가 있다. 이를 위해서는 노동조합의 역할도 재정립할 필요가 있다. 즉 개별 노동조합이나 상위 노동조직들은 집단이기주의를 과감하게 벗고, 외부자가 아닌 내부자의 자격으로서 단체교섭을 통한 선순위 이익의 확보라는 원칙을 축소하는 대신, 기업의 다양한 이해관계자들을 대표하는 감시자의 자격으로 기업사회책임 수행을 견인하는 역할을 할 수 있어야 한다. 이와 같은 노력들은 시장의 안정성과 고용 창출로 이어질 수 있는 정부 정책들을 통해 보완될 수 있을 것이다.

정부의 기업지배구조 정책들은 기업들에게 기업사회책임을 수행하도록 하는 정책으로서 재정립되어야 한다. 인권이나 노사 관계를 주 내용으로 하는 기업사회책임이 공공정책이나 사회정책의 일환으로서 재벌 대기업에나 노동조직에 대해 규율자 역할을 해야 하는 이유는 바로 여기에 있다.

다시 정치에 희망을

오늘날 세계는, 실업과 저임금의 문제를 넘어선, 새로운 리스크, 새로운 불평등에 직면해 있다. 임시직, 계약직 등 비정규직의 폭발적 증가로 인한 고용 불안과 소득의 불확실성은 거의 모든 직종과 계층에 걸쳐 만연되고 있다. 저변계급underclass으로 불리는 경제적 소외 계층 또한 그 수가 팽창 일로에 있다. 노동시장의 상층부에서는 초고소득층에 대한 동경과 환상이 급격히 늘어나는 등 사회 전체의 자원이 비효율적으로 배분되고 있다. '빈곤은 개인의 책임'이라는 철학, '조세와 정부 지출은 경제적으로 비효율적이고 도덕적 해이를 가져온다'는 경제논리는 더욱 내면화된다. 그럴수록 기업들에 최고의 단기 금융 수익을 요구하는 기관투자자들의 항시적이고 격렬한 압박이 가중되고, 복지국가에 대한 '위기' 담론과 함께 정치적 공세가 전방위적으로 진행된다. 우리는 새로운 리스크는 증가하는데 그에 대한 보호 체계는 급속히 축소되는 상황에 살고 있다.

이해관계자 개념은 권력 현상으로서 시장의 민주화를 통한 편입 기제를 제도화함으로써 공동체를 회복하는 과제에 일차적 관심을 둔다. 이때 시장의 민주화란, 시장의 주 행위자인 기업의 지배구조를 개선하는 내적 민주화와 시장경쟁에서 비자발적으로 밀려난 사람들을 위한 국가 복지 체계의 확립이라는 외적 민주화 모두를 포괄하는 개념이다.

　과거의 복지 개혁은 '고용이 최상의 복지'라는 전제에서 출발하였다. 그러나 고용 자체에 대한 과도한 집착으로 실업자를 강제로 재상품화시키는 과정에서 복지 청구권자에 대한 도덕적 비난, 가계조사의 강화, 복지 삭감 등 외적 민주화가 훼손되었을 뿐 아니라, 고용의 내용(비정규직의 증가나 저임 고용의 만연 등으로 인한 고용 불안의 확산)과 관련해서도 내적 민주화의 필요성을 새삼 인지시켰다. 외적 민주화는 선거법이나 정치적 대표 체계의 개혁 그리고 과감한 분권화 전략을 통해서 그리고 내적 민주화는 기업지배구조를 다양한 이해관계자들을 참여시키는 방향으로 개혁함으로써, 요컨대 이해관계자의 원리를 국가와 시장에 도입함으로써 해결해야 한다. 이때 국가의 민주화는 시장의 외적·내적 민주화를 입법을 통해 강제할 수 있는 윤리적 정당성을 확보해준다.

　이런 점에서 주주모델의 첨단을 걷는 영미보다 소유경영자모델을 대체할 새로운 기업지배구조를 도입하고 복지국가로의 진입을 새롭게 모색해야 하는 한국이 이해관계자 개념의 제도화를 위해서는 오히려 유리한 환경에 있다.

역대 정부는 생존력 있는 새로운 정치경제 체제의 구상과 관련해서 거의 실패해왔다. 미국 주도의 세계화가 대세를 형성하면서 영미식 주주모델이 그간의 한국적 자본주의모델에 대한 '진보적' 대안으로 칭송되는 와중에 재벌개혁은 방향을 상실한 채 갈팡질팡하고 있으며, 복지 개혁은 이념에 바탕한 항구적 제도화라기보다는 경제위기로 인한 최악의 사회 불안 요인을 제거하는 데 초점이 두어진 잠정적 타협의 성격을 벗어나지 못해왔다.

　어떤 점에서 외환위기 이후 김대중 정부가 취한 일련의 선택은 '생존 아니면 파산'의 과장된 현실 인식을 다그치던 IMF가 규정한 상한선과 하한선 사이에서 이루어져 왔다고 볼 수 있다. 과거 김대중 정부는 신자유주의의 역사성, 예컨대 서방국가들이 장기간 실천해온 사민주의, 케인스주의, 복지국가 등의 토대에 대한 적절한 고려 없이, 신자유주의적 규범과 가치만 성급하게 수용하는 어리석음을 범하고 말았다.

　그러나 우리는 어떤 면에서 서유럽 좌파 정당의 쇠락이나, 복지국가의 위기 등도 한없이 부러워해야 한다. 우리는 쇠락할 좌파 정당도, 위기에 부딪힐 복지국가도 제도화되지 않았기 때문이다. 쇠락조차 과분할 정도로 제도화 수준이 낮다면, 도약을 위한 구조적 발판 또한 부실할 수밖에 없다. 우리에게는 집단주의와 가부장적 전통이 강하면서도 지배자 윤리의 전통이 없고, 초보적 개혁에 대한 기득권층의 과잉된 저항을 견제할 변변한 대항 이념이나 정치적 장치도 없다. 이런 상황에서 한국 사회가 '신자유주의적 경제·사회 개혁의 실험장이 되고 있는 것은 어쩌면 당연한 일이다.

그럼에도 불구하고, 혹은 그렇기 때문에, 우리는 개혁과 발전을 위해 정치적 의지에 다시 기댈 수밖에 없다. 오늘날 신자유주의적 세계화가 '실패한' 국가를 도구로 국가의 무력화를 도모한다는 것은 역설이지만, 시장의 원활한 작동을 위해서 국가의 비시장적 개입이 필요하다는 것은 역사, 논리, 당위가 뒷받침해주고 있다. 영국에서 신자유주의적 원리가 자리를 잡은 것도 공급 측면의 적극적 국가개입이 비용 삭감과 경쟁력 강화의 조건을 마련해주었기 때문이다.

그러나 만일 노동에 대한 국가의 통제가 가능했다면, 자본에 대한 사회적 통제를 제도화하는 것이 왜 불가능한 일인가? 도대체 재벌기업이라고 해서 민주적 입법의 영향력 밖에 위치한다는 것, 즉 재벌은 권리와 의무를 규정하는 입법의 틀 상위에 위치에 있고, 노동자는 그로 인해 구속되어야 한다는 비대칭적 논리야말로 얼마나 심각하게 반민주적인가?

국가 역할의 재조정

따라서 그 대안으로 민주주의를 확장하고 심화하는 것이 필요하다. 법과 제도적 변화는 최소한의 조건이기 때문에 미봉책에 불과하다. 사회 시스템을 근본적으로 바꿀 수 있는 새로운 민주주의 건설이 긴급한 과제다. 문제는 국가의 후퇴나 축소가 아니라 국가 역할의 재조정이다.

한국 실정과 관련하여 이해관계자모델은 두 가지 점을 시사한다.

첫째, 개혁은 국가의 민주화에서 시작되어야 한다. 정치적 민주화가 시장민주주의를 위한 최소한의 전제가 되는 이유는, 정치적 민주화만이 국가의 개입을 윤리적으로 정당화시키는 길이며, 복지 개혁을 포함한 국가개입의 방향과 내용도 민주화의 정도에 따라 심대하게 영향을 받기 때문이다. 그때 비로소 국가는 '시장을 형성하는 시장의 대리인'이 아닌 '시장을 교정하는 국민의 대리인'이 될 수 있다.

둘째, 민주적 이행기에 있는 한국 사회의 개혁은 좋든 싫든 선의의 권력자의 정치적 의지에 상당 정도 의존하는 수밖에 없고, 강한 국가, 강한 대통령의 전통이 이를 위해 오히려 긍정적으로 작용할 수 있다. 권력자는 변화 의지가 없고 변화를 원하는 다수는 권력이 없을 때, 사회제도는 정태적인 답보踏步를 반복한다. 1987년 시민사회의 폭발 이후 개혁이 국민적 화두로 자리 잡아가는 한편 시민사회의 다수는 여전히 보수적·퇴행적 이데올로기에 포획되어 있다. 따라서 권력자에 대한 사후 책임의 장치만 마련된다면, 개혁을 위한 권력자의 변화 의지가 갖는 중요성은 재론의 여지가 없을 것이다. 이처럼 정치사회의 다이내믹스, 특히 정치적 리더십의 역할을 중요한 변수로 취급할 때, 정치사회는 지배(시민사회에 대한 국가의 지배)와 저항(국가에 대한 시민사회의 저항) 모두 조직할 수 있는 '열린 공간'이 된다.

물론 경쟁의 강화를 위해 유연성 추구가 시대적 담론으로 회자되는 상황에서 이해관계자 개념은, 적어도 단기적으로, 시대를 역행하는 발상이라는 부담을 줄 수 있다. 그러나 체제 변화는 기본적으로 경로 의존적이며, 따라서 세계 체제가 주주모델로 수렴되는 것은 결코 쉬운 일이 아니다. 어차피 제도화란 오랜 시행착오를 거친 후에 정착되는 장기적 기획이며, 만일 인류가 즉각적으로 해결할 수 없는 문제를 지속적으로 제기하지 않았다면, 모든 의미 있는 개혁은 아마 불가능했을 것이다.

무엇보다 한국의 국가는 재벌 체제와 복지 체계와 같은 핵심 부문에 대한 집중적이고 단호한 제도 개혁을 추구하되, 잡다한 미시적 간섭으로 개혁 역량을 분산시킴으로써 '남발된 개혁', '실패한 개혁'의 전철을 밟아서는 안 된다. 신자유주의에 기초한 세계화는 2008년 미국발 글로벌 금융위기를 겪으면서 세계적 수준의 경제위기로 이어지는 것을 우리는 목격했다. 이러한 현실에서 일체의 개혁적 체제 모색은 신자유주의적 세계화의 대세로부터 일정한 자율성을 확보하는 가운데 이루어져야 한다. 어차피 인간은 국가나 시장, 기업 등 기존 제도들을 스스로 변경시킬 수 있는 정도만큼만 주권적이고 자유롭기 때문이다.

＼ 참고 문헌

- 강병구(2012. 11), 경제민주화와 조세개혁, '한국사회경제학회 학술대회 자료집', 1~29쪽.
- 강병구(2014. 6), 재벌의 세제혜택과 개혁 과제, 〈사회경제평론〉 제44호, 105~134쪽.
- 강병구(2014. 7), 복지국가의 대안적 재정 체계, 〈민주사회와 정책연구〉 제26권, 13~47쪽.
- 강영걸(2016), 재벌형 조직의 생성과 발전에 관한 거시이론적 접근, 〈기업경영연구〉 65권, 107~129쪽.
- 강정민(2014. 3), 현행법상 임원 자격제한 규정의 문제점과 개선방안, 〈기업지배구조연구〉 2014-02호, 1~21쪽.
- 경제개혁연대(2013. 10), 재계의 상법 개정안 반대논리에 대한 비판적 검토, '경제개혁이슈' 2013-5호, 1~15쪽.
- 경제개혁연대(2016. 12), 제20대 국회 개혁입법과제 제안: 경제민주화 과제를 중심으로, 〈기업지배구조연구〉 2016년 겨울 제53권, 116~176쪽.
- 고부응(2010. 8), 한국 대학의 기업화, 〈역사비평〉 2010년 가을호(통권 92호), 16~42쪽.
- 고부응(2015. 5), 대학의 기업화와 학문의 자유, 〈비평과 이론〉 제20권 1호, 5~33쪽.
- 고영민, 양성국(2016. 3), 경영승계 역사와 상속세에 관한 연구, 〈경영사학〉 77권, 51~72쪽.
- 고재종(2015. 9), 경제민주화의 재검토와 주식회사법상 실천제도의 고찰, 〈평화학연구〉 제16권 4호, 341~365쪽.
- 곽노현, 윤종훈, 이병한, 삼성 3세 이재용, 〈오마이뉴스〉, 2001, 23면

- 구균철, 김경민(2018. 3), 포용적 성장을 위한 지방소득세제 개편 방안, '한국지방재정학회 2018 춘계학술대회 발표논문집', 167~198쪽.
- 국민호, 국가주도에서 기업주도로: IMF 외환위기 이후 국가와 재벌과의 관계 변화, 〈현상과 인식〉 제35권 제3호(2011), 129~132쪽.
- 김건식(2006. 9), 경영권 승계와 관련된 쟁점 ; 재벌총수의 사익추구행위와 회사법, 〈BFL〉 19호, 8~21쪽.
- 김누리(2010. 5), 영혼을 팔아버린 대학: 대학의 기업화와 학문공동체의 위기(2), 영미문학연구회 〈안과밖〉 28권, 303~329쪽.
- 김동률(2009. 2), 언론의 정치권력화: 재벌 정책 보도의 정권별 비교 연구, 〈한국언론정보학보〉 통권 45호, 296~340쪽.
- 김동민, 한국자본주의의 물적 토대 형성에 관한 연구: 해방후~50년대를 중심으로, 전남대학교 대학원 경제학과 석사학위청구논문(1991), 34~37쪽.
- 김동춘(2018. 6), 선출되지 않은 권력: 한국 지배질서와 민주주의, 〈황해문화〉 통권 제99호, 14~30쪽.
- 김병하, 한국재벌의 생성에 관한 고찰, 〈한일경상논집〉 제6권(1990), 8~10쪽.
- 김봉률(2013. 8), 인문경제학 시론1: 인식론적 전환을 통한 사회과학 수업모델, 〈교양교육연구〉 제7권 제4호, 343~376쪽.
- 김석수(2016. 10), 대학의 본질과 시대적 소명, 〈동서인문〉 제6호, 107~135쪽.
- 김석준(1992. 3), 금권金權과 정권政權: 한국의 금권정치사, 〈월간 사회평론〉 92권 3호, 60~69쪽.
- 김성수, 한국 재벌의 경영사적 연구: 특히 재벌의 개혁과 신발전을 위하여, 〈산연논총〉 제23집(1998), 171쪽.
- 김수한(2016. 3), 정치사회의 변화와 반기업담론, 〈아세아연구〉 통권 제163호, 76~113쪽.
- 김승수(2016. 12), 미디어와 불평등의 변증법, 〈한국언론정보학보〉 통권 제80호, 7~39쪽.

- 김신정(2017. 2), 대기업 공익재단의 역할 및 방향성에 대한 연구, 연세대학교 경제대학원,석사논문, 1~44쪽.

- 김연미(2011. 6), 법의 지배: 권리와 권력의 관점에서, 〈법학논고〉 제36집, 243~272쪽.

- 김윤권, 오시영(2013. 4), 적극적인 공무원 퇴직 관리를 위한 퇴직공직자 취업제한제도의 개선방안에 관한 연구, 〈한국인사행정학회보〉 제12권 제1호, 219~244쪽.

- 김재형, 김형호(2017. 4), 다중대표소송의 인정범위에 관한 고찰, 〈법학논총〉 제24권 제1호, 365~394쪽.

- 김정인(2018. 3), 사회적 가치 실현을 위한 공직가치에 관한 시론적 연구: 포용적 성장을 중심으로, 〈한국인사행정학회보〉 제17권 제1호, 57~83쪽.

- 김주호(2017. 11), 민주주의의 자유편향적 발전과 그 결과: 민주주의의 이름으로 추진된 신자유주의적 개혁, 〈사회이론〉 통권 제52호, 185~224쪽.

- 김주환(2006), 한국사회 재-재 갈등의 생성과 소멸에 대한 연구: 삼성-현대, 현대-대우의 갈등 비교를 중심으로, 〈대한정치학회보〉, 271~298쪽.

- 김행범(2016. 2), 자본에 대한 증오의 이론적 근거와 경험적 검증, 〈제도와 경제〉 제10권 제1호, 37~84쪽.

- 김형성(2013. 6), 현행헌법에 있어서 경제민주화의 제도화에 관한 연구, 〈헌법학연구〉 제19권 제2호, 99~122쪽.

- 노중기(2016. 9), 박근혜정부 대학구조조정의 정치사회학: '무디어진 대학'에 대한 연구, 〈경제와 사회〉 통권 제111호, 80~107쪽.

- 류재성(2013. 12), 정당개혁, 어디서 시작할 것인가?, 〈동북아연구〉 제 28권 제2호, 185~216쪽.

- 문진주, 이선표(2017. 12), 대기업집단 소속 공익법인의 재무적 특성과 조세회피, 〈세무회계연구〉 54권, 27~48쪽.

- 문홍수(2000. 3), 사법권司法權의 독립獨立: 새 천년 우리 사법부司法府의 나아

갈 길과 관련하여, 〈법조〉 제49권 제3호, 5~37쪽.

- 박거용(2017. 5), 대학 근본구조 파괴하는 '대학구조조정'정책, 〈교육비평〉 제39
호, 288~311쪽.

- 박구용(2012. 12), 대학의 이념과 교양교육의 미래, 〈범한철학〉 제67집,
337~360쪽.

- 박민정(2015. 12), 퇴직 공직자 재취업 현상에 관한 지대추구론적 분석, 〈한국
자치행정학보〉 제29권 제4호, 131~155쪽.

- 박인규(1992. 4), 노태우 정권 실정失政 총점검: 기자들이 뽑은 6공 9대 비리-
재벌의 정치헌금, 대통령의 정치자금, 〈월간 사회평론〉 92권 4호, 78~80쪽.

- 박주현(2018. 6), 선출되지 않은 기업권력과 언론권력의 밀월, 〈황해문화〉 통권
제99호, 69~83쪽.

- 박지영, 박경미, 한정훈(2017. 8), 정당개혁의 필요성과 방향: 정당 활동가들의
시각을 중심으로, 〈미래정치연구〉 제7권 제2호, 43~64쪽.

- 박찬걸(2013. 6), 배임죄의 양형기준과 구체적 사례에 있어서 형량의 문제점,
〈법과 정책연구〉 제13권 제2호, 535~569쪽.

- 배무환, 재벌의 형성과 승계에 관한 연구, 〈경영논집〉 제15권(1996), 88쪽.

- 배성인(2017. 3), 대학의 상업화와 학문·지식의 사유화, 〈황해문화〉 통권 제94
호, 29~49쪽.

- 백광기, 한국의 근대적 대기업 및 기업집단 형성사, 〈산학경영연구〉 제17권
(2004), 31~32쪽.

- 변규섭, 한국의 재벌에 대한 소고, 〈동화와 번역〉 제2집(1983), 137~155쪽.

- 변순용(2015. 2), 대학과 대학교육의 이데올로기와 유토피아, 〈교양교육연구〉 제
9권 제1호 11~28쪽.

- 서정(2015. 5), 재벌의 내부거래를 둘러싸고 나타난 규범의 지체현상과 그 극복:
공정거래법상 특수관계인에 대한 부당한 이익제공 금지 규정을 중심으로, 〈법
조〉 64권 5호, 186~240쪽.

- 송기춘(2011. 9), 공직자윤리법상 퇴직 후 취업제한에 관한 법적 논의: 공직자 윤리법 제17조 등의 개정안에 대한 검토를 중심으로, 〈헌법학연구〉 제17권 제3호, 209~240쪽.
- 송기춘(2013. 10), 경제정의와 헌법: 경제권력 통제를 위한 권력분립의 구상, 〈공법연구〉 제42집 제1호, 55~80쪽.
- 송원근(2016. 6), 외환위기 이후 재벌정책 변화와 개혁 방향, 〈기억과 전망〉 34권, 103~148쪽.
- 송호신(2015. 9), 사회적책임(SR)의 담론에 기초한 경제민주화의 입법적 구현, 〈법과 정책연구〉 제15집 제3호, 813~842쪽.
- 신승환(2012. 10), 자본주의 체제에서 대학의 현재와 미래, 〈사회와 철학〉 제24집, 103~126쪽.
- 신용옥(2008. 3), 재벌, 성장 신화에 가려진 어두운 과거, 〈내일을 여는 역사〉 2008년 봄호(제31호), 29~42쪽.
- 신주진(2017. 2), TV 드라마 〈추적자〉의 정치학과 이데올로기, 〈대중서사연구 제23권 2호, 256~291쪽.
- 신항식(2016. 12), 초국적 기업의 문화로서 포스트모더니즘, 〈일러스트레이션 포럼〉 제49호, 79~118쪽.
- 안영배(1990. 5), 재벌광고가 언론을 통제하고 있다, 〈월간 말〉, 174~179쪽.
- 양길현(1992. 12), 한국의 자유화와 재벌의 정치참여: 통일국민당을 중심으로, 〈한국과국제정치(KWP)〉 8권 2호, 235~264쪽.
- 양만식(2015. 1), 순환출자의 규제에 관한 고찰, 〈법학연구〉 제43집, 89~125쪽.
- 오지석(2015. 8), 공존의 윤리: 호모심비우스의 발견, 〈기독교사회윤리〉 제32집, 123~144쪽.
- 오필환(2015. 12), 고위직 회전문 인사(관피아)와 부패의 관계에 관한 연구, 〈한국부패학회보〉 제20권 제4호, 1~17쪽.
- 위평량(2017. 6), 문재인 정부 경제민주화 정책, 경제개혁연구소 '이슈&분석'

2017–06호, 1~25쪽.

– 이고은, 최기호(2018. 4), 공익법인의 회계투명성 제고방안에 대한 연구: 대기업집단 소속 공익법인의 공시 실태를 바탕으로, 〈회계저널〉 27권 2호, 231~262쪽.

– 이내영(2001. 6), 정치자금제도 개혁의 방향과 과제, 〈사상〉 2001년 여름호(통권 제49호), 26~53쪽.

– 이병철, 《호암자전》, 1986, 182~183쪽.

– 이봉의(2017. 3), 한국형 시장경제의 심화와 경제법의 역할, 〈서울대학교 법학〉 58권 1호, 107~134쪽.

– 이삼춘, 한국재벌의 시장구조에 관한 실태분석, 조선대학교 교육대학원 석사논문(1992), 19쪽.

– 이석범, 손동권, 김슬옹(1994. 12), 검찰의 기소유예처분들을 기소한다, 〈월간 사회평론 길〉 94권 12호, 88~97쪽.

– 이성로(2010. 10), 한국 지배층의 이데올로기적 헤게모니: 그 구조와 작용원리, 〈동향과 전망〉 2010년 가을·겨울호(통권 80호), 143~183쪽.

– 이수정(2016. 10), 대기업집단 소속 공익법인의 주식 보유현황 분석(2015년), '경제개혁리포트' 2016-11호, 1~45쪽.

– 이윤생, 한국경제전개과정에서 국가와 시장의 역할, 서강대학교 대학원 석사학위논문(2001), 26~29쪽.

– 이은정(2016. 1), 재벌의 공익법인 악용 현황 및 보완대책: 금호아시아나문화재단 사례를 중심으로, '경제개혁이슈' 2016-1호, 1~16쪽.

– 이장희(2013. 12), 헌법 제119조 제2항 '경제민주화'의 의미, 〈공법연구〉 제42집 제2호, 95~124쪽.

– 이재희(2002), 한국의 재벌개혁과 경제민주주의, 〈상경연구〉 제18권 2호, 60~61쪽.

– 이종보(2010), 민주주의 체제 하 '자본의 국가 지배'에 관한 연구: 삼성그룹을 중심으로, 성공회대학교 박사논문, 1~545쪽.

- 이종욱(2010. 1), 국가발전을 위한 경제관료의 역할과 한계 및 과제, 한국경제연구원 〈정책연구〉, 181~224쪽.

- 이필상(2000. 12), 언론! 너희가 경제를 아느냐, 〈관훈저널〉 겨울호(통권 77호), 184~194쪽.

- 이효성(1997. 5), 문민시대 언론, 성역은 없는가? 〈신문연구〉 봄(통권 64호), 49~60쪽.

- 임봉수, 이완수, 이민규(2014. 5), 뉴스와 광고의 은밀한 동거: 광고주에 대한 언론의 뉴스구성, 〈한국언론정보학보〉 통권 66호, 133~158쪽.

- 임옥희(2010. 12), 폭력의 시대, 공존의 윤리, 〈여성과평화〉 제5호, 13~36쪽.

- 임운택(2015. 9), 금융시장 자본주의와 노동의 프레카리아트화, 〈경제와사회〉 통권 제107호, 12~43쪽.

- 장영수(2017. 8), 사법개혁, 사법민주화와 사법부독립의 사이에서, 〈유럽헌법연구〉 제24호, 263~289쪽.

- 장윤선(1998. 7), 재벌 공익법인 포장만 공익 아니에요?, 〈월간 말〉, 190~193쪽.

- 장지호(2014. 8), 노무현정부의 재벌개혁: 정책아이디어를 중심으로, 〈사회과학연구〉 39권 2호, 43~65쪽.

- 장지호, 김정렬(2011. 2), 한국사회에서의 재벌 담론에 관한 소고, 〈대한정치학회보〉 18권 3호, 111~136쪽.

- 전일욱(2017. 6), 한국 관료제의 발달과정에서 나타난 적폐와 개혁, 〈한국행정사학지〉 40권, 119~142쪽.

- 정민아(2016. 3), 〈내부자들: 디 오리지널〉, 범죄영화장르의 진화와 폭력의 서사화 방식, 〈현대영화연구〉 23권, 107~131쪽.

- 정성기(1996), 한국 재벌의 정치자금과 노사관계, (정치)경제학의 인식, 〈산업경영〉 제19권 제1호, 77~93쪽.

- 정수빈, 문명재(2015. 9), 외환위기와 재벌개혁정책: 1997년 외환위기와 김대중정부의 재벌개혁정책을 중심으로, 〈현대사회와 행정〉 제26권 제3호, 1~22쪽.

- 정웅석(2017. 3), 검찰개혁의 바람직한 방향, 〈형사법의 신동향〉 제54호. 1~65쪽.
- 정태환(2006. 11), 김영삼 정권 하의 정치사회적 갈등: 자본과 노동 그리고 지역 주의를 중심으로, 〈한국학연구〉 제25집, 445~472쪽.
- 정희모(2013. 11), 대학 이념의 변화와 인문학의 미래, 〈철학탐구〉 제34집, 169~193쪽.
- 조승현(2014. 7), 삼성재벌의 탈법행위와 그 법적 문제점에 관한 고찰, 〈민주사회와 정책연구〉 통권 제26호, 265~300쪽.
- 조승현(2018. 7), 삼성의 인적 지배구조 변화와 그 법적 문제점, 〈민주법학〉 제67호, 191~230쪽.
- 조영곤, 김주태(2010. 12), 재벌의 경영권 승계 과정에서의 대리인 문제 연구, 〈대한경영학회지〉 제23권 제6호, 3451~3477쪽.
- 조은정(2016. 2), 텔레비전드라마 〈로열패밀리〉에 나타난 지배 이데올로기 대응 양상 연구, 〈대중서사연구〉 제22권 2호, 267~296쪽.
- 조준상, 엘리자베스 워런, 버니 샌더스의 뒤를 이을까?, 〈Ecomnomy 21〉, 2018. 8. 24.
- 조현연(2011. 12), 한국의 권력형 정치부패: 특성과 해법 탐색, 〈동북아연구 〉16권, 29~57쪽.
- 조희문(2017. 8), 군사독재를 경험한 국가들의 민주화 이후 검찰개혁: 한국, 아르헨티나, 브라질, 칠레의 경험 비교, 〈포르투갈-브라질 연구〉 제14권 2호, 65~95쪽.
- 지주형(2012. 6), 신자유주의적 경제권력의 해체와 경제민주주의, 〈한국사회학회〉 2012 전기 사회학대회, 73~83쪽.
- 최무현(2015. 8), 확장된 퇴직관리 관점에서 퇴직공직자 재취업 문제에 관한 정책방안 연구, 〈정부학연구〉 21권 2호, 5~35쪽.
- 최선식(2015. 3), 사법권 독립에 대한 비판적 검토, 〈한국정치학회보〉 제49집 제1호, 205~226쪽.

- 최선우(2017. 2), 권력모델에 의한 형사사법 연구 −검사의 지위와 역할 중심−
〈한국경찰학회보〉 19권 1호, 185〜213쪽.
- 최운섭(1987. 6), 왜 재벌이 정치권력과 밀착하는가, 〈광장〉 167호, 202〜207쪽.
- 최인호, 주혜연, 이지연, 김준홍, 박재영(2011. 6), 신문의 대기업 호의보도와 광
고의 상관관계, 〈한국언론학보〉 제55권 제3호, 248〜270쪽.
- 하태훈(2013. 2), 사법에 대한 신뢰, 〈저스티스〉 통권 제134−2호 (특집 1),
575〜592쪽.
- 한상규(2018. 2), 사법 불신과 법원 개혁− 1987년 민주화 이후 법원개혁의 성
찰, 〈강원법학〉 제53권, 423〜457쪽.
- 한석지, 1980년대 한국의 경제정책의 변화와 정책선택의 정치, 〈동아시아 연구
논총〉 11권 1호(2001), 8〜9쪽.
- 홍덕률(1991. 6), 독점재벌과 한국언론, 〈월간 말, 86〜90쪽.
- 홍덕률(1992. 2), 본격적인 재벌정치시대가 열린다 1: 재벌의 정치지배, 과거·현
재·미래, 〈월간 사회평론〉 92권 2호, 28〜31쪽.
- 홍덕률(1996. 8), 재벌의 존재양태와 재벌 개혁의 긴급성 −성장사를 통해 본 재
벌체제의 문제점, 〈역사비평〉 1996년 가을호(통권 36호), 167〜208쪽.
- 홍덕률(2002. 12), 한국의 메인스트림은 누구인가, 〈역사비평〉 2002년 겨울호
(통권 61호), 96〜143쪽.
- 홍덕률(2003. 8), 한국사회의 세대 연구, 〈역사비평〉 2003년 가을호(통권 64호),
150〜191쪽.
- 홍덕률(2006. 11), 재벌권력, 어제 오늘 그리고 내일, 〈역사비평〉 2006년 겨울호
(통권 77호), 95〜117쪽.
- 홍명수(2003. 4), 재벌의 의의 및 특성, 〈경쟁법연구〉 제9권, 149〜205쪽.
- 홍명수, 재벌의 의의 및 특성, 〈경쟁법연구〉 제9권(2003), 195〜196쪽.
- 홍복기(2017. 4), '경제민주화'와 관련된 회사법 개정안에 대한 검토, 〈경제법연
구〉 제16권 1호, 3〜29쪽.

- 홍석민(2016. 6), 대처주의 정책과 유산, 〈영미연구〉 제37집, 311~341쪽.
- 〈데일리안〉 2016. 12. 6. 이재용 부회장 "광고로 언론사 압박하지 않겠다"
  http://www.dailian.co.kr/news/view/600560/?sc=naver
- 〈법률신문〉 2018. 4. 24. "기업범죄, 재벌 집유 비율 10%p 높아… 법원, 봐주기 판결"
  https://www.lawtimes.co.kr/Legal-News/Legal-News-View?serial=142474
- 〈서울신문〉 2018. 9. 11. 촛불의 본질은 개혁… 文, 경제·사회 영역서도 분명한 메시지 전해야
  http://www.seoul.co.kr/news/newsView.php?id=20180911027002&wlog_tag3=naver
- 〈주간경향〉 1121호(2015. 4. 14.) 대구 삼성상회 터-한국재벌의 탄생…정치권력을 넘어선 경제권력의 발원지
  http://weekly.khan.co.kr/khnm.html?mode=view&artid=201504071750431&code=115
- 〈중앙일보〉 1988. 11. 10. "포드·나카소네 불러 광내려 했다"-정 회장|일해 청문회 장내 장외
  https://news.joins.com/article/2287369
- 〈한국경제신문〉 2005. 5. 16. 노대통령 "권력은 시장으로 넘어간 것 같다"
  http://news.hankyung.com/article/2005051697138
- KBS NEWS 2018. 7. 24. 재벌갑질 청산 프로젝트 1편: 회장님의 왕국
  http://news.kbs.co.kr/news/view.do?ncd=4014189
- KBS NEWS 2018. 7. 31. 재벌갑질 청산 프로젝트 2편: "아빠도 회장님, 나도 회장님"
  http://news.kbs.co.kr/news/view.do?ncd=4017657
- YTN 2011. 2. 19. 남기춘 "한화사건 법무부 간섭 받아"
  http://www.ytn.co.kr/_ln/0103_201102191405129947

지은이 이상복

현 서강대학교 법학전문대학원 교수. 연세대학교 경제학과를 졸업하고, 고려대학교에서 법학 석사와 박사 학위를 받았다. 사법연수원 28기로 변호사 일을 하기도 했다. 미국 스탠퍼드 로스쿨 방문학자, 숭실대학교 법과대학 교수를 거쳐 서강대학교에 자리잡았다. 서강대학교 법학부 학장과 법학전문대학원 원장을 역임하고, 재정경제부 금융발전심의회 위원, 기획재정부 국유재산정책심의위원회 위원, 관세청 정부업무평가위원회 위원, 한국공항공사 비상임 이사, 금융감독원 분쟁조정위원회 위원, 한국거래소 시장감시위원회 비상임 위원으로 활동했다. 현재 한국증권법학회 부회장, 한국법학교수회 부회장, 금융위원회 증권선물위원회 비상임 위원으로 활동하고 있다.

저서로는 《기업공시》(2012), 《내부자거래》(2010), 《헤지펀드와 프라임 브로커》(2009), 《기업범죄와 내부통제》(2005), 《증권범죄와 집단소송》(2004), 《증권집단소송론》(2004) 등 법학 관련 저술과 철학에 관심을 갖고 쓴 《행복을 지키는 법》(2017), 《자유·평등·정의》(2013)가 있다. 연구 논문으로는 '기업의 컴플라이언스와 책임에 관한 미국의 논의와 법적 시사점'(2017), '외국의 공매도규제와 법적 시사점'(2009), '기업지배구조와 기관투자자의 역할'(2008) 등이 있다. 문학에도 관심이 많아 장편소설 《모래무지와 두우쟁이》(2005)와 에세이 《방황도 힘이 된다》(2014)를 쓰기도 했다.